AGENTS DIPLOMATIQUES

ET CONSULAIRES

EXTRAIT DU RÉPERTOIRE DU DROIT ADMINISTRATIF

PUBLIÉ SOUS LA DIRECTION DE

M. LÉON BÉQUET, maître des requêtes au Conseil d'État

avec le concours de M. PAUL DUPRÉ, conseiller d'État.

Paris. — Soc. d'imp. PAUL DUPONT, 41, rue Jean-Jacques-Rousseau.

AGENTS DIPLOMATIQUES

ET CONSULAIRES

PAR

Georges BOUSQUET

Maître des requêtes au Conseil d'État

PARIS

SOCIÉTÉ D'IMPRIMERIE ET LIBRAIRIE ADMINISTRATIVES

ET DES CHEMINS DE FER

PAUL DUPONT

41, RUE JEAN-JACQUES-ROUSSEAU (HOTEL DES FERMES)

1883

DES
AGENTS DIPLOMATIQUES
ET CONSULAIRES

CHAPITRE PREMIER. — AGENTS DIPLOMATIQUES.

SECTION PREMIÈRE.

Historique.

1. Les peuples de l'antiquité n'entretenaient entre eux que des relations diplomatiques accidentelles. C'étaient les hommes politiques, les orateurs ou les généraux, qui, suivant les circonstances, étaient chargés de traiter avec les alliés, les vaincus ou les vainqueurs. Eschine et Démosthène furent ainsi tour à tour envoyés en ambassade auprès de Philippe et des Amphyctions. A Rome, sous la République, le Sénat se réservait le droit de négocier les traités, soit par lui-même, soit par des *legati* pris dans son sein (1); mais pour les expéditions lointaines, il dut autoriser le général en chef à recevoir les envoyés étrangers et à conclure des conventions, qui n'étaient pas toujours ratifiées, témoin la catastrophe des Fourches-Caudines. Les Commentaires de César nous le montrent aussi occupé de négocier des alliances que de gagner des batailles.

La conception du droit international comme l'entendent les publicistes modernes, c'est-à-dire réglant les rapports de peuple à peuple, n'avait pas de place dans la philosophie d'une nation conquérante, dont les voisins ne cessaient d'être des ennemis que pour devenir des tributaires. On sait, en effet, que par le *jus gentium* il faut entendre seulement les règles d'équité applicables aux rapports privés des particuliers qui

---

(1) Voy. Egger; *Études historiques sur les traités publics chez les Grecs et chez les Romains*, p. 157.

ne jouissaient pas du droit de cité. Quant aux relations d'État à État, leur réglementation ne peut procéder que d'un sentiment mutuel d'indépendance et d'égalité. Elle ne pouvait se développer ni sous la République, quand Rome réclamait l'hégémonie des peuples italiotes, ni plus tard quand le monde civilisé se trouva compris tout entier dans les limites d'un seul empire. On a beaucoup exagéré à ce point de vue le rôle des Féciaux, qui se bornait à l'accomplissement de certains rites solennels , en cas de déclaration de guerre (1).

Si donc Rome respectait les ambassadeurs et proclamait leur inviolabilité, ce n'était pas à raison de leur caractère représentatif et comme personnifiant des États souverains, mais en leur qualité d'hôtes du peuple romain, placés sous la sauvegarde d'une sorte de sainteté religieuse. Les Féciaux étaient chargés de les recevoir, de veiller sur leur personne et de les rappeler au besoin à l'observation des lois. De leur côté, les Romains ne craignirent pas de risquer la majesté de leurs députés, dans des missions lointaines, au sein du monde barbare. Les besoins d'un luxe avide de nouveautés les amenèrent à lier des relations diplomatiques avec les peuples les plus reculés. Auguste reçut les envoyés des Scythes et des Indiens ; Marc-Aurèle expédia au pays de la soie une ambassade dont on a cru retrouver la trace dans les annales de la Chine (2). L'histoire enregistre à chaque page des négociations qui ont précédé ou suivi une guerre, préparé des alliances, etc... Mais jusqu'à la fin du moyen âge on ne rencontre que des missions temporaires et extraordinaires dont on peut citer encore des exemples de nos jours. Telles furent de notre temps celle de Sir John Bowring auprès du roi de Siam, en 1855 (3) et celle que la France envoyait en 1874 en Birmanie (4).

2. Les Papes furent les premiers à entretenir, d'abord auprès de l'empereur de Constantinople, puis auprès des principales cours de la chrétienté, sous le nom de *responsales* ou *legati*, des représentants permanents de leur politique ecclé-

---

(1) Leroy, p. 23.
(2) De Courcy. *Empire du Milieu.* Introduction.
(3) Sir John Bowring. *Autobiographical recollections*, p. 242.
(4) *Une Mission en Birmanie* (*Rev. des Deux-Mondes*, 15 janvier 1875).

siastique. Louis XI avait en résidence, auprès du roi d'Angle
terre et du duc de Bourgogne, des envoyés qu'il avait soin,
dit Philippe de Commines, de faire espionner les uns par les
autres.

Ce n'est qu'après le traité de Westphalie que l'usage des
légations permanentes se généralisa dans toute l'Europe. En
essayant d'asseoir, sur des bases solides et définitives, l'équi-
libre européen, cet acte célèbre créa un dogme international
dont le maintien fut confié à la diplomatie et demeura sa raison d'être. Les États, appelés à exercer un contrôle mutuel et
incessant sur tout essai de prépondérance, ne purent se passer
d'agents d'information toujours à leur poste. Grotius (Hugues
de Groot), en résumant, dans un traité qui devance son
temps, les enseignements de l'histoire, de la philosophie et du
christianisme, appliqués aux obligations réciproques des peuples, fonda la science du droit public moderne et formula le
code des prérogatives et des devoirs diplomatiques. Désormais la diplomatie allait jouer le premier rôle dans l'évolution
des peuples européens. Il ne nous appartient pas, dans cette
étude, de la suivre à l'œuvre ; on ne saurait tracer son histoire sans écrire, en même temps, l'histoire générale de l'Europe (1). Nous nous bornerons à quelques indications sur
l'organisation et les procédés de la diplomatie française sous
l'ancien régime, pendant, et depuis la Révolution.

3. L'organisation du département des affaires étrangères
ne remonte pas au delà du XVII° siècle. Ce ne fut qu'en 1679,
que l'on s'occupa de réunir tous les actes, rapports et
mémoires épars dans les divers dépôts publics ou dispersés
dans les papiers de famille des anciens agents politiques, pour
en former des archives. Il fut établi en maxime que les personnes attachées au ministère ne pouvaient disposer d'aucune
pièce relative au service, ces pièces devant être regardées
comme la propriété exclusive de l'État. « Le gouvernement
donnait une attention particulière au choix de ces agents ; ce
service était soumis à des règles très rigoureuses ; le cabinet
recevait de toutes parts des informations périodiques sur tout
ce qui pouvait intéresser l'État, et des instructions appropriées

---

(1) *Voir* Flassan. *Histoire de la diplomatie.*

aux circonstances étaient régulièrement adressées aux ministres, par l'ordre direct du prince et quelquefois sous sa dictée.
C'est dans ce temps que le système des légations, auparavant
incomplet et incertain, se généralisa et prit une grande con-
sistance (1). » Une classe d'élèves, sous la dénomination
d'Académie diplomatique, fut établie dans l'intérieur du ministère des affaires étrangères ; une classe de conseillers d'ambassade fut attachée aux grandes légations.

Les Bourbons se réservaient une direction personnelle dans
tout ce qui concernait les affaires extérieures, qu'ils considé-
raient comme les affaires du roi par excellence. Le ministre
des affaires étrangères était *ministre d'État*, par le seul fait
de ses fonctions ; il avait en cette qualité entrée au Conseil
d'État, ou *conseil d'en haut*, présidé par le roi. Il avait pour
fonctions spéciales (outre le gouvernement des provinces de
Guyenne, de Normandie, de Champagne et du Berry) de dresser les traités de paix, de guerre, d'alliance, de commerce et
de diriger les négociations. Il les signait au nom du roi, les
conservait au dépôt, en délivrait des expéditions authentiques.
Il dressait et expédiait les lettres de dons de pension et les
brevets des étrangers (2). Le ministère des affaires étrangères était le ministère politique par excellence ; aussi non
seulement le ministre, mais même ses bureaux, qui, du reste,
ne contenaient pas plus de quarante et un employés, étaient
des voyages du roi et suivaient la cour à Marly, à Fontaine-
bleau. Ainsi rapproché du prince, le personnel modeste de
l'administration centrale s'identifiait avec zèle à sa politique.
Louis XIV y appelait de préférence des hommes de la bour-
geoisie, d'un mérite éprouvé. Les agents extérieurs étaient,
sous son règne, recrutés parmi des hommes « qui furent plus
illustres par leur propre renommée que par celle de leurs
aïeux ; et ce n'est pas dans les tables généalogiques que l'on
trouvera les noms de Ménager qui signa la paix d'Utrecht, de
Verjus et Callières qui conclurent la paix de Ryswick, et de

---

(1) D'Hauterive. *Rapport de la section de l'Intérieur du Conseil d'État à
Napoléon.*

(2) Masson. *Le département des affaires étrangères pendant la Révolution*,
p. 6.

Servien qui négocia et termina la mémorable paix de Westphalie » (1).

A partir de la régence, ces saines traditions furent aban-
données. L'Académie diplomatique fut dispersée; les emplois
de conseillers d'ambassade furent érigés en charges vénales;
le choix de secrétaires de légation fut laissé aux ambassadeurs; enfin les emplois extérieurs furent presque exclusivement donnés à la faveur. La diplomatie n'en donna pas moins,
sous Louis XV, de mémorables exemples de patriotisme;
mais son action officielle fut trop souvent paralysée par la
diplomatie occulte du roi, négociant avec les cours étrangères à l'insu de son ministre (2).

4. La période révolutionnaire fut pour la diplomatie et pour
le département des affaires étrangères une ère de désorgani-
sation des services et de dislocation du personnel. L'Assemblée nationale avait créé un comité diplomatique qui ne tarda
pas à entrer en lutte avec le ministre. La journée du 10 août
détermina le départ de la plupart des représentants étrangers; les relations diplomatiques se trouvèrent suspendues
en fait. « Les puissances étrangères étaient représentées à
Paris lors des journées de septembre, par les chargés d'affaires
de la République de Genève, de Malte et de la nation
danoise (3). » Le décret du 12 germinal an II, supprima le
ministère des affaires étrangères comme les autres et le rem-
plaça par une commission des relations extérieures. Le
ministère fut rétabli par le décret du 4 vendémiaire an IV, qui
rattacha au département des affaires étrangères le service des
consulats précédemment compris dans les attributions du
ministre de la marine.

Mais ce n'est pas à l'office des affaires étrangères que
s'exerce pendant la Révolution et même sous l'Empire l'activité diplomatique; c'est sous la tente des généraux en chef.
Sans parler des armistices, Bonaparte signe avec le Pape le

---

(1) D'Hauterive. Op. cit., 534.

(2) Voy. *Sur la diplomatie secrète de Louis XIV et de Louis XV*, Marius
Topin, *L'Europe sous les Bourbons*; de Broglie, *Le Secret du Roi*, et sur-
tout l'intéressante étude de M. A. Vandal, *Louis XV et Elisabeth de
Russie.*

(3) Masson, p. 287.

traité de Tolentino (19 février 1797) ; avec l'Autriche les préliminaires de Léoben (18 avril) et le traité de Campo-Formio (17 octobre). La victoire lui tient lieu de pleins pouvoirs. La diplomatie militaire éclipse la diplomatie régulière ; et lorsque ce ne sont pas les généraux, ce sont les délégués de la Convention qui remplacent les diplomates de profession.

5. Cependant Talleyrand, nommé ministre par le Directoire le 18 juillet 1797, s'occupait de réorganiser le département, de tracer les règles de chaque service et les attributions de chaque catégorie d'employés, restaurait l'institution des *jeunes de langues*, qu'il rattachait aux consulats, et reconstituait la carrière diplomatique, en prenant pour base un système de promotions régulièrement observé et de solides garanties professionnelles(1). Plus tard un décret du 27 mars 1806 vint compléter ces mesures, en permettant de nommer aux emplois de secrétaires d'ambassade et de légation des auditeurs au Conseil d'État, qui devaient conserver dans ces fonctions le titre d'auditeurs en service extraordinaire, et qu'on désignait sous l'Empire par le titre d'auditeurs d'ambassade.

Nous n'avons pas ici à entrer dans le détail de cette organisation du personnel diplomatique et consulaire qui, dans ses traits essentiels, a persisté jusqu'à nos jours. Voy. nos 70 à 81, 117 à 121.

Quant à l'organisation de l'administration centrale elle a subi des variations fréquentes, suivant que les tendances personnelles du ministre le portaient à concentrer ou à séparer les services et à attribuer aux uns ou aux autres une importance prépondérante (2). Les principales discussions auxquelles elle a donné lieu ont porté sur la répartition des affaires entre la direction du contentieux d'une part et la direction politique et la direction commerciale de l'autre ; sur la fusion

---

(1) Arrêté, de pluviose an VIII et du 3 floréal an VIII.

(2) Sur les diverses modifications de détail apportées à la distribution des services de l'administration centrale. Voy. arrêtés des 14 mai, 8 juin, 9 juin 1814, Talleyrand ; 14 avril 1815, duc de Vicence ; 20 février 1819, Talleyrand ; 8 août 1825, baron de Damas ; 23 août 1829, prince de Polignac ; 3 mars 1832, M. Sebastiani ; 13 août 1844, M. Guizot ; décret du 26 décembre 1869 ; décrets du 2 février 1877, 23 janvier et 18 septembre 1880, 31 janvier 1882. Consult. Masson. op. cit., appendice, p. 539.

en un seul service de ces deux dernières directions (1). L'organisation actuelle résulte du décret du 31 janvier 1881. Voy. à sa date et n° 68.

6. Si l'œuvre administrative de Talleyrand et de Napoléon, qui n'était elle-même qu'une restauration des traditions léguées par la monarchie, n'a pas subi de changements radicaux, le rôle général de la diplomatie a suivi comme toutes choses le mouvement de transformation des sociétés modernes. D'une part, les peuples plus maîtres de leurs destinées, se sont efforcés plus souvent de prévenir les maux de la guerre en discutant dans des congrès internationaux les causes de conflit qui les divisent. D'autre part, la multiplicité des échanges internationaux, en créant une solidarité financière et économique entre toutes les nations de l'Europe, a relégué au second rang les questions de frontières et placé au premier les questions commerciales et les intérêts matériels et moraux. Les congrès postaux, télégraphiques, sanitaires, les congrès scientifiques, historiques, pénitentiaires, ont habitué l'Europe à se considérer comme une seule nation, n'ayant, dans la sphère morale que des intérêts communs, dont doivent s'inspirer et se soucier avant tout les représentants de chaque peuple. Enfin la facilité des communications, en permettant aux gouvernements de multiplier leurs instructions, a rendu la mission de leurs représentants moins délicate, en même temps que le développement de la presse périodique rendait leur tâche plus difficile. La prodigieuse révolution qu'ont accomplie de nos jours les chemins de fer et les télégraphes, la souveraineté nationale et le gouvernement parlementaire ont transformé les conditions de la diplomatie et lui ont imprimé d'autres allures en lui créant de nouveaux devoirs. Le diplomate suspendu au bout du fil télégraphique, n'est plus l'instrument actif et responsable de sourdes menées; c'est avant tout un observateur vigilant, sachant prévoir et prévenir les complications, et s'entendre, pour préparer la solution pacifique des conflits internationaux, avec des collègues qui, comme l'a dit M. Guizot, « forment dans la société

---

(1) Voy. Rapport de M. Arago à l'Assemblée nationale au nom de la commission; — Herbette, *Nos diplomates*.

européenne une société à part, et ont presque toujours vécu ensemble dans la même atmosphère et au même niveau de l'horizon ».

SECTION II.

Agents diplomatiques en général.

1er. Droit d'envoyer, de recevoir ou de refuser les agents diplomatiques.

7. Tout État indépendant a le droit d'envoyer, pour traiter les affaires politiques, des ministres à un autre État souverain avec lequel il entretient ou désire nouer des relations de paix et d'amitié. Quant aux États placés à l'égard d'un autre dans des rapports de dépendance, le droit d'envoyer des représentants diplomatiques aux autres puissances leur est reconnu ou refusé, selon la nature de leurs relations avec l'État suzerain. C'est ainsi que le Khédive est privé du droit de se faire représenter auprès des puissances européennes par des missions diplomatiques (1). Les principautés de Moldavie et de Valachie avaient, aux termes du traité de paix de Kainardji du 21 juillet 1774 (art. 16), le droit d'entretenir chacune « auprès de la Porte un chargé d'affaires qui soit de leur communauté chrétienne pour veiller aux affaires desdites principautés »; ces agents devaient être considérés comme personnes jouissant du droit des gens. Mais jusqu'à leur émancipation, ces principautés n'étaient pas aptes à réclamer une représentation diplomatique auprès des autres États. C'est ainsi qu'elles n'étaient pas représentées à la conférence de Paris en 1856. Toutefois c'était une question litigieuse entre les puissances de savoir si les principautés de Moldavie et de Valachie avaient le droit de conclure en leur nom des traités internationaux (2). Le traité de Berlin (13 juillet 1878) a fait cesser toute controverse à ce sujet, de même qu'à l'égard de la Serbie. La Bulgarie, d'après les articles 6 à 11 du traité de San-

---

(1) Lettre vizirielle du 2 août 1869. *Arch. diplomatiques*, 1869, p. 132.
(2) *Sur la situation internationale de la Roumanie.* Voy. Arntz, *Rev. de droit international*, IX, 1877. p. 46 ; W.-B. Lawrence, I, 245 et suiv.

Stephano, confirmé par le traité de Berlin, est constituée en principauté autonome, tributaire, avec un gouvernement chrétien et une milice nationale, sous la suzeraineté du sultan. Il en faut conclure que, pas plus que le khédive, elle ne jouit du droit de représentation diplomatique.

Les îles Ioniennes pouvaient, sous l'empire du traité du 5 novembre 1815, qui les plaçait sous le protectorat de l'Angleterre, entretenir des relations diplomatiques.

8. A l'égard des confédérations, le droit de mission est régi, pour les États qui en font partie, par les dispositions de la loi-constitutionnelle. C'est ainsi que, par la constitution des États-Unis d'Amérique de 1717, il était expressément défendu à chaque État d'entrer, sans le consentement du congrès, dans aucun traité ou accord avec un autre État de l'Union ou avec une puissance étrangère. La constitution du 17 septembre 1867 a rendu la prohibition plus stricte encore en déclarant sans réserve qu' « aucun État ne pourra contracter ni traité, ni alliance, ni confédération (1). »

Les cantons suisses peuvent, au contraire, conférer le caractère officiel à leurs envoyés en ce qui concerne les rapports qui ne sont pas de la compétence exclusive du pouvoir central de la confédération (2). Les différents États de l'ancienne confédération germanique possédaient sans restriction le droit de mission. Depuis 1871 les trois royaumes de Bavière, de Saxe et de Wurtemberg ont seuls conservé une représentation diplomatique.

9. Le droit de représentation diplomatique est généralement reconnu au Saint-Siège, par les États catholiques romains, depuis la chute du pouvoir temporel des papes, bien qu'à ce sujet, un mouvement d'opinion contraire se soit récemment manifesté en France. « En principe, dit à cet égard un publiciste distingué (3), les seules personnes du droit international sont les États. Peut-on cependant reconnaître à ce qui personnifie les Églises, le droit d'ambassade actif et positif? Au point de vue théorique, la réponse est affirmative. Cela est surtout lorsque

----

(1) Constitution, art. 1, sect. X, n° 1. — Wheaton, *I*, p. 190.8
(2) Constitution helvétique du 12 septembre 1848, art. 8 et 9.
(3) E. Nys. *Rev. de droit international*, X. 1878, p. 532.

l'Église n'est pas nationale, c'est-à-dire restreinte au territoire d'un État déterminé, mais qu'elle a pour caractère distinctif une organisation universelle. En doctrine pure, rien n'oblige à reconnaître au Saint-Siège des droits internationaux. Rien ne force non plus à lui dénier la personnalité du droit international. Il n'y a pour aucun gouvernement d'obligation juridique à entretenir un poste diplomatique auprès de la papauté; mais il peut y avoir un intérêt considérable à observer une telle ligne de conduite. Tenir la papauté en dehors du droit international, l'ignorer, lui laisser le champ libre par conséquent, et lui permettre de mener à sa guise le mouvement ultramontain, peut offrir beaucoup plus d'inconvénients que n'en présenterait une reconnaissance internationale du Saint-Siège et l'entretien avec celui-ci de relations diplomatiques ». Dans le même esprit, le rapporteur du budget des cultes de 1881, M. Proust, disait (1) : « Le droit des gens admet que si les Églises ne sont pas, dans le sens strict du mot, des personnes internationales, elles peuvent cependant avoir avec les États des relations semblables aux rapports des États entre eux. De là les concordats intervenus entre certaines puissances et le pape, agissant comme chef et représentant de l'Église catholique romaine. » Nous ne sommes pas néanmoins d'accord avec l'honorable député, quand il ajoutait : « Le Concordat conclu entre le Saint-Siège et la France impose-t-il comme un devoir à l'une et à l'autre des parties contractantes le maintien des relations diplomatiques ? Évidemment oui, car la rupture des relations entraînerait la dénonciation du traité.» Nous pensons, au contraire, que le rappel de l'ambassadeur de France à Rome, et surtout la retraite du nonce à Paris, entraînerait sans doute des difficultés pratiques dans l'application du Concordat, mais ne constitueraient pas, *ipso facto*, une rupture du traité.

« Quant aux États où la neutralité du gouvernement en matière religieuse est absolue, peuvent-ils reconnaître à Rome une autorité quelconque ? Non. Autorité purement spirituelle, le Saint-Siège est, devant les gouvernements de ces pays, comme s'il n'existait pas, et l'État ne peut, sans sortir

---

(1) Rapport sur le budget de 1881, annexe 2736, p. 23.

de sa sphère et sans fouler aux pieds les principes constitutifs
de son organisation, entretenir avec lui des relations diplomatiques (1). »

10. Les principes qui viennent d'être exposés s'appliquent,
en théorie, aux missions temporaires comme aux missions
permanentes. Toutefois les puissances y tiennent la main
d'une manière moins rigoureuse, quand il ne s'agit que d'une
simple négociation accidentelle. On a vu par exemple la Moldavie et la Valachie conclure des traités de commerce avec
toutes les nations du monde et apposer leur signature à la
convention postale de Rome, le 9 octobre 1874, alors que
la suzeraineté de la Porte s'opposait à ce que ces principautés
entretinssent des missions permanentes auprès des cours
étrangères.

Il va de soi que l'incapacité résultant de la vassalité ne fait
obstacle qu'à l'entretien de relations de gouvernement à gouvernement, et n'empêcherait pas une principauté dépendant
d'un suzerain, de traiter en tant que personne civile de ses
intérêts financiers, par exemple, avec un autre État. C'est ce
qu'on a vu lors de l'installation en Égypte d'une commission
de surveillance européenne.

11. Le droit d'envoyer des représentants est exercé dans
chaque État par ceux des pouvoirs publics auxquels il a été
reconnu par la Constitution, dans les monarchies par le souverain, dans les républiques, soit par le président, soit par le
conseil exécutif placé à la tête du gouvernement. Aux États-
Unis, l'investiture des représentants appartient au Sénat, con-
jointement avec le président. L'article 11 (section III, n° 2) de
la constitution du 17 septembre 1867, porte en effet que le
président « nommera, de l'avis et du consentement du Sénat
et désignera les ambassadeurs, les autres agents diplomatiques et les consuls. » Il n'est pas douteux qu'une puissance
peut, sans donner un juste motif de guerre, refuser de recevoir des ministres qui ne tiendraient pas leurs pouvoirs de
l'autorité compétente à cet égard dans le pays qui les envoie.
(*Sur les pouvoirs*, voy. n° 25.)

12. La réception, en qualité de ministres publics, d'agents

---

(1) E. Nys Op. cit. 535.

envoyés par un État vassal ou confédéré non pourvu du droit
de mission, serait, au contraire, considérée comme une atteinte
portée aux droits de l'État suzerain ou du gouvernement fédéral, et comme l'indice de dispositions hostiles. C'est par
application de ce principe que la Turquie a toujours, et quelquefois en vain, protesté contre l'échange de relations diplomatiques entre les puissances européennes et les États placés
sous sa suzeraineté. Lorsque, en 1861, la *Skouptchina* conféra
au prince Couza le droit de représentation à l'étranger (1), la
Porte fit connaître aux puissances qu'elle protestait contre
toute prétention de ce genre. En 1866, les principautés Mol-
dovalaques se mirent à l'œuvre pour échapper à la stipulation
du firman d'investiture du prince Charles de Hohenzollern,
en vertu de laquelle « aucun traité ni convention ne pouvait
être conclu directement par les Provinces unies avec les puissances étrangères ». Elles commencèrent par envoyer leur
adhésion particulière à la Convention de Genève, à laquelle
la Porte avait accédé depuis longtemps, tant en son nom
qu'au nom des États, ses vassaux. La Porte ne manqua pas de
protester (2). En 1874, l'Autriche, la Russie et l'Allemagne,
par une déclaration commune du 21 octobre, informent le gouvernement du sultan que leurs intérêts sur le Danube sont trop
considérables pour permettre une ingérence de la Turquie,
au nom de ses prétentions de suzeraineté sur le Bosphore, et
qu'elles vont négocier des conventions directement avec le
gouvernement roumain. La Porte avertit immédiatement ses
ambassadeurs à Saint-Pétersbourg, Berlin et Vienne que cette
attitude serait considérée par elle comme une violation du traité
de Paris, qui serait dénoncée aux puissances garantes dudit
traité (3).

13. Le pouvoir fédéral des États-Unis n'a pas mis moins
d'énergie à défendre son droit exclusif de représenter la nation américaine. Voici dans quels termes M. Seward ministre
des États-Unis traçait, à ce sujet, ses instructions à M. Adam,
ministre plénipotentiaire à Londres. « Dans aucun cas, vous

---

(1) *Annuaire des Deux-Mondes*, 1861, p. 564.
(2) *Nouveau Recueil général*, 1866, p. 679.
(3) *Annual cyclopædia*, 1074, V° Turkey.

ne prêterez l'oreille à aucune suggestion d'un compromis, que notre gouvernement devrait faire, sous les auspices d'étrangers, avec ses sujets mécontents. Si, comme le président est loin de l'appréhender, vous trouvez malheureusement le gouvernement de la Reine en humeur de recevoir la demande des soi-disant États confédérés ou incertain sur le parti à prendre, vous ne laisserez pas le gouvernement anglais supposer un seul instant qu'il puisse accéder à cette demande de reconnaissance et demeurer en termes d'amitié avec les États-Unis... Vous seul représenterez votre pays à Londres et vous le représenterez en totalité.

Le jour où l'on vous demandera de partager ce rôle avec d'autres, les relations diplomatiques entre notre gouvernement et celui de la Grande-Bretagne seront suspendues et demeureront suspendues jusqu'à ce que l'on voie qui des deux puise le plus de force dans la confiance de son pays et du reste du monde. » (1)

Fidèles à cette théorie, les États-Unis n'hésitèrent pas, lorsqu'ils eurent appris l'envoi en Europe, de MM. Mason et Slidel, commissaires des États confédérés du Sud, à saisir leurs personnes à bord du paquebot anglais le *Trent*. Le gouvernement britannique dut intervenir à raison de la violation de son pavillon, mais il ne se fit livrer les prisonniers que pour établir son droit de les transporter librement en tant que particuliers. Ceux-ci ne purent se faire reconnaître en qualité d'ambassadeurs par aucune puissance et Lord John Russel refusa de leur reconnaître le caractère et les privilèges d'agents diplomatiques (2).

14. Le droit de recevoir des agents diplomatiques n'appartient qu'aux États qui peuvent en envoyer. Un souverain pourrait sans doute envoyer un représentant officiel à un particulier, par exemple dans une affaire matrimoniale, ou à une société dans une affaire financière; mais, comme le fait très justement remarquer M. P. Fiore (3) répondant à Heffter, cet envoyé n'aura ni le caractère, ni les privilèges d'un agent diplo-

---

(1) Dépêche du 9 mars 1861. — *Annuaire des Deux-Mondes*, 1861, p. 623.
(2) *Ibid.*, p. 366. — Calvo, II, p. 510.
(3) II, p. 516.

matique, parce qu'il ne représentera que des intérêts privés.

15. Un gouvernement peut refuser de recevoir un ambassadeur sans offrir par cela seul un prétexte de guerre. Cependant un pareil refus peut passer pour le signe de dispositions peu amicales et donner lieu à des procédés de rétorsion toujours fâcheux, s'il n'est pas accompagné d'explications qui en atténuent la portée. Il peut être valablement fondé soit sur des motifs personnels (V. n° 71) comme la déconsidération où serait tombé l'envoyé proposé, ou l'attitude offensante qu'il aurait eue dans une précédente mission (1), soit sur des raisons politiques, lorsque l'un des cabinets ne croit pas le moment opportun pour entrer en négociations au sujet de l'objet spécial de la mission proposée, ou lorsque cette mission a par elle-même un caractère qui répugne à la loi fondamentale du pays. On peut citer deux applications remarquables de ce dernier principe. La Grande-Bretagne refuse de recevoir les nonces du pape, moins à cause du caractère ecclésiastique dont ils sont revêtus (2) qu'à raison des pouvoirs spéciaux qu'ils tiennent du chef du catholicisme et qui se trouvent en opposition avec ceux que l'Église nationale d'Angleterre reconnaît au souverain. La France elle-même, même avant la Révolution refusait de recevoir les nonces dont les pouvoirs seraient illimités (3). Jusqu'en 1852, le Japon, dont la constitu-

---

(1) Certains États (la France était autrefois du nombre) refusent en principe de recevoir un de leurs sujets comme représentant d'une puissance étrangère. La défense faite à ses sujets par Louis XVI d'accepter des fonctions diplomatiques d'un gouvernement étranger a même été renouvelée par le décret du 26 août 1811 (art. 20). Mais cette prohibition est tombée en désuétude, car on voyait, il y a peu d'années, figurer dans un procès un Français, ministre de la République de Honduras, (voy. n° 41).

(2) Le gouvernement de la reine Victoria a cependant abrogé la législation ancienne qui défendait à tout sujet anglais d'attribuer n'importe quelle autorité au Saint-Siège. L'acte (11 et 12, Vict. c., 108) nouveau permettait d'entretenir des relations diplomatiques avec Rome, pourvu que l'agent de Rome à Londres ne fût pas une personne engagée dans les ordres, ni un jésuite, ni un membre d'une congrégation religieuse quelconque. Le Saint-Siège répondit à cette condescendance du gouvernement anglais par les lettres apostoliques du 29 septembre 1850 qui rétablissaient la hiérarchie catholique en Angleterre. Les relations ne furent pas rétablies. Aujourd'hui, après la chute du pouvoir temporel, rien n'en pourrait justifier la reprise. (Voy. n° 11.)

(3) *Voir*, au surplus, sur la situation internationale de la papauté, le *Répertoire*, V° *Droit des gens*, et l'intéressante étude de M. Ernest Nys,

tion politique et religieuse reposait sur un isolement absolu, refusait tout échange des relations diplomatiques avec les puissances européennes.

16. Il est encore une circonstance qui peut justifier le refus de recevoir une mission diplomatique. Elle se présente lorsque, au cours d'une guerre civile, on ne veut reconnaître la suprématie à aucun des deux partis qui déchirent le pays. Bynkershœk (1) dit qu'en pareil cas le droit d'ambassade appartient au parti qui a en main le pouvoir, ou suivant le terme consacré au gouvernement *de facto*. Mais lorsque les proportions de la lutte ont grandi au point que, suivant l'expression de Grotius, il y a deux États à la place d'un seul, lorsque, au lieu d'une révolte susceptible d'être réprimée, il s'agit d'une guerre entre deux nationalités indépendantes, les publicistes modernes reconnaissent que le droit d'envoyer une mission cesse alors de s'attacher à un seul des deux partis belligérants (2). Toutefois, il est délicat de préciser le moment où le parti insurgé devient une puissance belligérante et en acquiert les privilèges. En recevant ses envoyés, les puissances étrangères reconnaissent par cela même l'existence du nouveau gouvernement. L'intérêt politique, plus que le droit des gens, dicte en général leur conduite à cet égard. « Pour éviter de s'engager prématurément par une reconnaissance formelle, les puissances neutres n'autorisent les belligérants à leur envoyer que des agents, revêtus il est vrai des mêmes pouvoirs et jouissant des mêmes privilèges que les ministres plénipotentiaires, mais n'ayant ni leur caractère représentatif, ni les mêmes droits aux honneurs diplomatiques. » (3) (V. nᵒˢ 25, 27, 36 à 43.) Tel est le chargé d'affaires que l'Angleterre maintient à Rome.

D'ailleurs, « l'entrée du nouvel État sur la scène politique ne dépend nullement d'une reconnaissance expresse et préalable des puissances étrangères; elle s'accomplit de plein droit le

---

Le Droit international et la Papauté (Rev. de droit international, X, 1878, p. 501.

(1) Quœst. Jur. publ., II, ch. III.

(2) Kent, p. 124.

(3) Dépêche de lord Russel à lord Lyons du 23 janvier 1862. Kent, p. 124.

jour où il commence à exister. Dé même ce sont les convenances politiques seules qui doivent décider ces dernières à le reconnaître et à entrer en rapports directs avec lui. La reconnaissance ne fait que confirmer ce qui existe légalement en admettant un nouveau membre dans la famille européenne. » (1)

« Lorsqu'un État se soustrait à la dépendance d'un autre ou lorsqu'une partie se sépare de la totalité pour former un État nouveau, ce nouvel État, pour exister, n'a pas besoin de la reconnaissance des autres États; mais pour entrer en relations et pour traiter avec ces derniers, il faut qu'il soit reconnu par eux. Cette reconnaissance peut se faire sans le consentement de l'ancien souverain, même contre son gré et malgré ses protestations. » (2)

Des rebelles n'ont pas le droit de légation. On a vu cependant des traités passés par la Convention avec les chefs vendéens et approuvés par les lois des 13 ventose et 8 floréal an III (3).

17. C'est un usage rigoureusement observé entre les puissances amies de pressentir le gouvernement étranger sur le choix de la personne que l'on est dans l'intention d'accréditer auprès de lui en qualité de chef de mission. Cette règle de courtoisie a reçu dans la langue diplomatique le nom d'*agréation* (4). C'est une question qui est, en général, traitée verbalement, soit par l'intermédiaire de l'agent même que l'on veut remplacer, soit avec le représentant de l'État étranger à la cour qui doit envoyer un agent nouveau. Le Saint-Siège autrefois usait de la *Terna*, ou présentation d'une liste de trois noms à la cour qui devait recevoir un légat.

« L'usage de l'agréation ne repose pas sur un principe déterminé du droit des gens, mais sur des motifs de courtoisie et sur le désir d'éviter qu'un agent officiellement nommé ne soit pas reçu. En effet une lettre de créance (*Voy.* n° 23) est un acte bilatéral, elle peut donc en strict droit être refusée. Il

---

(1) Heffter, § 23, p. 43.
(2) Arnz. *Rev. de droit international*, IX, 1877, p. 47.
(3) Merlin, n° 12.
(4) Garcia de la Vega, p. 140.

n'existe pas de règle absolue quant aux formalités observées pour notifier d'une part le projet de nomination, de l'autre l'agréation ou la non agréation. Il suffit que les intentions soient réciproquement constatées d'une manière irrécusable. » (1)

L'Angleterre refuse de se soumettre à l'agréation de ses agents, en alléguant que l'exercice abusif de ce droit pourrait empêcher les choix de se porter sur des hommes capables de rendre des services. En pratique, néanmoins, le ministre des affaires étrangères de la Grande-Bretagne croirait manquer de courtoisie s'il n'informait du choix fait ou projeté le représentant à Londres du gouvernement intéressé Il ne demande pas de réponse à cette communication; mais il laisse s'écouler avant le départ de l'agent pour son poste, un temps assez long pour que les objections puissent se produire. L'Angleterre ne s'arrête que devant des griefs positifs et nettement articulés. En cas de refus non motivé, elle n'accrédite pas de ministre et fait gérer les affaires *ad interim* par le secrétaire de la légation.

<h3 style="text-align:center">§ 2. Diverses classes d'agents diplomatiques.</h3>

18. On désigne par l'expression générale d'*agents diplomatiques* les mandataires par l'entremise desquels les États traitent entre eux les questions politiques. « Le ministre public, dit Ch. de Martens, est l'agent qu'un souverain ou qu'un gouvernement envoie auprès d'un État étranger, ou à un congrès, et qui, muni de lettres de créance ou de pleins pouvoirs, jouit des privilèges que le droit des gens accorde au caractère dont il est revêtu.» En principe, ils ne se distinguent entre eux que par l'étendue de leurs pouvoirs et la nature de leur mission; mais l'usage en ayant fait reconnaître plusieurs classes il s'éleva, sur le caractère de chaque espèce d'agents, des difficultés auxquelles les congrès de Vienne et d'Aix-La-Chapelle mirent un terme en adoptant les règles suivantes :

« Les employés diplomatiques se divisent en quatre classes qui sont :

---

(1) *Ibid.*

1° Les ambassadeurs, parmi lesquels les légats du pape ou nonces (1).

2° Les envoyés, ministres ou autres accrédités auprès des souverains ;

3° Les ministres résidents accrédités auprès des souverains ;

4° Les chargés d'affaires accrédités auprès des ministres chargés du département des affaires étrangères. »

19. Les envoyés de la première classe ont seuls le *caractère représentatif*, c'est-à-dire que leur personne est considérée comme représentant spécialement la dignité du souverain ou de l'État qui les nomme et qu'à ce titre ils ont droit aux honneurs qui seraient dus au souverain lui-même. Ceci doit s'entendre néanmoins dans un sens large, et d'ailleurs cette distinction perd de son importance à mesure que la diplomatie devient moins formaliste. Les autres ministres sont dépourvus de ce caractère spécial et ne représentent leur pays que pour les affaires qui font l'objet de leurs missions. Cette deuxième classe comprend les envoyés, les envoyés extraordinaires, les ministres plénipotentiaires et les internonces du Pape. La troisième classe comprend des agents accrédités comme les premiers auprès des souverains. Enfin les *chargés d'affaires*, qui seuls se distinguent bien nettement par l'origine de leurs pouvoirs des trois autres classes, ne sont accrédités que par le ministre des affaires étrangères de leur pays, auprès du ministre de l'État qui les reçoit ; ils n'ont donc pas de mission auprès du souverain lui-même. Ce qui ne les empêche pas d'être entendus par lui sur les affaires de leur compétence, s'il y a lieu. Il faut distinguer deux catégories : les chargés d'affaires *ad hoc*, qui sont originairement envoyés en cette qualité par leur gouvernement ; et les chargés d'affaires *par interim*, qui remplacent le ministre de leur nation pendant son absence.

20. Selon le rang qu'occupe le chef de la mission et l'importance qu'elle peut avoir, le personnel (*Voy.* n°s 44 à 47) en est plus ou moins nombreux. Il se divise toujours en deux ca-

---

(1) L'ambassadeur d'Autriche à Constantinople et celui de Turquie à Vienne portent le nom d'internonce. Lorsque le légat du Pape est chargé d'une mission déterminée, il prend le titre de légat *à latere*.

tégories distinctes : 1° Les conseillers et secrétaires d'ambassade ou de légation, les attachés ou aspirants, le chancelier, 'aumônier, qui, nommés par le souverain du ministre, forment la partie officielle de la mission et participent, de droit, à titre personnel, aux immunités diplomatiques (*Voy.* 31, 44 et s.); 2° Le secrétaire privé du ministre, les officiers de l'hôtel, la livrée, qui n'appartiennent point officiellement à la mission.

Les secrétaires de légation du pape portent le titre d'auditeurs de nonciature; ceux de l'ambassade d'Autriche à Constantinople sont désignés sous le nom d'*Élèves*.

Les courriers se rattachent à la seconde catégorie, en ce sens que leur inviolabilité n'est attachée qu'à la fonction qu'ils remplissent et n'est assurée que par la remise de passeports en règle délivrés par leur chef. « Lorsque pour ces fonctions on ne se sert pas de courriers *ad hoc* et désignés sous le nom de courriers de cabinet, on choisit pour les remplacer soit des fonctionnaires civils ou militaires (attachés, aides de camp) soit des personnes sans aucun caractère public qui prennent le nom de courriers porteurs de dépêches (1). »

21. En dehors des missions permanentes que les États européens, sur le pied de paix, sont dans l'usage d'entretenir les uns chez les autres, il peut y avoir lieu à l'envoi d'agents chargés de missions temporaires. Le caractère diplomatique de ces agents est plus ou moins imparfait suivant les circonstances qui ont motivé leur envoi. « Les agents et les commissaires envoyés en pays étranger avec des instructions formelles et patentes, mais sans titre officiel, soit parce que les circonstances s'opposent encore à l'établissement de relations régulières et permanentes, soit pour l'exécution seulement de quelque article d'un traité ou d'une convention, une délimitation de frontière, etc..., ces agents jouissent ordinairement des prérogatives attribuées en général aux ministres publics, prérogatives que l'absence d'un titre officiel ne saurait certainement leur enlever. Ceci est d'autant plus vrai qu'anciennement il n'existait en dehors du titre d'ambassadeur aucun autre que celui de simples agents dont le caractère diploma-

---

(1) Ch. de Martens, p. 80.

tique n'a jamais été contesté. Le droit d'exterritorialité, toutefois, ne s'applique pas à ces agents dans toute son étendue (1). »Au surplus, le titre de ministre peut leur être conféré; c'est, comme le fait remarquer Ch. de Martens (2), à leur constituant à préciser le caractère officiel dont il entend les revêtir.

Il arrive fréquemment de nos jours que des missions temporaires sont conférées à des personnes d'une compétence technique n'appartenant nullement à la carrière diplomatique. C'est ainsi qu'on a vu des médecins, des militaires, des ministres d'un culte prendre part au congrès international de Genève qui s'est tenu du 5 au 20 octobre 1868; c'est ainsi qu'à la conférence de Bruxelles, en 1874, laquelle n'a pas abouti, sur 15 États représentés et 52 délégués, on comptait 18 militaires 10 diplomates et 4 jurisconsultes. Il est clair que ces commissaires, bien que placés sous la protection du droit des gens, ne peuvent réclamer ni les honneurs diplomatiques, ni les privilèges découlant de l'exterritorialité (V. 31 à 35) et que s'ils en jouissent quelquefois, c'est par simple tolérance.

Quant aux agents secrets qu'un gouvernement envoie à un autre pour négocier une affaire, sans mission ostensible, ni caractère officiel, ils n'ont, à aucun degré, le caractère diplomatique (3).

22. Chaque État est libre du choix de ses agents, sauf ce qui a été dit au sujet de l'agréation (V. nᵒ 17), sans être astreint à des conditions d'âge, de naissance, ni même de sexe. On a vu des femmes chargées de négociations importantes. Mais, d'après Charles de Martens, la maréchale de Guébriant doit être considérée comme la seule femme qui ait été revêtue formellement du caractère officiel d'ambassadrice; elle fut accréditée comme telle ,en 1646, par Louis XIV, auprès de Wladislas IV, roi de Pologne, auquel elle

---

(1) Heffter, p. 412.
(2) Op. cit., p. 62.
(3) Voy. Vandal. Le marquis de la Chétardie, envoyé par la cour de Versailles à la tzarine Élisabeth de Russie, n'ayant pas fait connaître sa qualité d'ambassadeur, par la remise de ses lettres de créance, le ministère russe, pour mettre un terme à ses intrigues secrètes, le fit arrêter à son domicile et reconduire à la frontière, sans soulever aucune réclamation du gouvernement français.

était chargée de conduire sa fiancée (1). On doit s'efforcer autant que possible de faire des choix agréables à l'État auquel on envoie un agent.

Les gouvernements observent généralement entre eux la règle de s'envoyer réciproquement des agents de même rang. « Aucun État jouissant d'honneurs royaux ne reçoit, dit Klüber (2), des ministres de première classe des princes souverains à qui ces honneurs ne sont point attribués, ni des États mi-souverains actuels, ni des petites républiques. Lorsqu'un État conteste à un autre le droit de lui envoyer des ministres de premier ordre, il ne lui en envoie pas non plus lui-même. »

Que faut-il entendre par honneurs royaux ? Voici comment s'exprime à cet égard M. Carnazza Amari : « Les honneurs les plus élevés qu'on puisse rendre aux États sont les honneurs royaux, *honores regii* : de là est née la distinction des États en deux classes, ceux auxquels ces honneurs sont attribués et ceux qui en sont privés. Ces honneurs semblent inhérents à la dignité royale ou impériale et, à la vérité, tous les empires et tous les royaumes d'Europe en ont joui et en jouissent encore ; cependant, par respect pour ce principe que toute prérogative qu'on attribue aux États appartient à la nation et non point à son chef et ne dépend pas de la forme du gouvernement, ils ont été également attribués aux républiques. En effet, la République de Venise, les Provinces-unies des Pays-Bas, la Ligue helvétique, l'Angleterre sous le Protectorat de Cromwel, la Confédération germanique jouissaient de ces honneurs, et la première République française ne dédaigna pas de réclamer le maintien à son égard des honneurs que l'on rendait autrefois à la forme monarchique. Les États-Unis d'Amérique jouissent également des honneurs royaux. La jouissance des honneurs royaux donne aux États qui les possèdent le droit

---

(1) Ch. de Martens, p. 50. — Voy. Relation du voyage de la reine de Pologne et du retour de Mme la maréchale de Guébriant, ambassadrice extraordinaire et surintendante de sa conduite, avec un discours historique de toutes les villes et Estats par où elle a passé, par Jean le Laboureur, sire de Bleranval, l'un des gentilshommes-servants du roy. Paris, Augustin Courbé, 1647.

(2) P. 240.

de préséance sur ceux qui en sont privés, la faculté de pouvoir envoyer des agents diplomatiques de première classe et le droit de faire usage d'armes et de titres royaux (4). »

La République de 1848 avait supprimé le titre d'ambassadeur et ne se faisait plus représenter auprès des États étrangers que par des ministres plénipotentiaires. La troisième République, moins dogmatique et plus soucieuse de maintenir le prestige extérieur de la France que de mettre la terminologie d'accord avec les institutions, s'est bien gardée d'imiter cet exemple. Les États-Unis d'Amérique n'usent pas du droit d'ambassade et n'envoient que des ministres. — Le Pape a des ambassadeurs qui portent le titre de nonce.

A l'exception de la Porte, aucun État non chrétien n'entretient auprès des gouvernements européens des ambassadeurs, ni n'en reçoit d'eux.

§ 3. Réception des agents diplomatiques.

23. Le caractère des agents diplomatiques chargés d'une mission permanente est établi par une lettre de créance, adressée de souverain à souverain, pour les ambassadeurs et les ministres plénipotentiaires, de ministre à ministre des affaires étrangères, pour les chargés d'affaires. Mais ils ne peuvent commencer à jouir des prérogatives attachées à leur qualité qu'à partir du moment où il a été donné connaissance officielle de leur nomination au gouvernement qui les reçoit. Outre l'original de la lettre de créance, ils sont munis d'une copie authentique de la même lettre et d'un passeport, destiné à avertir l'autorité locale de leur caractère. En cas d'hostilités ouvertes entre les deux pays, ils doivent, en outre, se pourvoir d'un sauf-conduit, qui leur permette de traverser en sûreté le territoire ennemi.

Ce fut pour ne pas s'être mis en règle à cet égard que, pendant la guerre de succession, le maréchal de Belle-Isle, allant de Francfort, où il était ambassadeur extraordinaire, à Berlin, en qualité de ministre de France près la cour de Prusse, fut arrêté en passant par Elbingerode, par un bailli de

---

(4) *Droit international*, I, p. 386. — Conf. Ch. de Martens, p. 44

l'électeur de Hanovre, roi d'Angleterre, et conduit à Windsor, sans que la cour de Versailles ait jamais prétendu que le droit des gens eut été violé par cet acte (1).

Le commandant en chef d'une armée, et, au besoin, tout chef militaire supérieur peut délivrer, pendant la durée des hostilités des sauf-conduits plus ou moins larges. Cette faculté, délégation supposée de la puissance publique, ne repose, de fait, que sur la nécessité impérieuse de pourvoir dans certains cas à la gravité des circonstances et à l'urgence des communications.

24. Les agents chargés d'une mission spéciale et temporaire, d'une négociation, n'ont pas de lettre de créance. Ils sont seulement porteurs de pleins pouvoirs dont ils échangent les copies vidimées avec les négociateurs des autres États participant aux mêmes conférences, ou dont ils déposent les doubles entre les mains du ministre des affaires étrangères de l'État où se réunissent les plénipotentiaires. Les pleins pouvoirs donnés en vue d'une négociation de ce genre, même à un agent régulièrement accrédité, en résidence fixe, doivent être spéciaux, afin de pouvoir être échangés entre les négociateurs, chacun gardant par devers lui le titre qui établit la qualité de celui avec qui il a traité. Le protocole de la première séance et les traités signés ensuite font mention de l'é change des pouvoirs.

Quant aux instructions proprement dites, elles restent secrètes et ne doivent pas être communiquées au gouvernement étranger.

Un même agent peut représenter plusieurs puissances ; en ce cas il doit être muni, par chacune, d'une lettre de créance ou de pleins pouvoirs spéciaux.

25. A son arrivée au siège du gouvernement, l'ambassadeur ou le ministre de première classe doit faire parvenir au ministre des affaires étrangères la copie authentique de sa lettre de créance, en demandant une audience du chef de l'État. Cette communication est ordinairement faite par l'intermédiaire d'un secrétaire d'ambassade ou de légation. Les chargés d'affaires, qui ne sont pas accrédités auprès du sou-

----

(1) Ch. de Martens, p. 73.

verain, notifient directement leur arrivée au ministre des affaires étrangères, en lui demandant une audience, pour lui présenter leur lettre de créance.

L'usage des audiences publiques et des entrées solennelles tend à disparaître pour les ambassadeurs. Ils sont reçus en audience privée par le chef de l'État ou le conseil exécutif dans certains États républicains. S'ils doivent prononcer un discours, ils en adressent d'avance le texte au ministre des affaires étrangères. Ils remettent leur lettre de créance entre les mains du chef de l'État. Les nonces du pape remettent au lieu de lettres de créance la bulle pontificale qui les nomme. Cette bulle doit, comme toutes les expéditions de la cour de Rome publiées en France, être au préalable enregistrée au Conseil d'État. (V. à sa date, arrêté du 18 germinal, an X.) Le journal officiel enregistre les audiences ainsi données aux ambassadeurs et aux ministres. Le cérémonial à peu près identique usité dans toutes les cours de l'Europe est décrit par Garcia de la Vega (p. 425 à 430), auquel nous renvoyons (1). Il est de principe de ne rien y introduire qui puisse blesser les susceptibilités de l'État représenté. C'est une difficulté de ce genre qui a longtemps empêché les ministres européens de se faire recevoir par le mikado du Japon et qui a retardé jusqu'en 1873, leur première présentation à l'empereur de la Chine, l'usage ayant longtemps prévalu à Yeddo et à Pékin de ne se présenter qu'à genoux devant le souverain.

26. Les diverses démarches des agents diplomatiques, soit auprès des membres du gouvernement qui les reçoit, soit auprès des collègues accrédités dans le même poste, sont réglées par une étiquette, dont l'observation, dit Wheathon, appartient plus au code des mœurs qu'à celui des lois. Il y a cependant des règles dont l'inobservation peut entraîner des inconvénients dans l'accomplissement de devoirs plus sérieux; telles sont les visites que le cérémonial diplomatique oblige les ministres résidant à la même cour à échanger entre eux (2).

____

(1) Voy. aussi Ch. de Martens, ch. VII, p. 122 et suiv.
(2) P. 199.

27. Les préséances jouent nécessairement un grand rôle entre diplomates tenus de faire respecter en leur personne l'État ou le souverain dont ils sont les représentants. Au congrès de Westphalie, raconte Wicquefort, les ambassadeurs de France et d'Espagne ne faisaient pas un seul pas dans les rues de Munster, qui ne fût concerté à l'avance et ne cédaient pas le moindre avantage qui pût être tiré à conséquence. En 1661, les rues de Londres furent ensanglantées par une véritable bataille entre les gens de l'ambassade d'Espagne et ceux de l'ambassade de France, pour décider lesquels céderaient le pas. Afin de couper court à ces difficultés, le recès du Congrès de Vienne du 19 mars 1815, après avoir classé les agents comme on l'a vu (n° 18), a décidé (art. 4) qu'à l'avenir les employés diplomatiques d'une même classe prendraient rang, entre eux, d'après la date de la notification officielle de leur arrivée.

28. Toutefois, il a été stipulé que ce règlement n'apportait aucune innovation relativement aux envoyés du pape. Or, en France et dans les États catholiques romains, le nonce du pape a la préséance sur les autres agents diplomatiques. Le cabinet de Saint-James s'est toujours expressément refusé à reconnaître cette prérogative et, dans les protocoles où ses ambassadeurs ont signé concurremment avec le nonce, on a eu recours à l'ordre alphabétique. (Sur l'alternat, v. n° 61).

Quant aux internonces, il est arrivé que des ministres plénipotentiaires leur ont contesté le premier rang.

29. Il faut faire une place à part aux agents chargés d'une mission temporaire de courtoisie, comme de représenter leur souverain à un mariage, ou de présenter ses félicitations au sujet d'une naissance. Ceux-là sont toujours revêtus d'un titre diplomatique, mais ils n'ont pas de rang assigné dans le corps diplomatique et comme ils se trouvent les derniers venus, tous les agents accrédités devraient passer avant eux. « Mais les membres du corps diplomatique sont dans l'usage de traiter avec égards les envoyés de cette catégorie, dont le séjour n'est que momentané, et de leur céder le pas par politesse et comme faveur. Ainsi ces envoyés ne prennent pas de préséance, ils la reçoivent.

Entre eux ces envoyés sont classés suivant le grade dont

ils sont revêtus, et, dans chaque classe, suivant l'ordre de remise de leur lettre de créance. » (1)

Quant aux commissaires envoyés en mission spéciale d'affaires, ou à un congrès, leurs pleins pouvoirs ne les accréditant pas auprès du souverain, ils ne peuvent occuper dans les solennités officielles que le rang que la courtoisie de leurs hôtes et de leurs collègues peut leur assigner.

30. Les ambassadeurs et les nonces ont droit à certains honneurs particuliers. Ils ont élevé, mais sans réussir à la faire triompher, la prétention de prendre le pas sur les princes du sang en leur qualité de représentants de leur souverain ; les prérogatives qui leur sont reconnues sont : de prendre et d'exiger le titre d'*excellence*, sauf du chef de l'État auprès duquel ils sont accrédités, d'aller en voiture à six chevaux, de se couvrir en parlant au chef de l'État quand il se couvre et de recevoir les honneurs militaires. Ces derniers ne peuvent toutefois leur être accordés que de concert entre l'autorité militaire ou maritime et le département des affaires étrangères (2). Quant au droit reconnu aux ambassadeurs d'avoir dans leur salle de cérémonie un dais sous lequel ils placent le portrait de leur souverain, on peut se demander s'il se trouverait aujourd'hui un gouvernement assez ombrageux pour en gêner l'exercice même chez un simple particulier et si c'est bien là un privilège diplomatique.

Les ambassadeurs partagent avec les autres agents diplomatiques le droit de placer les armes de leur pays sur la façade de leur hôtel, d'arborer les couleurs nationales et de faire porter à leurs valets une cocarde à ces couleurs. L'Assemblée législative les avait dispensés de porter la cocarde nationale (3).

§ 4. Exterritorialité, inviolabilité diplomatique.

31. Le respect que les nations civilisées ont de tout temps professé pour les représentants des peuples étrangers, le

---

(1) Garcia de la Vega, p. 136.
(2) Voy. à leur date D. du 24 messidor an XII et du 6 frimaire an XIII.
(3) D. du 5 juillet 1792, art. 16.

caractère autrefois sacré des ambassadeurs, et mieux encore la nécessité de leur assurer une indépendance sans laquelle ils ne pourraient remplir leur mission, ont conduit à reconnaître aux agents diplomatiques des privilèges importants que nous allons exposer et que les publicistes ont coutume de rattacher au principe de l'*exterritorialité*.

L'exterritorialité est la fiction en vertu de laquelle les ministres publics sont censés, pendant le cours de leur mission, comme les souverains pendant le cours d'un voyage à l'étranger, continuer leur résidence sur le territoire de leur propre pays. Pour beaucoup d'auteurs c'est une règle de laquelle découlent, à titre de conséquences, les diverses immunités conférées aux ambassadeurs. Nous verrons que cette règle, s'il fallait la prendre à la lettre, serait soumise à plus d'une exception.

Aussi préférons-nous considérer l'exterritorialité comme une formule, heureusement choisie, sinon absolument exacte, adoptée pour résumer d'un mot la situation juridique de l'agent diplomatique. « Le droit des gens, a dit Montesquieu (1), a voulu que les princes s'envoyassent des ambassadeurs, et la raison, tirée de la nature des choses, n'a pas permis que ces ambassadeurs dépendissent du souverain chez qui ils sont envoyés, ni de ses tribunaux. Ils sont la parole du prince qui les envoie et cette parole doit être libre ; aucun obstacle ne doit les empêcher d'agir. »

Pour nous, les prérogatives diplomatiques prennent leur source dans le caractère même de l'ambassadeur et dans les nécessités de sa mission. On verra (n° 42) que ce n'est pas une querelle de mots et que l'on peut être amené, dans certains cas, à étendre ou à restreindre les bénéfices de l'immunité, suivant qu'on la fait découler de la fiction de l'exterritorialité ou de la nature même des fonctions diplomatiques.

Les privilèges dont il va être question s'appliquent aux agents chefs de mission, sans acception de classes, quel que soit leur titre, et sans distinction entre la qualité de titulaire du poste ou d'intérimaire.

32. L'ambassadeur conserve son domicile dans son pays

---

(1) *Esprit des lois*, Liv. XXVI, ch. XXI.

d'origine ; c'est là seulement qu'il peut être assigné ou poursuivi. « Il reste toujours soumis, dit Wheaton, aux lois de
son pays, lesquelles régissent l'état de sa personne et ses
droits de propriété, qu'ils dérivent d'obligations, de succession ou de testament. Ses enfants nés à l'étranger sont considérés comme natifs de leur pays d'origine. » Sa succession
ouverte pendant sa mission à l'extérieur est censée ouverte
dans sa patrie et régie par les lois personnelles, fiction qui
avait une importance considérable avant l'abolition du droit
d'aubaine et la conserve encore sous l'empire des législations
qui reconnaissent au tribunal du lieu du décès la compétence
au sujet du règlement de la succession (1). Son testament
peut être fait suivant les formes usitées dans sa patrie; et par
dérogation à la règle *locus regit actum* il n'est pas tenu de
suivre pour les actes relatifs à sa personne et à sa famille les
formalités en usage dans le pays où il réside.

33. La personne de l'agent diplomatique est inviolable. Les
Romains y attachaient une sorte de sainteté religieuse :
« *Legatorum jus*, dit Cicéron, *divino humanoque vallatum est
præsidio, cujus tam sanctum et venerabile nomen esse debet,
ut non modo inter sociorum jura, sed et hostium tela inco-
lume versetur.* » Myrtillus et Manlius convaincus d'avoir porté
la main sur des ambassadeurs carthaginois leur furent livrés
par le préteur. Dans une autre circonstance le sénat livra
deux de ses propres membres. « *Sancti habentur legati,* »
dit à son tour le Digeste (L. 17 *De Legationibus*).

Le ministre public peut en conséquence exercer librement
les devoirs de sa charge; expédier et recevoir des courriers,
sans que l'État où il réside se croie autorisé par des motifs
politiques à violer le secret de sa correspondance (2). En ce
qui concerne toutefois les télégrammes, la correspondance en
clair est soumise, comme celle des particuliers, au contrôle du
gouvernement, de sorte qu'il est pour ainsi dire passé en

---

(1) C. de Paris, 22 juillet 1815, *Lainé.* S. T. 5. 2e part., p. 53.
(2) « En temps de paix, la personne des courriers est inviolable. La
visite et, à plus forte raison, la saisie de leurs dépêches sont interdites
En temps de guerre, les puissances belligérantes se croient en droit
d'arrêter les courriers de l'ennemi et de les faire visiter. » Ch. de Martens, p. 80.

usage, quand un cabinet veut donner un renseignement à un autre sans recourir à une communication directe, d'expédier une dépêche *en clair* à son propre représentant. Mais les agents diplomatiques ont le droit d'employer un chiffre dans leur correspondance télégraphique avec leur gouvernement, même dans les États où ce droit est refusé au public (1).

Tout gouvernement doit une protection spéciale aux ministres étrangers accrédités auprès de lui. Il doit les mettre à l'abri des violences commises ou tentées par ses propres sujets. L'article 17 de la loi du 17 mai 1819 punissait spécialement, d'un emprisonnement de huit jours à dix-huit mois et d'une amende de 50 à 5,000 francs, la diffamation envers les agents diplomatiques accrédités en France. L'article 5 de la loi du 26 mai 1819 subordonnait la poursuite à la plainte de l'agent lésé ; mais le désistement n'aurait point arrêté l'action de la justice une fois mise en mouvement. La loi nouvelle sur la presse contient une disposition qui punit d'un emprisonnement de huit jours à un an et d'une amende de 50 à 2,000 fr. le délit d'outrage contre ces mêmes agents, mais sans subordonner la poursuite à leur plainte. La connaissance de ce délit est réservée au tribunal correctionnel.

34. De son côté l'envoyé doit s'abstenir de tout acte de nature à troubler l'ordre public. S'il poussait l'oubli de ses devoirs jusqu'à insulter le gouvernement, attaquer les lois, braver les autorités, ses fonctions pourraient être suspendues, soit par un refus d'entretenir aucun rapport avec lui, soit par une invitation adressée à son souverain de le rappeler, soit par une sommation directe de quitter le territoire dans un délai déterminé. Il n'appartient qu'au gouvernement offensé, en pareil cas, d'apprécier souverainement si le langage et les actes d'un envoyé étranger peuvent être tolérés. En 1793 le gouvernement des États-Unis demanda le rappel de M. Genet, ministre de France, pour avoir délivré des lettres de marque en vue de faire la course contre des nations avec lesquelles les États-Unis étaient en paix. En 1848, Sir Henry Bulwer reçut ses passeports de la cour d'Espagne, pour s'être permis

---

(1) Convention télégraphique de Paris du 17 mai 1865, art. 9.

des appréciations inconvenantes sur l'administration intérieure du pays.

35. Certains auteurs vont même plus loin et soutiennent que l'on peut recourir à la force pour mettre hors d'état de nuire, ou expulser du territoire un envoyé, qui, par la violence de sa conduite, ou par ses intrigues, mettrait en danger la sûreté de l'État, et que son gouvernement tarderait trop à rappeler (1).

C'est dans ces conditions, qu'en 1718, le Régent fit reconduire à la frontière d'Espagne le prince de Cellamare, qui s'était fait, de concert avec la duchesse du Maine, l'instrument des projets d'Alberoni contre Philippe d'Orléans. Mais là s'arrête la répression; car, en pareille matière, si un gouvernement a le droit de légitime défense contre un ministre téméraire, il n'a pas le droit de lui infliger un châtiment, ce qui n'appartient qu'au souverain de qui relève le coupable. (Voy. toutefois, n° 36).

§ 5. Immunité de juridiction répressive et civile.

36. Par une dérogation, universellement admise aujourd'hui, à la règle du droit des gens, qui soumet les étrangers aux lois de police et aux tribunaux de répression du pays où ils résident, l'agent diplomatique échappe à la juridiction criminelle territoriale. Il est aisé de comprendre, en effet, qu'il ne pourrait remplir avec sécurité sa mission, qui lui dicte souvent un langage libre et peu fait pour plaire, s'il se trouvait sous le coup de poursuites arbitraires. Mais le respect de la personne de l'ambassadeur doit-il aller jusqu'à lui assurer une impunité absolue, dans le cas où il commettrait une infraction grave aux lois? Montesquieu et Vattel n'hésitent pas à le penser et n'admettent d'autre correctif à cette impunité que le droit de renvoyer les coupables à leur maître « qui devient par là leur juge ou leur complice ». Dans une seconde opinion non moins absolue, on dit : le droit des gens n'assure à l'ambassadeur que l'inviolabilité, c'est-à-dire une protection contre la violence et l'injustice, mais non contre le droit. En

____

(1) Kent, 120; Wheaton, 201.

quoi l'indépendance de l'ambassadeur est-elle intéressée à ce qu'il puisse commettre un délit? Quand un État lui a accordé la même protection qu'il trouverait dans son propre pays, il a rempli toutes ses obligations ; il ne peut le dispenser de la responsabilité de ses actes. D'ailleurs, en commettant un délit, l'envoyé public se met lui-même hors la loi des nations ; il perd son privilège par l'abus qu'il en fait. Une opinion intermédiaire qui a pour elle l'autorité considérable de **M.** Faustin-Hélie (1) fait remarquer que « les publicistes mêmes qui ont posé avec le plus de rigueur le principe de l'immunité sont forcés de reconnaître qu'il est un point, quelque éloigné qu'ils le placent, où cette indépendance doit céder devant le droit de la juridiction territoriale ». Elle en conclut que le privilège ne doit s'étendre qu'autant que l'exige la mission à accomplir, et, repoussant la doctrine de l'impunité illimitée, comme celle de la sujétion pure et simple aux lois et aux tribunaux, elle admet que l'envoyé ne pourra être poursuivi qu'en cas de crime grave, par exemple d'attentat contre la sûreté de l'État.

Quel que soit notre respect pour l'éminent criminaliste, nous ne saurions nous ranger ici à son opinion. Ce sont précisément ces attentats contre la sûreté de l'État et du prince, ces accusations de lèse-majesté et de complicité de complot, qui peuvent donner lieu aux poursuites les plus téméraires, qui comportent le plus de difficulté dans la preuve, le moins d'indépendance d'esprit dans le juge, le plus de vague et d'arbitraire dans la qualification du crime. L'ambassadeur ne pourrait être condamné à l'amende pour un délit de chasse, et il pourrait être préventivement arrêté sous l'inculpation d'affiliation à telle ou telle secte destructrice, de participation à tels ou tels conciliabules politiques? N'est-ce pas en ces matières que l'opinion s'égare le plus aisément? Que deviendrait la sécurité de l'ambassadeur, si, dans un pays déchiré par les factions ou dans une cour travaillée par la menace permanente des conspirations meurtrières, il pouvait être jeté en prison pour crime de haute trahison? D'ailleurs pour rendre le ministre public justiciable des tribunaux territoriaux il fau-

---

(1) Inst. crim., p. 526 et suiv.

drait que le crime fut établi ; or, il ne peut l'être que par la poursuite même et par la condamnation ; le juge criminel du lieu ne peut donc valablement se saisir, sans faire échec au principe même de l'inviolabilité.

Nous croyons donc plus prudent de nous en tenir à la doctrine enseignée par les principaux publicistes, à la suite de Vattel, celle de l'immunité de toute juridiction pénale, mais en réservant au gouvernement le droit de provoquer le rappel ou d'opérer l'expulsion du représentant coupable. C'est du reste la solution la plus conforme à la pratique admise par les nations civilisées. Elles y tiennent la main avec d'autant plus de fermeté que l'État contractant leur offre moins de garanties par son organisation judiciaire. Ainsi les questions que nous venons d'examiner ne pourraient se poser à l'égard de la Chine et du Japon, où les simples étrangers sans caractère public, sont renvoyés en cas de délit devant leurs propres tribunaux.

37. Le ministre peut-il, en matière criminelle, renoncer à son privilège ? Écartons le cas peu probable où étant poursuiv il déclarerait se soumettre au jugement. Mais pourrait-il, en se portant partie civile, s'exposer à la condamnation aux dépens et aux peines portées contre le dénonciateur calomnieux ? Il nous semble qu'en pareil cas, c'est à chaque gouvernement à tracer à ses agents la conduite qu'ils doivent suivre ; mais le ministère public ne serait pas fondé à intervenir d'office pour faire déclarer l'envoyé non recevable à se porter partie civile. Ce serait un déni de justice d'autant plus grave que l'agent personnellement lésé n'aura pas la plupart du temps d'autre moyen d'obtenir une réparation pécuniaire (1).

38. Il va de soi que la poursuite contre un envoyé diplomatique, si elle était admise, ne pourrait être exercée que sur l'initiative du gouvernement : c'est ce qui résulte en France de la loi du 13 ventôse an II, dont on trouvera plus loin le texte (n° 39). Le juge qui méconnait ce principe se rend coupable d'arrestation arbitraire (2).

---

(1) Villefort. *Loc. cit.*
2) Trib. de cass., 29 thermidor an VIII, S I, 359.

39. Les envoyés diplomatiques sont affranchis de la juridiction civile et ne peuvent être traduits devant les tribuaux du pays où ils résident. La loi romaine avait déjà reconnu ce principe : « non datur actio (adversus legatum), ne ab officio suscepto legationis avocetur, *ne impediatur legatio* . » (1) En France il a été proclamé par la Convention. Un décret du 13 ventôse an II. porte : « La Convention nationale interdit à toute autorité constituée d'attenter, en aucune manière, à la personne des envoyés des gouvernements étrangers ; les réclamations qui pourraient s'élever contre eux seront portées au Comité de salut public qui seul est compétent pour y faire droit. » En décidant que les réclamations seraient adressées au gouvernement, la Convention n'a pas, comme on l'a prétendu, substitué une juridiction à une autre ; elle a entendu que les particuliers, qui auraient une satisfaction à demander contre un envoyé public, ne pourraient l'obtenir que par la voie diplomaique. Dans le projet de Code civil, l'article 3 renfermait une disposition ainsi conçue : « Les étrangers revêtus d'un caractère représentatif de leur nation, en qualité d'ambassadeurs, de ministres, d'envoyés, ou sous quelque autre dénomination que ce soit, ne seront point traduits, ni en matière civile, ni en matière criminelle, devant les tribunaux Français. » Ce paragraphe ayant été supprimé et le Tribunat s'étant plaint de cette suppression, Portalis justifia ce retranchement, en faisant observer que ce qui concerne les ambassadeurs appartient au droit des gens et qu'il n'y a pas lieu de s'en occuper dans une loi de régime intérieur.

La constitution actuelle des États-Unis établit la compétence de la cour suprême à l'exclusion des cours d'États, « chaque fois qu'il s'agira de procès contre les ambassadeurs et autres ministres publics ou leurs gens. » La cour suprême, pouvoir régulateur, n'attire les cas à elle, à raison de leur importance internationale, que pour s'en dessaisir, s'il y a lieu.

40. L'immunité des agents diplomatiques reste donc un principe incontesté. Mais la doctrine et la jurisprudence ont beaucoup hésité sur les exceptions dont il peut être susceptible. Plusieurs auteurs enseignent que si l'envoyé contracte des

---

(1) Dig. de *Judiciis*, liv. XXIV, § 2.

engagements personnels et refuse de les remplir, il peut y être contraint. Tel serait le cas pour un agent qui ferait le commerce, qui souscrirait des billets, qui passerait des actes devant notaire. « Dans ce cas, dit M. Garcia de la Vega, il fait implicitement abandon de ses privilèges et se range dans la catégorie des justiciables ordinaires... Renoncer aux mesures de rigueur, ce serait couvrir une abstraction, d'un respect impolitique et immoral. (1) » Le même publiciste enseigne qu'on peut faire un procès contre le ministre. Mais il reconnaît que toute cette doctrine est sujette à controverse.

La jurisprudence française s'est prononcée dans un sens tout opposé. Elle admet non seulement qu'un agent diplomatique ne peut être actionné devant nos tribunaux, à raison d'une dette par lui contractée; (2) mais encore que « cette immunité étant d'ordre public, ceux qui en jouissent, comme représentant leur gouvernement, ne peuvent y renoncer et que l'on ne peut exciper contre eux d'aucun acte par lequel ils auraient consenti à s'en dépouiller. » En conséquence la cour se déclare incompétente pour connaître d'une action en paiement dirigée contre la femme d'un ministre, « l'incompétence ne pouvant être couverte par le consentement que celle-ci avait donné à plaider devant le tribunal » (3). Il résulte de ce système que le ministère public, gardien de l'ordre public, aurait qualité pour se pourvoir, à défaut de l'intéressé, contre un jugement qui aurait incompétemment statué sur une de-

---

(1) P. 248. — En ce sens, Merlin Rép. V° MIN. PUBL. Sect. V, § 4, art. 6. — Wattel; Pradier-Fodéré; Vergé.

(2) Paris, 5 avril 1813, *Bazili et Gray.* S. T. 4. 2ᵉ part., p. 286.

(3) Paris, 21 août 1841, *Papenheim* S. 41. II, 592.

« La Cour. — attendu que le baron de Pappenheim est ministre du grand-duc de Hesse, résidant en France; qu'à ce titre, il jouit des immunités accordées par le droit international aux ministres des puissances étrangères; que la baronne de Pappenheim, sa femme, jouit des mêmes immunités; que ces immunités sont d'ordre public; que ceux qui en jouissent comme représentant leur gouvernement ne peuvent y renoncer, et qu'on ne peut exciper contre eux d'aucun acte par lequel ils auraient consenti à s'en dépouiller; — qu'ainsi le tribunal de commerce était incompétent pour connaître d'une action personnelle dirigée contre la baronne de Papenheim; que cette incompétence étant d'ordre public peut être proposée en tout état de cause, et ne saurait être couverte par le consentement que l'appelante aurait donné à plaider devant le tribunal. »

mande dirigée contre un agent diplomatique étranger. C'est
ce qu'a en effet décidé la même cour (1). Elle n'a pas eu à
résoudre la question de savoir s'il pourrait être fait exception à la règle de l'immunité pour les agents diplomatiques
qui se livreraient à des opérations commerciales. Mais, dans
des conclusions données au sujet de cette dernière affaire,
M. l'avocat général Descoutures n'hésitait pas à se prononcer
pour la négative. « Quelle que soit, disait-il la cause de l'obligation contractée par M. T... s'il en a contracté une, ce que
je ne veux pas savoir, qu'elle soit civile ou commerciale, dès
qu'on le traduit devant un tribunal français pour l'exécution

-----

(1) Paris, 12 juillet 1867. *Tchitcherine* S. 68. 201.
« La Cour, — considérant que, dans l'espèce, l'instance est contradictoirement liée entre Tchitcherine, appelant, et Dupont et le syndic
de la faillite intimés; — que l'appel de Tchitcherine soumet à la Cour
les mêmes questions d'ordre public que celles qui ont motivé l'appel du
procureur général; que, dès lors, cet appel, qui n'a pour but de pourvoir à aucune nécessité actuelle, l'ordre public étant pleinement sauve-
gardé par l'appel de Tchitcherine, doit être déclaré non recevable pour
défaut d'intérêt;
« En ce qui touche l'appel de Tchitcherine :
« Considérant qu'il est constant, en fait, et non contesté que Tchitcherine est attaché, en qualité de conseiller, à l'ambassade de S. M. l'empereur de Russie près S. M. l'empereur des Français; qu'ainsi il a en
France le caractère d'agent diplomatique étranger; — considérant que
c'est un principe certain du droit des gens que les agents diplomatiques
d'un gouvernement étranger ne sont pas soumis à la juridiction des
tribunaux du pays dans lequel ils sont envoyés; — que ce principe se
fonde sur la nature des choses, qui, dans l'intérêt respectif des deux
nations, ne permet pas que ces agents soient exposés dans leur personne ou dans leurs biens à des poursuites qui ne leur laisseraient pas
une entière liberté d'action et qui gêneraient les relations internationale;
auxquelles ils servent d'intermédiaires; qu'en France ce principe a été
spécialement reconnu par le décret du 13 ventôse an ii, duquel il résulte
que les réclamations qui peuvent s'élever contre les gouvernements
étrangers doivent être formées et suivies par les voies diplomatiques;
considérant qu'en supposant qu'il pût être fait exception à ce principe
pour les agents diplomatiques qui se livreraient à des opérations commerciales et à raison de ces opérations, le traité par lequel Tchitcherine
se serait assuré le droit de disposer de la publicité du journal *la Nation*
aurait un caractère tout autre que celui d'une spéculation commerciale
faite dans un intérêt privé; que c'est donc à tort que le tribunal a retenu la connaissance de la demande formée par Tchitcherine contre le
syndic de la faillite Dupont et par Dupont lui-même; — déclare non
recevable l'appel interjeté par le procureur général; et statuant sur
l'appel de Tchitcherine, dit que le tribunal de la Seine était incompétent pour connaître de la demande formée par Pinet ès noms et
Dupont, etc. »

de cette obligation, on viole son immunité, son droit devrais-je
dire, car on le trouble dans l'exercice de sa fonction, on porte
atteinte à sa liberté. »

41. Enfin il est un cas où les jurisconsultes sont presque
unanimes à reconnaître la compétence des tribunaux locaux,
c'est celui où l'agent actionné devant eux est sujet de l'État,
où il réside en qualité de représentant d'une puissance étrangère. Ici encore cependant le Tribunal de la Seine s'est mon-
tré fidèle au système libéral et absolu de la cour de Paris et,
par un jugement du 21 janvier 1875, s'est déclaré incompétent
pour connaître de l'action en responsabilité intentée contre
un Français, ministre de la République de Honduras, par des
porteurs d'obligations qui lui reprochaient de les avoir induits
en erreur par des manœuvres personnelles; « attendu que, s'il
est vrai qu'H... a conservé sa qualité de français, il n'en jouit
pas moins des immunités diplomatiques inhérentes à la fonction
dont il a été investi, et qu'il serait contraire au droit des gens
et à l'indépendance réciproque des nations que le représentant
de l'une d'elles fut justiciable des tribunaux du pays où il représente un état souverain ». Malgré l'autorité de M. Deman-
geat qui rapporte ce jugement et en adopte la doctrine (1), il
nous semble difficile d'admettre que le citoyen d'un État
puisse se prévaloir des fonctions qui lui sont conférées par un
autre État, pour n'être plus justiciable ni de l'un, parce qu'il
n'en est pas sujet et n'y a pas de domicile, ni de l'autre, à raison de l'immunité. Nous préférons dire avec Vattel : « Quels
que puissent être les inconvénients de la sujétion d'un mi-

---

(1) *Journ. de droit int. privé*, 1875, p. 89. — Trib. Seine, 21 janv. 1875.
« Le tribunal : — En ce qui touche Herran, — attendu qu'il a été
accrédité en qualité de ministre plénipotentiaire de la République de
Honduras près le Gouvernement français; — que, représentant un gouvernement étranger, il n'est pas justiciable des tribunaux français,
même relativement aux actions qu'il peut avoir accomplies comme personne privée; — attendu que, s'il est vrai qu'il a conservé sa qualité
de Français, il n'en jouit pas moins des immunités diplomatiques inhérentes à la fonction dont il a été investi, et qu'il serait contraire au
droit des gens et à l'indépendance réciproque des nations que le représentant de l'une d'elles fût justiciable des tribunaux du pays où il
représente un État souverain ; qu'on ne s'explique même pas qu'un
exploit ait pu être porté à son hôtel et délivré ainsi en territoire étranger; par ces motifs, déclare nulle l'assignation délivrée à Herran. »

nistre au souverain auprès duquel il est employé, si le prince étranger veut s'en contenter et avoir un ministre sur ce pied-là, c'est son affaire; il ne pourra se plaindre quand son ministre sera traité comme sujet. »

42. Tout en reconnaissant qu'une nation s'honore en poussant jusqu'au scrupule le respect des immunités diplomatiques, nous pensons que la cour de Paris, dans les décisions rappelées, a formulé une théorie trop absolue, en tant qu'elle se fondait uniquement, comme elle l'a fait, sur les règles du droit international. L'exemption de juridiction doit, selon nous, être appliquée suivant l'esprit même de la règle d'où elle est sortie : *ne impediatur legatio*. Ainsi on ne pourrait introduire devant les tribunaux locaux, contre un ministre, aucune action qui aurait pour conséquence d'entraîner soit la contrainte par corps (1), soit la saisie des meubles, ou de discuter la responsabilité de l'agent, à raison d'un fait relatif à ses fonctions, ou d'en entraver l'accomplissement pacifique. Mais l'ordre public ne s'opposerait pas à ce qu'un ministre fut jugé par les tribunaux locaux, si, explicitement dans un contrat, ou implicitement, en comparaissant sans opposer le déclinatoire, il acceptait la juridiction; ou s'il était sujet de l'Etat où il réside, sans qu'une clause expresse entre les deux puissances eut assuré son immunité ; à plus forte raison, s'il était fonctionnaire de l'Etat auprès duquel il est accrédité, comme cela a lieu dans quelques cours d'Allemagne; enfin, si la contestation ne portait que sur l'existence et la validité d'un contrat n'emportant pas une exécution sur la personne et les biens du ministre, s'il s'agissait par exemple d'interpréter une clause de réméré dans une vente d'immeuble. Tel est le sens dans lequel nous paraît s'être prononcée la jurisprudence du *common Bench* en Angleterre (2). Mais ceci dit, nous nous empressons de reconnaître que les tribunaux français sont liés par un texte positif qu'on s'étonne de ne trouver visé par aucun des arrêts ou juge-

---

(1) « Le caractère public d'un ambassadeur et l'inviolabilité de son domicile ne permettent pas qu'il soit soumis aux obligations d'un gardien judiciaire. »—Paris, 19 mai 1829, *Lignerolles* c. *Strogonof.* S. T. 9. II.266.

(2) *Taylor* c. *Best,* Rép. 487; en ce sens, Bluntschli, 218; P. Fiore; Heffter: Pinheiro-Ferreira qui, dans ses notes sur Martens, va beaucoup plus loin; Villefort, *Rev. critique,* 1858, p. 124.

ments précités, celui de la loi du 13 ventose an II, (V. ci-dessus n° 39) qui n'est pas abrogé, et d'où il résulte qu'un tribunal commettrait un excès de pouvoirs en statuant sur une matière dont il n'appartient qu'au Gouvernement de s'occuper.

Nous ne quitterons pas ce sujet sans faire remarquer que c'est par une fin de non recevoir tirée de l'irrégularité de l'assignation qu'aurait dû être repoussée l'action intentée contre un ministre par exploit signifié à son hôtel, si l'on avait accepté comme une règle et appliqué au pied de la lettre la fiction de l'exterritorialité, puisque alors « on ne s'expliquerait pas, comme le dit le jugement du 21 Janvier 1875 cité plus haut (V. n° 41) qu'un exploit ait pu être porté à l'hôtel du ministre et délivré ainsi en territoire étranger. » D'ailleurs la fiction de la résidence à l'étranger serait par elle-même impuissante à écarter la recevabilité de l'action contre l'envoyé, puisque, aux termes de l'article 14 du code civil, l'étranger, même non résidant en France, peut être cité devant nos tribunaux.

43. Les effets mobiliers appartenant au ministre dans le territoire de l'Etat où il réside sont exempts de la juridiction locale, ainsi que l'hôtel qu'il habite. Mais les immeubles qu'il possède sont régis par les lois et les tribunaux territoriaux. En cas d'expropriation pour cause d'utilité publique, de dommage causé par des travaux publics ou de saisie-immobilière, les réclamations élevées par le ministre étranger devraient être portées devant le jury, le conseil de préfecture, ou le tribunal, selon les cas. Les objets mobiliers que le ministre posséderait en une autre qualité que celle d'agent diplomatique, par exemple comme objets de commerce, pourraient aussi faire l'objet d'une saisie-gagerie, et, en général, les actions réelles pourraient s'exercer sur ces meubles. Ici le décret du 13 ventose an II ne ferait plus obstacle à l'action du créancier, car il ne s'agit plus des réclamations intentées contre la personne, mais de droits exercés sur les biens.

Une controverse intéressante s'est élevée, à ce sujet, entre le gouvernement prussien et M. Wheaton, ministre des Etats-Unis. La loi prussienne donne au bailleur un droit réel, résultant *ipso facto* du contrat, sur les meubles qui garnissent la maison. Le propriétaire de l'hôtel loué à M. Wheaton pré-

tendit, à sa sortie, retenir le mobilier du ministre pour sûreté
des réparations. Celui-ci objecta qu'une pareille prétention
plaçait les membres du corps diplomatique sur le même pied
que les sujets prussiens, et supprimait, au mépris du droit des
gens, l'immunité de juridiction. Mais il lui fut répondu qu'il
s'était engagé par le contrat même à subir ce droit, que le
propriétaire, en tant qu'il se bornait à une simple rétention
sans s'adresser à aucune autorité judiciaire ne commettait aucune violation du droit des gens, et qu'il restait seulement au
ministre à faire prononcer par les tribunaux compétents sur
la légitimité de la créance pour sûreté de laquelle cette faculté
de rétention était exercée. Tout en admettant ce raisonnement,
à l'égard des autres biens mobiliers du ministre, par exemple
aux denrées qu'il a en magasin pour les vendre, il nous
semble excessif de l'appliquer aux objets destinés au service
de la légation ; car priver l'envoyé de ces meubles c'est le
mettre dans l'impossibilité ou dans l'embarras d'exercer sa
fonction, et le principe supérieur de l'indépendance du repré
sentant étranger s'oppose à ce qu'il en soit ainsi. Bynkershoek
rapporte qu'Henri IV se prononça contre la légalité d'une saisie pratiquée à Paris, pour non-paiement de loyers, sur les
biens de l'ambassadeur Vénitien (1).

§ 6. Immunités du personnel de la légation.

44. Le chef de mission n'est pas seul a jouir des prérogatives diplomatiques. Les mêmes immunités sont accordées au
personnel de la légation, mais à des titres, et dans des mesures qu'il importe de distinguer.

En premier lieu, et sur le même rang que l'ambassadeur, il
faut placer sa femme. Tout ce qui a été dit sur l'inviolabilité
et l'indépendance nécessaires à l'ambassadeur commande les
mêmes égards pour celle qui vient partager son séjour à
l'étranger (2).

45. Parmi le personnel attaché à la légation, il faut distin-

---

(1) *Voir* sur toute cette controverse Wheaton, I, p. 203 à 217. Fœlix,
Rev. du droit franç. et étr., t. II, p. 31.
(2) Paris, 21 août 1841. *Papenheim.* S. 41. II, 591. *Cité supra*, n° 40.

guer les fonctionnaires ayant un caractère public et diplomatique qui leur est propre : comme les secrétaires d'ambassade, ou de légation, chanceliers, drogmans, les attachés (1), les conseillers d'ambassade (2), les attachés militaires, lesquels reçoivent les uns et les autres leur commission du gouvernement qui accrédite l'ambassadeur, et peuvent être appelés soit à le suppléer, soit à exercer quelque démembrement de ses fonctions; ceux-là sont personnellement revêtus des immunités diplomatiques, en vertu du droit des gens, et il ne dépendrait pas du chef de la mission lui-même de les en dépouiller et d'autoriser leur poursuite devant les tribunaux territoriaux.

46. Quant aux secrétaires particuliers, attachés à la personne de l'ambassadeur, et autres employés à gage, il faut les ranger dans la même catégorie que les gens de service. Ces derniers eux aussi sont couverts par les privilèges diplomatiques. Mais ces privilèges ne leur sont accordés qu'en vue de l'ambassadeur et pour lui assurer toutes les conditions de bien-être désirables pendant sa mission; d'où il suit que le serviteur n'échappe aux poursuites que dans le cas où elles ne pourraient l'atteindre sans frapper le maître. Il pourrait en conséquence être poursuivi devant les tribunaux pour un engagement commercial. Il pourrait, en cas de délit, être livré par son maître à la justice locale, laquelle n'aurait plus alors à tenir aucun compte de sa qualité (3). C'est à raison de ces

---

(1) Id. 9 avril 1866. *De Lima.* S. 36. II, 232.
(2) Id. 12 juillet 1867. *Tchitcherine.* S. 68. II, 201. *Cité supra,* n° 40.
(3) Cass., 11 juin 1852. *Salvatori.* S. 52. I, 467. — Id. 13 oct. 1865. *Nikitschenkoff.* S. 66 I, 33.

1re *espèce.* — La Cour : « Sur les premier et deuxième moyens tirés de l'incompétence *ratione loci* et *ratione personæ,* en ce que le fait incriminé aurait été commis sur le territoire étranger, l'hôtel de l'ambassade d'Angleterre étant considéré comme tel, suivant les principes du droit des gens et en ce que, comme attaché à l'ambassadeur d'Angleterre, le demandeur participait aux immunités personnelles qui couvrent les agents diplomatiques; — attendu qu'aux termes de l'article 3 du c. n., les lois de police et de sûreté obligent tous ceux qui habitent le territoire; — attendu que les immunités et franchises qui protègent le libre exercice des fonctions des ministres publics dans les pays où ils sont envoyés, et qui assurent leur indépendance personnelle de la juridiction locale, ne peuvent s'étendre à des individus n'ayant aucune mission des gouvernements que les ministres publics représentent, et attachés à leur service par leur propre volonté, lorsque ces ministres manifestent expressément l'intention de les livrer à la justice ordinaire;

exemptions et prérogatives, qu'il est d'usage, pour les ambassadeurs, en prenant possession de leur poste, d'adresser au ministre des affaires étrangères une liste exacte de toutes les personnes attachées à un titre quelconque à la légation. Le domestique français attaché au service d'un envoyé étranger ne cesse pas, suivant nous, d'être justiciable devant les tribunaux de son pays.

47. Beaucoup d'auteurs vont plus loin et reconnaissent au ministre une véritable juridiction domestique, civile et répressive, sur le personnel de la légation. Wheaton (I. 202), qui adopte cette opinion d'après Vattel, en la fondant sur la règle de l'exterritorialité, reconnait d'ailleurs que l'usage moderne s'en éloigne. Heffter (408) soutient avec plus de raison, suivant

---

— attendu que le demandeur est accusé d'un crime commis en France, et qu'il est constaté par l'arrêt attaqué et par les documents de la cause qu'il n'est pas attaché au service du gouvernement anglais, mais qu'il avait été admis dans l'hôtel de l'ambassadeur d'Angleterre, lord Normanby, en qualité d'intendant de sa maison; — attendu qu'il n'a été arrêté et poursuivi que sur la plainte et avec l'assentiment des autorités qui représentent en France le gouvernement anglais; qu'il ne peut donc sous aucun rapport se soustraire à la juridiction des tribunaux français; — rejette... »

2e *espèce*. — La Cour : « Sur le moyen tiré de ce que le crime, objet de l'accusation, aurait été commis par un Russe sur un sujet russe ou étranger, dans l'hôtel de l'ambassade de Russie, à Paris, et, par suite, dans un lieu situé hors du territoire de la France, que ne régissait pas la loi française et sur lequel ne pouvait s'étendre la compétence de nos tribunaux; — attendu qu'aux termes de l'article 3 du c. n.. les lois de police et de sûreté obligent tous ceux qui habitent le territoire; — attendu que l'on peut admettre, comme exception à cette règle de droit public, l'immunité que, dans certains cas, le droit des gens accorde à la personne des agents diplomatiques étrangers et la fiction légale en vertu de laquelle l'hôtel qu'ils habitent est censé situé hors du territoire du souverain près duquel ils sont accrédités; — mais attendu que cette fiction légale ne peut être étendue, qu'elle est exorbitante du droit commun; qu'elle se restreint strictement à l'ambassadeur ou ministre dont elle a voulu protéger l'indépendance, et à ceux qui, lui étant subordonnés, sont cependant revêtus du même caractère public; — attendu que le demandeur n'appartient à aucun titre à l'ambassade de Russie; que, comme étranger résidant momentanément en France, il était soumis aux lois françaises; que le lieu où le crime qui lui était imputé a été commis, ne peut non plus, en ce qui le concerne personnellement, être réputé en dehors des limites du territoire; que l'action et la compétence de la justice française étaient dès lors incontestables; — qu'elles se sont exercées à la demande même des agents du gouvernement russe, et après qu'ils avaient livré le demandeur aux poursuites; que sous tous ces rapports le moyen invoqué est sans fondement; — rejette... »

nous, qu'en Europe, du moins, la juridiction autrefois accordée aux ambassadeurs sur les membres de leur suite, et dont il y a eu de sanglants exemples, se réduit aujourd'hui au droit d'arrêter l'inculpé, de demander son extradition et de procéder à l'information en tant qu'elle le concerne, suivant les règles en vigueur dans le pays d'origine, ou y faire procéder par les autorités locales compétentes.

Dans aucun pays d'Europe, les ministres n'ont de pouvoir pour statuer directement sur les litiges entre leurs nationaux. Tout leur pouvoir se borne à exécuter les commissions rogatoires qui leur sont adressées. (Sur les pays barbaresques voir *Echelles du Levant*.) Ils peuvent cependant exercer une juridiction volontaire et gracieuse, recevoir des testaments, légaliser des contrats et des actes de l'état civil, concernant leurs nationaux.

§ 7. Franchises diplomatiques : culte, contributions, hôtel.

48. Les ministres publics peuvent librement exercer dans leur domicile le culte de leur religion, quand même elle ne serait pas reconnue ou tolérée dans l'État auprès duquel ils sont accrédités. Ils peuvent, à cet effet, avoir une chapelle dans l'intérieur de l'hôtel, entretenir un chapelain, faire célébrer un service religieux pour eux et pour les gens de leur suite et même y admettre leurs nationaux résidant hors de l'hôtel. Ce droit, auquel l'esprit de tolérance moderne a fait perdre beaucoup de son importance, ne laisse pas que d'en conserver encore dans les États qui sont restés en arrière des progrès modernes, et qui en surveillent l'exercice d'un œil inquiet. Jusqu'en 1870, il était défendu aux Romains, sous le gouvernement temporel des papes, de suivre les exercices religieux célébrées dans la chapelle de la légation de Prusse (1).

Nous ne saurions suivre M. Pascal Fiore (2) qui refuse d'entrer dans l'examen des distinctions auxquelles peut donner lieu l'exercice du droit en question, parce que, suivant lui, c'est « un droit de l'homme et non un privilège du diplomate ». Si

----

(1) Bluntschli, 203-205.
(2) Tome II, p.600.

les pratiques du culte ne relèvent que de la conscience, l'ouverture d'un lieu consacré à un culte public relève des lois de
police et ce n'est qu'en vertu des privilèges consacrés par le
droit international que le ministre peut, à cet égard, se soustraire aux prohibitions de la loi territoriale. Au surplus le
droit de tenir chapelle ne s'étend pas aux manifestations extérieures qui dépasseraient l'enceinte de l'hôtel, telles que pro-
cessions, sonneries de cloches, port de costume ecclésiastique. Mais dans la chapelle il peut être procédé non seulement
au service religieux, mais aux cérémonies du mariage, du
baptême, des obsèques.

49. Les agents diplomatiques sont exempts des impôts personnels directs. Non seulement l'hôtel de l'ambassade ne doit
pas être imposé à la contribution foncière, quand il est la propriété de l'État étranger, mais le ministre public, qui loue un
hôtel ou un appartement, doit être exempt de la contribution
des portes et fenêtres et, par suite, le propriétaire, ne pouvant réclamer à son locataire le montant de cette contribution,
conformément à l'article 12 de la loi du 4 frimaire an VII,
doit en obtenir la décharge (1). En ce qui touche la contribution personnelle mobilière, les répartiteurs s'abstiennent simplement de faire figurer dans les matrices les agents diplomatiques appelés à bénéficier de l'exemption. Pour la contribution
des portes et fenêtres, les ouvertures des appartements occu-
pés par les ministres étrangers continuent à être imposées
au nom du propriétaire de l'immeuble ; seulement, lorsque la
contribution afférente à ces ouvertures n'a pas été laissée à la
charge du propriétaire par une clause de bail, le dégrèvement
en est prononcé à titre de remise imputable sur le fond de
non valeurs (2).

Cette exemption est acquise *de plano* aux agents politiques,
chez tous les peuples qui échangent entre eux des missions
diplomatiques, à la différence des consuls pour lesquels on
verra (n° 109) que l'immunité n'est acquise qu'autant qu'elle
résulte de conventions ou d'une réciprocité internationale tacite.

---

(1) Cons. de préf. de la Seine, 13 août 1878. *Hamilton*. (Leon Garnier
1878, p. 284.)
(2) Circ. dir. des contributions directes, 9 janvier 1875, n° 544.

En Italie, les agents diplomatiques et consulaires sont affranchis de l'impôt sur la richesse mobilière, qui pèse sur tous les étrangers, à l'exception toutefois de celui qui est perçu sur les rentes provenant de titres de la dette publique.

En Angleterre, ils sont dispensés de payer l'*income-tax*.

50. Les secrétaires officiels de la mission jouissent de l'exemption, comme leur chef, même lorsqu'ils habitent en dehors du siège de l'ambassade (1). Il en est de même des conseillers de légation. Il a été jugé que les attachés militaires, commissionnés et accrédités par le gouvernement étranger, exercent une fonction qui n'est qu'un démembrement des fonctions plus générales du chef de la mission et participent au privilège d'exterritorialité. Ils doivent donc être exempts des contributions directes (2). Il en faut dire autant des personnes envoyées en mission temporaire, avec le caractère d'agents diplomatiques.

51. Il est bien entendu que l'exemption ne profite qu'aux agents qui sont sujets de l'État qui les nomme; elle ne pourrait s'étendre aux regnicoles chargés par une puissance étrangère de la représenter auprès de leur propre souverain.

52. Les envoyés sont encore exempts de l'obligation de loger les gens de guerre ou de payer les taxes équivalentes, ainsi que des taxes somptuaires et des services publics dont la prestation a lieu en nature, comme le service de la garde nationale.

Mais leur qualité ne saurait les soustraire aux charges qui pèsent sur la propriété. L'hôtel qu'ils habitent, lorsqu'il n'est pas la propriété de l'État qui les nomme, est soumis à la contribution foncière, soit qu'ils le louent ou qu'ils en soient personnellement propriétaires. Si, contre l'usage des nations européennes, ils se livraient au commerce, ils seraient soumis à l'application de la loi sur les patentes.

53. Les agents diplomatiques ne sont, en principe, d'après le droit des gens, exemptés d'aucun impôt indirect, ni des octrois. L'usage s'est néanmoins introduit de leur accorder à

---

(1) Lettre de M. Drouyn de Lhuys au préf. de la Seine du 11 juillet 1866.
(2) Trib. de la Seine, 31 juillet 1878. *Dientz* c. *de la Sara*, *Journ. de droit int. privé*, 1878, p. 505.

titre de courtoisie une franchise des droits de douane, jusqu'à concurrence d'un certain maximum, qui est fixé par la loi intérieure de chaque État, afin d'éviter les abus auxquels cette faveur pourrait donner lieu. L'immunité s'étend à tout agent chef de mission, quelque soit le grade dont il est revêtu, et sans avoir égard à sa qualité de titulaire ou d'intérimaire (1). La loi douanière allemande du 8 juillet 1867, article 15, ne reconnaît pas cette immunité comme absolue ; elle autorise seulement les divers · gouvernements à accorder à leurs agents des passavants, mais aux frais des gouvernements respectifs (2). C'est également à titre de pure courtoisie que les ministres sont quelque-fois dispensés d'acquitter les péages, (sur les routes et les ponts), qui sont la rétribution d'un service public. Quant aux droits d'enregistrement et de mutation, dus à raison des contrats par eux passés personnellement, ou des successions recueillies dans l'État qui les reçoit, ils ne peuvent élever la prétention de s'y soustraire, à raison de leur qualité, à moins d'une réciprocité formellement stipulée (3). A l'inverse, la succession mobilière de l'ambassadeur décédé n'est soumise à aucun droit, parce qu'on suppose que l'ambassadeur est mort dans son pays et par l'application de l'adage *mobilia sequuntur personam;* en conséquence, la femme de l'ambassadeur n'est pas obligée de déclarer les meubles qui existent dans sa maison (4).

54. L'hôtel du ministre, sa voiture quand il voyage, sont inviolables comme sa personne, et ne peuvent être soumis aux perquisitions des autorités locales (5). On sait à quelles controverses a donné lieu jadis le droit d'asile. Il ne saurait en être aujourd'hui question. Quand la justice locale recherche un coupable relevant des tribunaux du pays, elle doit, sans doute, s'arrêter à la porte du ministre, mais s'il refusait de livrer l'inculpé, ou d'autoriser, dans sa demeure, la recherche du fugitif, il devrait être passé outre à la perquisition. Il va sans dire que l'étranger n'appartenant à aucun titre à l'am-

---

(1) Garcia de la Vega.
(2) Bluntschli, 223.
(3) Cass. 26 avril 1815. *Enreg.* c. *Labenski.* S. T. 5, I. 22.
(4) Fiore. II, 592.
(5) Déclaration de l'Assemblée constituante du 11 décembre 1789. Voy. à sa date.

bassade de sa nation est soumis à la juridiction locale, à raison des crimes par lui commis dans l'hôtel de cette ambassade. La fiction légale de l'exterritorialité de l'hôtel doit être soigneusement restreinte à l'ambassadeur et à ses subordonnés revêtus par le droit des gens du même caractère public. Vainement un assassin de nationalité russe, qui, dans l'hôtel de son ambassadeur, à Paris, aurait tué un de ses compatriotes, prétendrait-il que les tribunaux français sont incompétents pour juger un crime commis en territoire russe. Cette manière physique de comprendre l'exterritorialité a été écartée par la Cour de Cassation. (Arrêt cité *supra*, n° 46.)

55. A plus forte raison la même fiction ne peut-elle s'étendre aux nationaux de l'État où réside l'ambassadeur. Par suite, si une Française a contracté mariage, en France, avec un étranger, dans l'hôtel de l'ambassade étrangère, devant un chapelain et suivant les formes prescrites par la loi étrangère, le mariage est radicalement nul, comme ayant été célébré par une personne n'ayant aucune qualité à cet effet. La femme ne peut soutenir qu'étant hors du territoire français, elle pouvait valablement faire célébrer son mariage suivant les formes usitées dans le pays étranger (1). « Pourrait-on admettre, a dit à cette occasion M. l'avocat général Dupré-Lassale, qu'un Fran-

______

(1) Paris, 6 avril 1869. *Maire du 8ᵉ arr.* c. *Meffray.* S. 70. 2, 178. — Trib. de la Seine, 2 juillet 1872. *Morgan.* S. 72. II, 248.

1ʳᵉ *espèce.* — La Cour : « Considérant que la fiction du droit des gens qui répute territoire étranger la demeure des agents diplomatiques a uniquement pour objet d'assurer l'inviolabilité de la personne de ces agents et les immunités dérivant de ce principe; — considérant que cette fiction d'exterritorialité ne peut être étendue à des faits qui auraient pour objet de protéger une fraude à la loi française... »

2ᵉ *espèce.* — Le tribunal: « Attendu que l'on ne saurait invoquer pour la validité du mariage dont il s'agit l'accomplissement des formalités anglaises, quoique l'acte ait été passé à l'ambassade britannique; — que cette circonstance ne peut avoir pour résultat de faire considérer la célébration comme ayant eu lieu en Angleterre; — attendu, en effet, que si l'hôtel d'une ambassade doit, selon le droit des gens, être regardé comme territoire de la nation que représente l'ambassadeur, ce n'est qu'au point de vue des immunités consacrées par les traités internationaux au profit des agents diplomatiques, mais que cette fiction d'extranéité ne saurait être étendue aux actes de la vie civile intéressant les indigènes du pays près duquel est accrédité l'ambassadeur; — que c'est donc en France et sur le territoire français que se trouvaient Morgan et la demoiselle French, lorsqu'ils ont contracté l'acte du 23 novembre 1867. — ... Par ces motifs, déclare nul l'acte de célébra-

çais, sur notre territoire, n'ait qu'à passer le seuil d'un hôtel diplomatique, pour se soustraire aux lois qui règlent en France la forme et les conditions du mariage, et contre cet établissement d'un nouveau *gretna-green* officiel, le droit des gens comme le droit national n'opposent-ils pas un égal obstacle ? »

§ 8. Fonctions des agents diplomatiques.

56. Nous n'avons encore examiné que les conditions dans lesquelles les agents diplomatiques sont appelés à exercer leurs fonctions. Mais en quoi consistent-elles? Le but essentiel de la diplomatie est de régler les intérêts nationaux, dans leur contact soit pacifique, soit hostile. Pour régler ces intérêts, il faut les connaître et se rendre un compte exact de la situation des pays engagés dans des relations internationales. Tout chef de mission doit connaître parfaitement, pour le pays où il réside : 1° Ce qui regarde la mission même et ses droits, ses immunités, ses relations; 2° le personnel de la cour, ses usages, son cérémonial, la composition ou la force respective des partis politiques; 3° l'organisation du pays au point de vue administratif et judiciaire 4° le système commercial. « La science des diplomates dégage les devoirs, les droits et les intérêts respectifs des États ; l'art du diplomate consiste à les concilier » (1). Il n'en est pas qui exige chez celui qui l'exerce plus de clairvoyance et de sagesse dans l'esprit, plus de tact dans la conduite, plus d'élévation dans les sentiments.

Les agents diplomatiques, chargés soit de missions permanentes, soit de missions temporaires, sont les intermédiaires de toutes les négociations entre États, relatives aux traités de paix, de commerce et de navigation, d'extraditions, aux conventions consulaires, monétaires, postales, ou destinées à pro-

---

tion de mariage passé devant le chapelain Cox, à l'ambassade anglaise, le 23 novembre 1867... »

Voy. dans la *Rev. de droit international*, 1870, p. 268, une intéressante étude de M. Lawrence sur la solution de cette question dans la jurisprudence anglaise et américaine.

(1) Funk Brentano et Albert Sorel, p. 75.

téger la propriété littéraire et artistique, etc. C'est par eux que se traitent toutes les questions internationales d'intérêt général ou privé, les réclamations d'indemnité, les affaires contentieuses entre particuliers et gouvernements étrangers, les demandes d'extradition, les commissions rogatoires (1).

57. Le ministre a pour auxiliaires, dans ses fonctions, les secrétaires et attachés d'ambassade. Ceux-ci sont particulièrement chargés par le ministre sous les ordres duquel ils sont placés, des rapports verbaux à faire, en son nom, au ministre des relations extérieures du gouvernement du pays où il réside, ainsi qu'aux ministres étrangers ses collègues ; de surveiller la bonne tenue des archives de la mission ; de chiffrer et déchiffrer les dépêches, quelquefois aussi de minuter les actes ou les dépêches que le ministre peut avoir à écrire soit à ses collègues, soit aux autorités locales ; ce sont eux encore qui dressent les procès-verbaux, reçoivent et légalisent les déclarations, dressent les actes de l'état civil et les certificats de vie pour leurs nationaux, ou y mettent le visa officiel ainsi qu'aux passeports. Quand un chancelier est attaché à la mission, cette dernière partie des fonctions du secrétaire rentre dans ses attributions. « Quel que soit au surplus le rang qu'ils occupent entre eux, tous ces agents ont pour obligation générale d'aider leur chef, dans tout ce qui concerne l'exercice de ses fonctions. » (2).

58 C'est par le caractère et l'étendue de leurs relations personnelles, tant avec leurs collègues qu'avec les ministres du pays où ils résident, que les diplomates exercent leur action. La réunion des agents étrangers accrédités auprès d'une même cour constitue ce qu'on a coutume d'appeler le *corps diplomatique.* « C'est, dit Bluntschli (p. 182), l'image de la solidarité des États ; il a le droit de formuler les sentiments et les principes communs. Ses déclarations unanimes ont une certaine autorité internationale dont il est dangereux de ne pas tenir compte. » Là viennent se nouer et se dénouer les

(1) Sur les devoirs généraux du diplomate, cons. Ch. de Martens, ch. VIII, p. 149 ; — Garcia, p. 139 ; — et les instructions tracées d'une manière magistrale, en l'an VIII, par Talleyrand.
(2) Ch. de Martens, p. 78

fils de la politique européenne. Mais nous n'avons pas à traiter ici de la diplomatie secrète. L'habitude des discussions publiques dans les chambres législatives a rendu son intervention plus rare et moins décisive qu'au siècle précédent. D'autre part, dans la crainte des indiscrétions qui se sont multipliées depuis quelques années, au risque de compromettre l'honneur des souverains encore vivants et de leurs ministres, les chefs d'État ont pris de jour en jour l'habitude de s'aboucher directement pour traiter, sans intermédiaires, les intérêts les plus graves.

59. Les agents diplomatiques ne sauraient apporter trop de réserve dans leurs rapports officiels ou officieux avec les autorités locales. Une disposition, trop souvent mise en oubli, du 22 messidor au VII (v. à sa date) interdit aux agents diplomatiques accrédités en France de se mettre en rapport avec les autorités, autrement que par l'intermédiaire du ministre des affaires étrangères, seul juge de l'opportunité des communications qu'il convient de faire aux ministres étrangers.

C'est en violation de cette sage disposition, que le nonce apostolique à Paris, écrivit, en 1865, deux lettres dans lesquelles il encourageait l'opposition des évêques à la politique du gouvernement. Dans sa dépêche du 8 février 1865, à notre ambassadeur à Rome, M. Drouyn de Lhuys put dire avec raison que « par cette double démarche le nonce avait gravement compromis le caractère dont il était revêtu. »

60. Nous avons eu déjà (n° 6) l'occasion de faire remarquer combien les transformations de la vie moderne, et notamment la rapidité des communications télégraphiques, ont réduit l'initiative personnelle des diplomates.

Ajoutons que le cercle de leurs attributions s'est en même temps élargi. Les intérêts matériels et administratifs tendant à prendre de plus en plus un caractère de solidarité internationale. C'est par une entente diplomatique que doivent se régler les questions relatives au service des postes, des télégraphes, à la valeur des monnaies, aux transports par chemin de fer, aux raccordements de voies ferrées. C'est dans des congrès, pour ainsi dire techniques, qu'elles doivent être débattues et tranchées. Aussi a-t-on, le plus souvent, recours à l'intervention de commissaires spéciaux d'une compétence professionnelle, tantôt munis directement de pleins pouvoirs, comme les négociateurs de la convention de Genève, tantôt chargés dans des conférences préalables de préparer les conventions dont les diplomates n'ont qu'à régulariser les stipulations. C'est ainsi que les choses se passèrent, par exemple (1), pour la convention télégraphique de Paris du 17 mai 1865. Les diplomates ne figuraient pas non plus exclusivement dans les conférences monétaires de 1867, 1874, 1878, 1881, réunies sous la présidence du ministre des finances à Paris.

Les congrès politiques ont eux aussi pris de nos jours un développement considérable. (V. rep. vº *Traités internationaux*.) Au lieu d'intervenir, comme autrefois, pour consacrer les résultats d'une guerre, ils se sont réunis quelquefois à temps pour la conjurer et placer la solution des conflits menaçants sous la garantie des puissances neutres.

« Avant de procéder à la rédaction d'un acte international, les plénipotentiaires s'assurent par l'examen de leurs pleins-pouvoirs qu'ils ont qualité pour engager leurs gouvernements respectifs. Ce n'est que lorsqu'ils ont obtenu toute garantie à cet égard que les négociateurs discutent les clauses de la convention.

Lorsqu'il s'agit d'un congrès, un acte quelquefois préalable à toute négociation c'est la neutralisation du local où les conférences ont lieu. Les représentants de chaque puissance peuvent se regarder de fait comme étant sur leur propre territoire. » (2).

Quand un traité se négocie à Paris, c'est le ministre des affaires étrangères qui le signe pour la République française. Le ministre des postes et télégraphes revendique pour lui seul le droit de signer les conventions postales, à l'exemple du *post-master* général des États-Unis. Le ministre des postes de Prusse élève la même prétention. Le département des affaires étrangères n'a pas encore admis le principe, sans réserve, pour le premier, et le combat vivement à l'égard du

---

(1) Voy. Renault. *Étude sur les rapports internationaux. — La Poste et le Télégraphe.*

(2) Garcia, p. 170.

second. En fait, certaines conventions postales ont été signées par le ministre des postes et télégraphes de France,
sans l'assistance de son collègue des affaires étrangères. Le
ministre négociateur n'a pas besoin de pleins pouvoirs en
forme.

61. Il faut autant que possible qu'il y ait parité de rang
entre les plénipotentiaires appelés à une même négociation.
Mais en cas d'inégalité, le plénipotentiaire le plus élevé en
grade n'a aucune supériorité sur ses collègues ; tous représentent des souverains égaux en rang et en dignité. La plupart des puissances admettent entre elles l'*alternat*. C'est une
méthode de rédaction par laquelle chaque souverain et chaque plénipotentiaire est nommé en tête et signe, en première
ligne, dans l'instrument qui lui reste ; les autres suivent dans
l'ordre alphabétique. L'Angleterre n'admettant pas d'*alternat*
avec le Saint-Siège, on ne peut suivre que l'ordre alphabétique pur et simple dans un traité où le nonce signerait en
même temps qu'un envoyé de la Grande-Bretagne.

62. Dans quelle mesure un gouvernement est-il lié par son
ambassadeur? Cela dépend évidemment des termes des pouvoirs conférés à celui-ci. Il est d'usage que les gouvernements
se réservent le droit de ratifier ou de répudier le traité accepté par leur ministre. La lettre de créance par laquelle on
accrédite un agent, ne lui confère pas qualité pour engager
irrévocablement son souverain. Il faudrait, pour qu'il en fût
ainsi, que l'agent fût muni de pleins-pouvoirs distincts, contenant autorisation expresse d'engager son mandant définitivement et sans aucune réserve de revision ou de ratification.
C'est là une mesure imprudente et inusitée. Les instructions
des envoyés étant toujours confidentielles et ne pouvant pas
être divulguées, les gouvernements ne peuvent, en définitive,
être respectivement certains de leur consentement réciproque,
que par l'échange des ratifications. Aussi, cet échange est-il
d'usage même lorsque les traités ont été signés par des plénipotentiaires.

63. Nous terminerons cette esquisse rapide des fonctions
diplomatiques, en empruntant à Garcia de la Vega l'énumération des diverses formes que peuvent revêtir les communications diplomatiques.

Lettre. — Toute espèce de communication peu importante ou d'intérêt particulier.

Dépêche. — Forme donnée aux rapports d'un gouvernement avec ses propres agents ou réciproquement.

Office. — Communication sur des matières d'intérêt général.

Note signée. — Forme solennelle, obligatoire.

Note verbale. — Non signée, écrite à la troisième personne, par exemple après une conversation pour la préciser.

Note confidentielle. — Engage le ministre et pas son gouvernement.

Note ad referendum. — Dépêche qu'un agent expédie à son gouvernement pour demander des instructions nouvelles.

Protocoles. — Procès-verbal des congrès ou conférences fixant les points arrêtés, mais sans engager les gouvernements.

Memorandum. — Note signée dans laquelle un gouvernement expose ses prétentions ou ses griefs.

Manifeste. — Proclamation qui, de plus que le memorandum, renferme des déclarations de principes et s'adresse à tous les États.

Conclusum. — Note signée qui résume le débat et pose les conclusions.

Ultimatum. — Formule des prétentions dont on est résolu à ne pas se départir.

Les expéditions de la cour de Rome sont les *Bulles*, traitant des affaires de haute importance, dans un style pompeux; les *Encycliques*, dans lesquelles le Pape s'adresse au monde catholique; les *Brefs*, lettres du Pape relatives à un intérêt secondaire ou personnel.

64. Le français a, depuis le XVIIᵉ siècle, remplacé l'espagnol, qui avait lui-même détrôné le latin comme langue en usage dans les communications diplomatiques. Toutefois, il n'a jamais été adopté comme langue officielle. Le congrès de Vienne a même constaté, par une disposition formelle, que cet usage n'avait rien d'obligatoire. Certaines puissances n'admettent que les communications faites dans leur propre langue ou accompagnées d'une traduction. La Porte Ottomane ne correspond avec les cabinets européens qu'en langue turque; mais

elle accompagne ses notes d'une traduction en français. Dans les communications verbales solennelles, l'agent inférieur parle la langue de son supérieur, à moins qu'on ne s'entende sur le choix d'une langue commune familière à toutes les parties, qui est le plus souvent le français (1).

§ 9. Fin de la mission diplomatique.

65. La mission diplomatique prend fin par la consommation de son objet quand elle avait un objet déterminé, comme c'est le cas pour toutes les missions temporaires; par la mort, le rappel spontané ou demandé de l'ambassadeur, la remise à celui-ci de ses passeports, ou la demande qu'il en fait lui-même, s'il croit qu'une offense faite à son souverain nécessite une rupture diplomatique. Dans le cas où une révolution modifie la forme du gouvernement dans l'État qui a envoyé l'agent, ou dans celui qui l'a reçu, l'usage veut qu'il lui soit remis de nouvelles lettres de créance. Ces lettres nouvelles équivalent, dans le second cas, à une reconnaissance du gouvernement nouveau qui s'est substitué à l'ancien. L'Europe, sauf la Suisse, a attendu l'avénement de M. Thiers au pouvoir en 1871, pour adresser de nouvelles lettres de créance aux ministres accrédités à Paris.

Le changement de rang d'un envoyé qui reste au même poste, donne lieu à la présentation de nouvelles lettres de créance. Il en est de même, mais à titre de pure courtoisie, de l'avénement d'un nouveau monarque dans le pays où réside l'envoyé.

Lorsque la mission diplomatique prend fin par le rappel de l'envoyé appelé à d'autres fonctions, il est d'usage que le chef de l'État reçoive, en audience de congé, les ministres et ambassadeurs accrédités auprès de lui et qu'il leur remette pour leur souverain des lettres de recréance constatant que leur mission est terminée. L'habitude de donner des présents à cette occasion a disparu.

66. Quelle que soit la manière dont la mission prend fin, l'ambassadeur et sa suite jouissent jusqu'à leur sortie du ter-

---

(1) Voy. *Carnazza amari*, I, 397.

ritoire de tous les égards et de toutes les immunités attachés à leur qualité. Il en est de même de la veuve pendant le délai moral qui lui est nécessaire pour régler ses affaires et regagner son pays. Si l'ambassadeur meurt à son poste, le chancelier ou à son défaut le ministre d'une puissance amie appose les scellés sur ses papiers. Ce n'est qu'à défaut de représentants étrangers que les autorités locales doivent instrumenter.

67. On s'est demandé si l'éloignement de l'ambassadeur, par suite de guerre, ne fait que suspendre son mandat sans le faire expirer définitivement, ou si, dans le cas où, après la conclusion de la paix, le même agent rejoint le même poste, sa fonction est censée reprise seulement du jour où il a présenté les nouvelles lettres de créance qui doivent, en tous cas, lui être délivrées. La question s'est présentée, en Autriche, à propos d'une clause de bail consenti pour la durée de la mission. La cour suprême, par arrêt du 10 février 1869, a consacré le premier système et considéré la seconde mission comme une continuation de l'ancienne. Cette solution peut constituer une interprétation exacte du contrat de droit civil ; mais il nous paraît difficile, au point de vue du droit diplomatique, d'en conclure que la mission première reprend son cours.

Par suite, le ministre public qui reprendrait sa mission, dans ces conditions, ne prendrait rang dans le corps diplomatique, que du jour de la présentation de ses nouvelles lettres de créance, et n'aurait aucun droit de préséance sur les ministres accrédités postérieurement à sa première mission, mais antérieurement à la seconde.

SECTION III.

Agents diplomatiques français.

§ 1er. Administration centrale.

68. Les agents diplomatiques sont placés sous l'autorité du ministre des affaires étrangères. C'est de lui qu'ils reçoivent leurs instructions, leurs passeports et leurs pleins pouvoirs, signés, suivant les cas, par lui ou par le chef de l'État. C'est

avec les différentes directions du ministère qu'ils correspon
dent, sous le couvert du ministre, pour tout ce qui concerne
leurs fonctions à l'étranger. Il est donc nécessaire, avant d'indiquer l'organisation diplomatique française, d'expliquer briè-
vement le mécanisme de l'administration centrale. Nous serons
ainsi amenés, pour éviter de fastidieuses répétitions, à anti-
ciper sur la matière des consulats qui fait l'objet du chapitre II
de ce traité, auquel nous renvoyons une fois pour toutes.

Aux termes du décret du 31 janvier 1882, l'administration
centrale du ministère des affaires étrangères comprend, indépendamment du cabinet et du secrétariat du ministre et du service du protocole :

La direction du personnel et des fonds ;

La direction des affaires politiques ;

La direction des affaires commerciales et consulaires ;

La direction du contentieux politique et commercial ;

La direction des archives ;

La direction de la comptabilité.

69. De simples arrêtés ministériels suffisant pour modifier
la répartition des travaux entre ces différents services, il s'en
suit que les attributions respectives de chacun d'eux, ainsi que
la dénomination même des sous-directions, sont sujettes à de
fréquentes variations.

Voici l'organisation qui résulte de l'arrêté ministériel du 15 février 1882 :

Cabinet du ministre et secrétariat. — Ce service comprend : l'ouverture des dépêches ; la correspondance personnelle du ministre ; les audiences ; les travaux réservés ; la
presse ; le chiffre ; le départ et l'arrivée de la correspondance
et des courriers ; les traductions et la correspondance télégraphique.

Service du protocole. — Ce service comprend : le cérémonial : questions d'étiquette et de préséance ; le protocole du
Président de la République et du ministre des affaires étrangères ; la réception des ambassadeurs et des membres du
corps diplomatique étranger. — Les audiences diplomatiques.
— Les présentations des étrangers. — La correspondance relative aux privilèges, immunités et franchises diplomatiques
n'ayant pas un caractère contentieux. — Les propositions et

nominations des étrangers dans l'ordre de la Légion d'honneur. — L'envoi des décorations étrangères ; les demandes d'autorisation pour accepter et porter ces décorations ; la préparation et l'expédition des lettres de notification, des lettres de créance, des lettres de rappel et de recréance ; l'expédition des traités, conventions, déclarations et arrangements ; l'expédition des ratifications et des décrets de publication de ces actes ; l'expédition des pleins pouvoirs, commissions et provisions ; l'admission des consuls étrangers en France et dans les colonies françaises.

Direction du personnel et des fonds.

Les nominations, mutations, promotions, admissions à la retraite et mises en disponibilité du personnel, tant intérieur qu'extérieur ; nomination des membres des conseils, comités et commissions permanentes et temporaires.

Les congés, la désignation des intérimaires ; la fixation des traitements, des allocations extraordinaires, gratifications, pensions et secours aux anciens agents ou à leurs familles.

La préparation, de concert avec le service de la comptabilité, du budget relatif au personnel, ainsi que des crédits à ouvrir annuellement aux postes diplomatiques et consulaires pour frais de service.

Les nominations et promotions dans la Légion d'honneur des agents de la carrière intérieure ou extérieure, ainsi que des Français pour services rendus à l'étranger ; les décorations étrangères conférées à des agents français.

La rédaction et la publication de l'Annuaire ; les mesures générales et l'examen de toutes les questions qui se rattachent au personnel ; la tenue des registres et la conservation des dossiers du personnel, ainsi que des décrets et arrêts relatifs à son organisation ; la tenue du contrôle des non-disponibles.

.La naturalisation des étrangers, agents du Gouvernement. français ; la désignation des agents consulaires, attachés militaires, délégués, commissaires et tous autres agents ou représentants du Gouvernement à l'étranger et la correspondance y relative ; la fixation des circonscriptions consulaires, de concert avec la direction des affaires commerciales et consulaires.

Direction des affaires politiques.

La direction des travaux politiques; les allocations et secours ayant un caractère politique.

I. *Sous-direction du Nord.* — La correspondance et les travaux politiques concernant l'Allemagne, l'Autriche-Hongrie, la Belgique, le Danemarck, la Grande-Bretagne et les possessions anglaises dans les différentes parties du monde, les Pays-Bas et les colonies Néerlandaises, la Russie, la Suède et Norwège, la Suisse et l'Amérique du Nord,

II. *Sous-direction du Midi.* — La correspondance et les travaux concernant l'Espagne, l'Italie, le Saint-Siège, le Portugal, les possessions espagnoles et portugaises, le Montenegro, la Roumanie, la Serbie, la Turquie, la Tunisie, le Maroc et les autres États de l'Afrique, la Perse, l'Indo-Chine, la Chine, le Japon, le Centre-Amérique et l'Amérique du Sud

Direction des affaires commerciales et consulaires.

I. *Sous-direction des affaires commerciales.* — Traités de commerce et de navigation. — Conventions pour la protection de la propriété littéraire, artistique ou industrielle. — Conventions monétaires. — Correspondance relative à l'application de ces traités et conventions et, en général, aux questions qui intéressent le commerce français en pays étranger ou le commerce étranger en France.

II. *Sous-direction des affaires consulaires.* — Conventions consulaires. — Arrangements relatifs aux chemins de fer, aux communications postales et télégraphiques, aux pêcheries, etc. — Conventions sanitaires. — Correspondance relative à l'application de ces actes internationaux. — Affaires d'administration consulaire. — Service météorologique.

III. *Sous-direction des affaires de chancellerie.* — Affaires d'état civil, juridiction, notariat, dépôts, successions, recouvrements, etc., ayant un caractère exclusivement administratif.

Établissement et application du tarif des chancelleries, statistique des droits perçus.

Chancellerie du ministère des affaires étrangères (légalisations, délivrance et visa des passeports autres que ceux dits « de cabinet »).

Conservation des actes dressés dans les chancelleries. — Dépôt à l'étranger des marques de fabrique françaises. — Application de la loi militaire à l'étranger. — Rapatriements administratifs.

Direction du contentieux politique et commercial.

Les questions de droit public international en matière politique, financière, commerciale et maritime; les affaires contentieuses qui, à ce titre, doivent être appréciées d'après les dispositions des actes diplomatiques et celles qui résultent des réclamations d'étrangers contre le Gouvernement français, et des français soit contre les gouvernements étrangers, soit contre le département des affaires étrangères; les actes et décisions qui sont l'objet d'un recours devant la juridiction administrative ou devant les tribunaux ordinaires; les questions contentieuses relatives aux privilèges et immunités diplomatiques et consulaires; les traités d'extradition et les questions qui s'y rattachent; les rapatriements demandés par voie diplomatique; les demandes de remboursement de dépenses présentées dans les mêmes conditions; les conventions et arrangements y relatifs.

Les prises maritimes, la piraterie, la traite et les affaires qui en dépendent; les questions de nationalité soulevées par l'application de la loi militaire aux français résidant à l'étranger; les actes internationaux relatifs aux secours à apporter aux militaires blessés sur les champs de bataille, à la neutralisation des hôpitaux et ambulances militaires; la correspondance et l'envoi de documents relatifs aux étrangers expulsés de France et aux français recherchés à l'étranger; les rapports avec le Comité de législation étrangère au ministère de la justice.

Les affaires administratives, de juridiction, de succession et de recouvrement, ayant un caractère contentieux; l'organisation de la juridiction consulaire et des tribunaux mixtes; les rapports avec le ministère de l'intérieur au sujet de la mission du viguier français dans la vallée d'Andorre; la commission des Pyrénées, la commission du Danube, la commission mixte des réclamations franco-américaines, les arbitrages, etc.

Division des archives.

Le dépôt des correspondances et documents diplomatiques, des traités et conventions; le classement des correspondances; la rédaction des notes et mémoires, ainsi que des tables analitiques pour le service du département; la recherche des renseignements pour tout autre service public et privé; le dépôt des plans et documents relatifs aux limites du territoire; la collection des cartes géographiques pour l'usage du ministère.

Division de la comptabilité.

1er *bureau*. — Rédaction du budget et des exposés de motifs portant ouverture de crédits supplémentaires ou extraordinaires. — Relations avec la Cour des comptes; réponses aux injonctions. — Correspondance générale. — Service des immeubles appartenant à la France en pays étranger.

2° *bureau*. — Liquidation des diverses dépenses qui se justifient par états; frais de voyage, frais de service, frais de chancellerie. — Tenue du grand-livre, du journal et des registres prescrits par les ordonnances et les règlements spéciaux. — Rédaction du compte définitif des dépenses du ministère.

3° *bureau*. — Ordonnancement des dépenses. — Émission et envoi aux ayants droit des extraits d'ordonnance, des lettres d'avis et des traites sur le Trésor. — Payement des dépenses du personnel de l'administration centrale. Liquidation des pensions de retraites. — Contrôle des recettes.

4° *bureau*. — Service de l'agent comptable des chancelleries diplomatiques et consulaires. — Perception des droits de chancellerie à Paris. — Centralisation des recettes effectuées à l'étranger. — Contrôle de l'application du tarif. — Tenue des comptes d'avances avec le Trésor, les agents diplomatiques et consulaires et les différents correspondants administratifs. — Inspection et garde du matériel.

A côté de ces différents services fonctionne comme corps consultatif et disciplinaire, le *Comité des services extérieurs et administratifs* reconstitué par décret du 9 février 1882. (*Voy.* ce décret à sa date.)

§ 2. Organisation des missions. Recrutement.

70. La France est représentée auprès des États étrangers par des missions diplomatiques permanentes, qui prennent le titre d'ambassade ou de légation suivant l'importance de leur poste. L'ordonnance du 16 décembre 1832 divisait les missions diplomatiques en quatre classes indépendamment du titre conféré à l'agent qui en exerçait les fonctions. Le remaniement de la carte de l'Europe, par suite de la suppression des États pontificaux et de plusieurs États de la confédération germanique, a modifié cette classification. Aujourd'hui la France a 9 ambassades, établies à :

Londres,	Madrid,
Saint-Pétersbourg,	Constantinople,
Vienne,	Berlin,
Rome (Saint-Siège),	Berne.
Rome (royaume d'Italie),	

et 19 légations, savoir :

Athènes,	Port au Prince,
Buenos-Ayres,	Rio de Janeiro,
Bruxelles,	Santiago du Chili,
Copenhague,	Stockolm,
Dresde,	Stuttgard,
La Haye,	Tanger,
Lima,	Téhéran,
Lisbonne,	Washington,
Munich,	Yeddo.
Pékin,	

Auprès des autres États souverains la République Française est représentée par des consuls généraux, qui prennent le titre de chargé d'affaires et prennent place en cette qualité dans le corps diplomatique. (*Voy*. Chap. II, n. 117 et suiv.)

71. A chaque ambassade se trouve attaché un conseiller d'ambassade. (D. du 1er avril 1882.)

A chaque ambassade ou légation se trouvent en outre attachés des secrétaires, dont le nombre et le grade fixés par le décret précité varient suivant l'importance de la mission; un chancelier, quand ces fonctions ne sont pas remplies par un attaché. Le personnel comprend, en outre, des drogmans, et des secrétaires-interprètes. Il y a auprès des ambassades de Londres, Saint-Pétersbourg, Rome, Vienne, Berlin, Madrid Constantinople et Berne, ainsi que dans plusieurs légations, un attaché militaire, nommé par le ministre de la guerre, avec l'agrément du ministre des affaires étrangères et correspondant avec son supérieur hiérarchique sous le couvert de la légation. Ses fonctions consistent à suivre et à faire connaître par ses rapports les progrès de l'armement et de la tactique, l'instruction des troupes, la mobilisation et l'État des effectifs chez nos voisins. Enfin un médecin est attaché à la légation de Pékin, à raison de sa situation exceptionnelle. Toutes ces personnes sont placées sous l'autorité du chef de mission, qui pourrait en cas d'inconduite provoquer leur rappel. Le retrait d'emploi ou la révocation des agents peuvent être prononcés, comme mesure disciplinaire, après avis du comité des services extérieurs et administratifs. Les agents mis en retrait d'emploi ne touchent ni traitement ni indemnité quelconque. La durée du retrait d'emploi est fixée par les mêmes règles que celles de la disponibilité. (*Voy.* D. du 11 mars 1881 et 8 février 1882 et ci-après n° 86.)

72. Les différents grades de la carrière diplomatique, sont, dans le dernier état de la législation, les suivants :

Ambassadeur,

Ministre plénipotentiaire de 1re classe,

Ministre plénipotentiaire de 2e classe,

Conseiller d'ambassade,

Secrétaire d'ambassade de première classe,

Secrétaire d'ambassade de seconde classe,

Secrétaire d'ambassade de troisième classe.

Les drogmans, interprètes et chanceliers, bien que se rattachant par leur emploi aux légations, n'appartiennent pas à la même hiérarchie. Le drogmanat et l'interprétariat constituent un corps à part. (*Voy.* Echelles du levant. D. du 18 septembre 1880 et 31 mars 1882.) Les chanceliers se rattachent à la hiérarchie consulaire. (*Voy.* n° 122.)

73. Les cadres de ces divers grades n'ont pas toujours été fixés avec une rigueur suffisante. Le nombre des ministres plénipotentiaires de 1re classe en activité a été fixé à 12 par le décret du 5 décembre 1859. Les cadres des ambassadeurs et ministres plénipotentiaires de deuxième classe étaient au contraire restés illimités. Un décret du 31 mars 1882 a comblé cette lacune « afin, dit le rapport qui le précède, d'empêcher la dépréciation des grades et l'aggravation croissante des charges du budget des retraites. »

74. Le corps des secrétaires d'ambassade avait été organisé par l'ordonnance du 1er — 22 mars 1833 en classes correspondant à l'importance des postes. Le décret du 18 août 1856, que l'on trouvera plus loin, a supprimé cette classification, ainsi que la distinction en secrétaires d'ambassade et secrétaires de légation. D'après ce décret le nombre des secrétaires était fixé à soixante deux, savoir :

4 secrétaires de première classe,
24 secrétaires de deuxième classe (1),
24 secrétaires de troisième classe.

Le même décret a introduit une innovation considérable en décidant qu'à l'avenir les secrétaires peuvent être attachés à des ambassades ou à des légations indistinctement, quelle que soit la classe à laquelle ils appartiennent. Pour passer d'une classe dans la classe supérieure il faut avoir au moins trois ans de grade dans la précédente. Les rédacteurs au ministère des affaires étrangères ayant trois ans de fonctions peuvent être nommés secrétaires de première classe. Le grade d'attaché payé dans les missions extérieures est supprimé. Il y a 36 attachés surnuméraires, autorisés à faire leur stage à Paris à l'administration centrale.

Le décret du 31 mars 1882 a modifié la composition du

(1) Un décret du 24 février 1880 a divisé la deuxième classe de secrétaires en deux sections.

cadre des secrétaires, en réduisant de deux le nombre des secrétaires de première classe et dè 10 celui des secrétaires de deuxième classe qui avait été porté à 20 ; enfin en augmentant de 12 le nombre des secrétaires de troisième classe. Il a introduit une innovation plus importante en créant un nouveau grade intermédiaire entre celui de secrétaire de première classe et celui de ministre plénipotentiaire de première classe, sous le nom de conseiller d'ambassade. Il en a fixé le nombre à huit. Le même décret a décidé que les directeurs, sous-directeurs, rédacteurs, commis principaux et attachés payés du ministère des affaires étrangères appartenant à la carrière diplomatique ou consulaire seront désormais inscrits *hors cadres* sur les listes des agents de leur grade.

Enfin il a fixé à trois ans, sans distinction, le minimum du temps à passer dans chaque grade avant de passer à un grade supérieur.

En résumé, d'après ce décret, les cadres diplomatiques sont ainsi fixés à l'avenir ;

9 ambassadeurs ;

12 ministres plénipotentiaires de 1re classe ;

15 ministres plénipotentiaires de 2e classe ;

8 conseillers d'ambassade ;

12 secrétaires d'ambassade de 1re classe ;

18 secrétaires d'ambassade de 2e classe ;

36 secrétaires d'ambassade de 3e classe.

La répartition de ee personnel entre les divers postes à été faite par un décret du 1er avril 1882. (*Voy.* à sa date.)

75. Les agents diplomatiques de tout grade sont nommés par le Président de la République. (V. D. du 18 septembre 1880.) Aucune condition n'est exigée pour remplir les fonctions d'ambassadeur ou de ministre plénipotentiaire. Les avancements de classe n'ont lieu par décret que pour les ministres plénipotentiaires et les secrétaires d'ambassade, et par arrêté ministériel pour tous les autres agents. Quant au grade de secrétaire, on n'y parvient, en général, que par la voie hiérarchique.

Il s'est produit, dans ces derniers temps, un courant d'opinion très fort en faveur de la fusion des carrières diplomatiques et consulaires. On s'est plaint que les diplomates, d'un côté, les consuls, de l'autre, suivaient, sans se rencontrer, des carrières parallèles, les premiers s'isolant dans des préoccupations trop étroites, alors que les intérêts commerciaux deviennent le pivot de la politique internationale, les autres exclus des emplois de la diplomatie où leur expérience des questions commerciales leur permettrait de rendre de précieux services, aujourd'hui que les tarifs de douane les transports internationaux, les questions monétaires tiennent plus de place que les querelles de frontières. Dans son rapport du 20 février 1874, au nom de la commission des services administratifs du ministère des affaires étrangères **M. E.** Arago formulait le vœu « qu'une diplomatie doublement compétente préside aux changements que le génie moderne apporte chaque jour dans nos relations extérieures. » En fait, le passage d'une carrière à l'autre ne rencontre aucun obstacle légal et l'on en peut citer des exemples qui vont en se multipliant.

76. Trois mesures importantes ont réalisé la solution du problème de la fusion des carrières diplomatique et consulaire, savoir : 1° le décret du 1er février 1877, en déterminant l'équivalence des grades dans l'une et l'autre ainsi qu'avec les emplois de l'administration centrale ; 2° le décret du 10 juillet 1880 en soumettant aux mêmes conditions le recrutement des deux catégories d'agents ; 3° le décret du 31 mars 1882, en adoptant le terme uniforme minimum de trois ans pour toutes les promotions de grade ou de classe, dans tous les emplois du ministère des affaires étrangères.

D'après le premier de ces décrets, articles 5, « Les fonctionnaires de l'administration centrale, les agents du service diplomatique et ceux du service consulaire sont classés d'après l'équivalence des grades dans l'ordre suivant:

1° Les sous-directeurs au département, les consuls généraux et secrétaires de première classe ;

2° Les chefs de bureau, les rédacteurs, les consuls et secrétaires de deuxième classe.

3° Les attachés payés au département, les élèves consuls (consuls suppléants) et secrétaires de troisième classe. »

A cette énumération il faut ajouter les conseillers d'ambassade qui devront prendre place à côté des sous-directeurs et des consuls généraux.

Les fonctionnaires ou agents diplomatiques de chacune des classes ci-dessus énumérées pourront être appelés dans le grade correspondant du service consulaire et réciproquement.

Toutefois ceux des fonctionnaires de l'administration centrale qui, appartenant à des services autres que les directions politique, commerciale et du contentieux, n'auraient pas subi les épreuves du concours dont nous allons parler ci-après, ne peuvent être inscrits hors cadre sur les tableaux du grade correspondant à leur emploi ou nommés à des emplois d'activité dans la carrière diplomatique ou consulaire, qu'autant qu'ils auraient dix, quinze ou vingt ans de grade, suivant qu'il s'agira de les nommer, d'après l'équivalence hiérarchique, secrétaires ou consuls de 2ᵉ classe, secrétaires ou consuls de 1ʳᵉ classe, conseillers d'ambassade ou consuls généraux, ou a des emplois assimilés. Cette mesure restrictive limite en réalité aux trois grandes directions du ministère l'unification qu'on a voulu établir entre le service extérieur et le service sédentaire et laisse en dehors la direction du personnel, la division des archives, celle de la comptabilité, le cabinet et le protocole.

77. Quant au recrutement, le décret du 10 juillet 1880 a decidé qu'un concours serait ouvert chaque année au ministère des affaires étrangères pour l'admission dans les carrières dilomatique et consulaire.

Ne sont admis à concourir que les Français, jouissant de leurs droits, âgés de plus de 21 et de moins de 25 ans, et pourvus soit d'un diplôme de licencié en droit, ès sciences ou ès lettres, soit d'un diplôme de l'école des Chartes, ou d'un certificat constatant que le candidat a subi les examens de sortie des écoles normale, polytechnique, des mines, des ponts et chaussées, centrale, forestière, militaire, navale, ou enfin d'un brevet d'officier de l'armée de terre ou de mer. Les épreuves portent sur l'organisation constitutionnelle, judiciaire et administrative de la France, sur le droit international public et privé, le droit commercial et maritime, l'histoire des traités, l'économie politique, les langues anglaise et allemande.

Les jeunes gens reçus à ce concours ont l'option pour la diplomatie et les consulats suivant leur rang. Avant d'être tenus d'accepter un poste à l'étranger, ils accomplissent au département un stage de trois ans. A l'expiration de leur stage, ils subissent un nouvel examen suivi d'un classement par ordre de mérite. Ils sont alors nommés attachés payés à l'administration centrale, secrétaires de troisième classe ou consuls suppléants. (La dénomination d'élèves consuls a été supprimée par décret du 21 février 1880.)

78. Nos agents nommés à des postes à l'étranger conservent leur domicile en France comme tous les fonctionnaires publics (art. 106 du Code civil). Ils sont dispensés de tutelle, (art. 428 à 430). Leur témoignage en justice ne peut être éxigé que dans les formes prescrites par le décret du 4 mai 1812 pour les ministres et les préfets et par l'article 516 du Code d'instruction criminelle.

Sous l'empire de l'article 75 de la constitution de l'an VIII, ils ne pouvaient être poursuivis, à raison de faits relatifs à leurs fonctions, qu'en vertu d'une autorisation du Gouvernement. Mais cette autorisation n'était nécessaire que pour les poursuites intentées à raison de leur fonction tel qu'une perception illégale (1) Le sénatus-consulte du 4 juin 1858 rendait les ambassadeurs justiciables, pour les crimes et délits, de la Haute-Cour, abolie par le décret du 4 novembre 1870.

La France, comme toutes les grandes puissances, interdit à tous ses agents diplomatiques de faire le commerce. Ils ne peuvent se marier sans l'autorisation du ministre des affaires étrangères (2).

Rien, en effet, ne doit altérer l'indépendance des représentants du gouvernement. Au cas où un agent veut se marier, il doit transmettre au ministre les renseignements les plus détaillés sur la famille, le nom, la fortune, et les alliances de la jeune fille. Le ministre donne ou refuse l'autorisation. C'était en l'an V le directoire qui statuait, sur le rapport du ministre.

La loi du 29 décembre 1831 déclarait les agents diplomatiques capables d'être nommés pairs de France, après trois ans de fonctions comme ambassadeurs et six ans comme ministres plénipotentiaires. Aujourd'hui rien ne s'oppose à ce qu'ils

---

(1) C. d'Ét. cont. *Wiol*, 18 nov. 1818 ; — *Maupas oc. de BouriBonlietfl.* 7 août 1823.

(2) Arrêté du Directoire du 14 floréal an V.

soient nommés sénateurs, députés, conseillers généraux, ou municipaux, ou pris dans ces catégories.

79. Nous ne reviendrons pas ici sur les fonctions politiques des agents diplomatiques. (Voy. n° 56.) Les agents diplomatiques correspondent pour chaque nature de services avec la direction compétente. (V. n° 69.) Ils peuvent légaliser les actes passés à l'étranger qui doivent être produits devant les tribunaux français ; ils célèbrent les actes de l'état civil concernant les Français, en se conformant aux lois françaises (art. 48 et 170 du Code civ.). C'est par leur entremise que se transmettent de gouvernement à gouvernement les demandes d'extradition et les commissions rogatoires, ainsi que les actes de l'état civil intéressant les nationaux belges et célébrés en France ou concernant les Français en Belgique (1).

Aucun acte n'a défini spécialement les devoirs des secrétaires d'ambassade. Ce sont les auxiliaires du ministre pour toutes les fonctions qu'il est appelé à exercer. Dans les légations anglaises, il est d'usage que les secrétaires rédigent, chaque année, sur des questions industrielles et commerciales concernant le pays où ils résident, des rapports qui, signés par eux, sont adressés au *Foreign office* et publiés dans les *Parliamentary reports*. Il serait à désirer que cet exemple fût suivi chez nous.

80. Les opérations de comptabilité, effectuées par les chancelleries dipomatiques, sont centralisées, par l'agent comptable des chancelleries diplomatiques et consulaires, placé à Paris sous l'autorité du directeur de la comptabilité, assujetti à un cautionnement, comme les chanceliers, et soumis au jugement de la Cour des comptes. (V. D. du 14 août 1880, art. 19 à 23, 82 à 92. V. aussi n°ˢ 197 et suiv.)

81. Les agents diplomatiques sont dépositaire des pièces relatives à leurs négociations. Ils en doivent compte à l'État. Une ordonnance du 18 août 1833 (V. à sa date) leur impose l'obligation de tenir un répertoire de toutes les pièces envoyées ou reçues et d'en faire la remise à leur successeur, après vérification contradictoire. Ils doivent en outre déclarer, dans le

---

(1) Déclaration signée à Bruxelles, le 25 août 1876, approuvée par décret du 3 sept. 1876.

procès-verbal de remise, qu'ils s'engagent à n'en rien publier ou laisser publier sans l'autorisation préalable du Gouvernement.

§ 3. Traitements, indemnités, pensions.

82. Le traitement d'activité des agents des affaires étrangères est fixé conformément aux allocations budgétaires. Il est calculé de manière à leur permettre de représenter dignement le pays qui les envoie. Pour les chefs de mission, il varie suivant les postes de 25,000 à 30,000 francs. Pour les secrétaires, il s'élevait, quel que fût le poste occupé, à 12,000, 13,000 et 14,000 francs, suivant l'ancienneté, pour les secrétaires de première classe ; 10,000 et 11,000 francs pour les secrétaires de deuxième classe ; 5,000 francs pour ceux de troisième classe. Le décret du 31 mars 1882 a unifié les traitements pour chaque classe, et les a fixés ainsi qu'il suit :

Conseillers d'ambassade	18,000
Secrétaires de 1re classe	12,000
Secrétaires de 2e classe	10,000
Secrétaires de 3e classe	5,000

Ils reçoivent, en outre, dans certains postes, une indemnité supplémentaire, à raison des dépenses auxquelles ils sont astreints. Ces indemnités doivent être l'objet d'une revision d'ensemble.

Les divers paiements à faire par le trésor, aux agents résidant à l'étranger, sont effectués soit directement entre les mains de leur fondé de procuration, soit au moyen de traites. (Voy. D. du 14 août 1880 art. 4 et suiv.) Il leur est en ce cas tenu compte des pertes sur le change (art. 33).

83. Le décret du 9 avril 1870, qui a remplacé celui du 14 décembre 1848, alloue aux chefs de poste une indemnité de frais d'établissement égale au tiers de leur traitement, et décroissant progressivement au-dessus de 60,000 francs, laquelle ne s'acquiert que par trois ans de résidence, de telle sorte que l'agent qui cesse ses fonctions avant l'expiration des trois années doit restituer autant de trente-sixièmes qu'il lui manque de mois pour parfaire les trois ans. Toutefois il lui est

accordé 18/36 de compensation s'il est rappelé pour une cause étrangère au mérite de ses services (1). L'indemnité de frais d'établissement peut être renouvelée au profit de l'agent qui est resté huit ans dans le même poste. Elle est en ce cas du sixième de son traitement. En cas de décès d'un agent, l'indemnité appartient définitivement à sa succession.

Sous l'empire de l'arrêté du directoire exécutif du 28 vendémiaire an VI, qui réglait la matière, jusqu'au décret du 14 décembre 1848, il avait été décidé que la quotité du tiers du traitement n'était qu'un maximum, au-dessous duquel le ministre pouvait faire descendre à son gré l'allocation accordée à un agent, sans que son appréciation pût être déférée au Conseil d'État par la voie contentieuse (2).

84. Pour les chefs de mission choisis en dehors de la carrière, et que le ministre jugerait n'en devoir faire partie que transitoirement, l'indemnité de frais d'établissement est réglée par avances successives, savoir : un tiers au moment où l'agent fera ses préparatifs de départ, un second tiers après une année de résidence dans son poste, le dernier tiers au commencement de la troisième année de séjour. (D. du 20 sep. 1873.)

85. Les chefs de mission diplomatique peuvent prendre chaque année un congé de 15 jours sans retenue. Si leur absence doit excéder deux mois, ils doivent (D. du 1 août 1856) laisser à la disposition du chargé d'affaires, qui les remplace, un local suffisant pour satisfaire aux exigences de sa position officielle. Le décret du 25 juin 1879 règle les traitements de congé, les augmentations de traitement des intérimaires et les frais de voyage entrepris pour affaires de service. Ces frais sont remboursés d'après un tarif réglementaire. (*Voy.* ce décret.)

Un décret du 26 avril 1854, rendu à l'occasion de la guerre de Crimée, disposait que les agents obligés de rentrer en France pourraient, pendant six mois, recevoir à titre d'indemnité un traitement spécial calculé d'après un tableau annexé audit décret.

86. Il se présente pour les agents du ministère des affaires

---

(1) C. d'Ét. cont. *Guillemot,* 1er déc. 1852.
(2) C. d'Ét. cont. *Bucquel,* 22 août 1852

étrangères uno situation spéciale, lorsque, rappelés d'un poste, sans être immédiatement nommés à un autre, ils se trouvent momentanément sans fonctions. La position des agents ainsi placés en disponibilité a été réglée par une ordonnance du 22 mai 1833, rendue sur un rapport très fortement motivé du duc de Broglie. Il ressort clairement des termes de ce rapport que l'on a voulu, à cette époque, offrir aux agents qui embrassaient la carrière diplomatique ou consulaire, une sécurité contre les interruptions de traitement auxquelles les exposent la nature de leur service. L'ordonnance distinguait entre les agents rappelés par suite de la suppression de leur emploi, ou de la suppression temporaire de la mission à laquelle ils étaient attachés, et les agents rappelés pour une cause quelconque étrangère au mérite de leurs services. Pour les premiers, le droit au traitement était acquis, *de plano*, par le fait même du rappel, s'ils comptaient plus de dix ans d'activité de service avec traitement annuel et personnel. Pour les seconds, le traitement n'était acquis que si, dans les mêmes conditions de durée de service, ils étaient expressément admis au traitement d'inactivité par la décision même de rappel. Sous l'empire de cette disposition, il a été généralement reconnu qu'un agent admis régulièrement au traitement de disponibilité ne peut plus en être privé, pendant la période fixée par l'article 5 de l'ordonnance précitée, que par la révocation, à moins que les Chambres maîtresses du budget ne refusent nominativement le crédit afférent à ce traitement (1). L'agent placé au cadre de disponibilité est d'ailleurs à la disposition du ministre, qui peut lui confier des travaux particuliers, sans que l'agent ait droit de réclamer un émolument spécial (2). Le décret du 27 février 1877 ne faisait que reproduire, à cet égard, les dispositions de l'ordonnance du 22 mai 1833.

Mais le décret du 24 avril 1880 a profondément modifié la situation, en plaçant dans la main du ministre les traitements de disponibilité. Au lieu de déclarer que les agents « auront droit » au traitement, dans les circonstances déterminées, il déclare qu'ils *pourront* recevoir un traitement et que le mi-

---

(1) C. d'Ét. Cont. *Mortier*, 24 mars 1853.
(2) C. d'Ét. Cont. *Billecocq*, 22 juin 1854.

nistre pourra le suspendre ou le supprimer par un simple arrêté. Le traitement de disponibilité ne constitue donc plus un droit dont jouissent les agents, mais une faveur qui leur est accordée et peut leur être retirée arbitrairement. Il a même été jugé que ces nouvelles dispositions s'appliquent à la situation des agents dont le traitement de disponibilité avait été réglé antérieurement à sa date, et, qu'en conséquence, le ministre des affaires étrangères avait pu légalement, par un arrêté du mois de juin 1880, supprimer à un agent le traitement dont il jouissait depuis l'époque de son rappel en 1878 (1).

Ce n'est pas la seule innovation contenue dans le décret du 24 avril 1880. Il appelle à jouir du traitement de disponibilité les fonctionnaires de l'administration centrale comme les agents extérieurs, mais sous la condition, pour les uns et les autres, qu'ils comptent dix années de services rétribués. L'article 3 du décret exigeait en outre que l'allocation du traitement fut justifiée par une maladie entrainant une longue incapacité de travail ou par la suppression permanente ou momentanée de l'emploi. Mais cette dernière condition a été supprimée par le décret du 6 février 1882. La durée maximum du traitement est fixée à trois ans pour les agents ayant plus de dix et moins de quinze ans de services actifs rétribués, à cinq ans pour ceux qui ont quinze ans et au delà.

87. La quotité du traitement de disponibilité est ainsi fixée.

Ambassadeurs, ministres plénipotentiaires de 1re classe, directeurs du ministère des affaires étrangères.... 8,000
Ministres plénipotentiaires de 2e classe............. 6,000
Consuls généraux, secrétaires de 1re classe, premiers secrétaires interprètes, premier drogman à Constantinople, sous-directeurs..................... 4,000
Consuls de première classe, secrétaires de deuxième classe, secrétaires interprètes, rédacteurs........ 3,000
Consuls de deuxième classe, secrétaires, de deuxième classe (2e section), sous-chefs de bureau et commis principaux................................. 2,400
Consuls suppléants, secrétaires de troisième classe,

---

(1) C. d'Ét. Cont *Baude*, 16 déc. 1881.

attachés payés, agents vice-consuls, chanceliers et
autres assimilés.................................... 2,000

En résumé, le décret appelle au bénéfice du traitement de
disponibilité un plus grand nombre d'agents et le ministre a
égard, en les accordant, aux situations les plus intéressantes,
plutôt qu'à l'éclat des missions remplies.

88. Il suit de ce qui précède que les diverses positions des
agents et fonctionnaires du département des affaires étrangères sont :

L'activité,

La disponibilité, avec ou sans traitement,

Le retrait d'emploi.

La sortie des cadres a lieu : 1° par l'expiration du délai de
la disponibilité, qui ne peut excéder la durée des services actifs
ni dépasser un maximum de dix années; 2° par la démission;
3° par l'admission à la retraite; 4° par l'expiration de la durée
du retrait d'emploi; 5° par la révocation.

89. Sur les pensions des agents diplomatiques et consulaires, et notamment sur l'application des règlements antérieurs à 1854, le fonctionnement particulier des retenues sur
les traitements considérables de certains agents, le tarif des
maxima et les questions auxquelles son application a donné
lieu, en ce qui concerne les fonctionnaires de l'administration
centrale. *Voy.* le mot *Pensions.*

CHAPITRE II. — Consuls.

SECTION PREMIÈRE.

Historique.

90. On trouve dans l'antiquité la trace de diverses institutions qui offrent une analogie souvent assez lointaine avec
celle des consuls modernes. Hérodote mentionne l'existence
en Egypte de προστάται του εμπορίου, qui semblent avoir été des
magistrats institués par les villes commerçantes du littoral
grec, dans certaines villes d'Égypte, avec l'assentiment des
rois, pour y protéger ceux de leurs compatriotes qui venaient

y négocier, sans s'y fixer. Il les fait remonter au règne d'Amasis (571-572 av. J.-C.) (1).

En Grèce, dès une très haute antiquité, on voit figurer, sous le nom de proxènes (προξένοι), des magistrats chargés par une ville étrangère d'exercer l'hospitalité dans leur ville natale à l'égard des citoyens de la ville qui les instituait (2). Il les recevait soit dans sa maison, soit dans des maisons réservées à leur usage, leur assurait une place dans les jeux et les représentations théâtrales. Il les représentait en cas d'absence et les assistait au cas où ils venaient plaider eux-mêmes devant des tribunaux. Enfin il était chargé de présenter aux prytanes, aux principaux magistrats et à l'assemblée du peuple les ambassadeurs de sa ville adoptive (3). Mais de nombreuses différences séparaient les proxènes, des consuls modernes. Le proxène était essentiellement citoyen de la ville où il exerçait ses fonctions; son mandat n'était dans sa ville natale l'objet d'aucune reconnaissance officielle; il n'appartenait pas à la ville qu'il représentait; enfin il n'exerçait aucune juridiction sur les hôtes qu'il recevait et qui restaient justiciables du polémarque et des thesmothètes (4).

A Rome, aucune institution ne se rapproche des proxènes grecs ou des consuls modernes. Le *prætor peregrinus* avait, il est vrai, une juridiction spéciale sur les étrangers; mais, nommé par la cité romaine, dont il était citoyen, il ne recevait aucun mandat d'une puissance extérieure; il jugeait les contestations entre les étrangers, non d'après les règles de leurs législations nationales, mais d'après le *jus gentium*, sorte de code d'équité qui s'appliquait uniformément aux étrangers, sans distinction de nationalité (5).

Dans le monde barbare, une seule disposition isolée paraît avoir réservé aux marchands étrangers une protection que l'on peut assimiler à la juridiction consulaire. C'est la loi des Visi-

---

(1) Voy. Pardessus, *Lois maritimes*, t. I. introd. xxix, p. 21, 52, et Miltitz, *Manuel des consuls*,, p. 9.

(2) Voy. Tissot. *Les proxénies grecques et leur analogie avec les consuls modernes.* — Reynaud. *Des ambassadeurs, des consulats.*

(3) Egger. *Études historiques sur les traités publics chez les anciens*, p. 18.

(4) Perrot. *Essai sur le droit public et privé d'Athènes.*

(5) Giraud. *Éléments de droit romain*, introd., p. 114.

goths, qui autorisait les marchands à porter leurs différends devant leurs propres magistrats, et surtout interdisait aux juges territoriaux d'en connaître. « *Dum transmarini negociatores inter se causam haberent, nullus de sedibus nostris eos audire præsumat, nisi tantummodo suis legibus audiantur apud telonarios suos* ». (Code des Visigoths, liv. XI, tit II, § 2.) Cette loi s'appliquait en Espagne et en Septimanie, par rapport aux étrangers grecs, syriens, égyptiens, qui venaient dans ces provinces. Elle peut passer, dit Pardessus (1), comme un des plus anciens monuments de la juridiction accordée aux consuls qu'une nation entretient à l'étranger, sur ses sujets qui y résident.

91. C'est à l'époque des Croisades qu'il faut faire remonter la véritable origine des consulats-modernes, bien qu'on puisse peut-être découvrir, même avant Charlemagne, un système de garanties organisé pour protéger les marchands chrétiens qui trafiquaient dans le Levant (2).

A la faveur du grand mouvement qui emportait l'Occident vers la Palestine, les villes du littoral méditerranéen, Gênes, Lucques, Venise, Marseille, Narbonne, Montpellier, etc., avaient fondé de petites colonies autonomes, assez comparables aux « settlements » que la France et l'Angleterre se sont fait réserver dans certains ports de l'Extrême Orient; les princes chrétiens leur avaient accordé des concessions et la faculté d'entretenir un magistrat nommé par leurs nationaux, moitié officier municipal et moitié juge, qui prenait le nom de *vicomte* et jugeait dans la cour de *Fonde* (3). Quand les princes musulmans expulsèrent les chrétiens, ils firent volontiers une exception en faveur de ces marchands francs, dont la présence et les entreprises commerciales étaient pour eux une source de richesses. Ils leur accordèrent des garanties d'indépendance, sous la juridiction d'un magistrat choisi par eux et chargé d'appliquer la législation des Assises de Jérusalem. Ces magistrats reçurent le nom de consuls, par analogie avec les officiers municipaux de plusieurs villes du Midi. Nous ne croyons

(1) Op. cit., I, p. 183
(2) Reynaud. Op. cit., p. 87.
(3) Beugnot. *Assises de Jérusalem*, introd.

pas devoir aborder ici l'histoire du développement de l'institution consulaire dans le Levant. Cette matière se rattache intimement à l'organisation actuelle des consulats dans les pays barbaresques, qui fera l'objet d'un traité spécial auquel nous renvoyons. (Voy. Échelles du Levant.)

Les consuls établis en Orient ou même dans quelques villes maritimes d'Europe, comme ceux de Narbonne à Tortose (1148), à Gênes, de Marseille à Naples, n'étaient que des élus de la *nation* ou des délégués de la population commerçante des cités intéressées, achetant quelquefois leur charge pour s'en faire un moyen de monopoliser le commerce. Ils ne tenaient pas, en général, leur mandat de l'autorité royale. On voit cependant Saint Louis signer un traité avec le sultan d'Égypte, par lequel il se réserve le droit d'envoyer un consul à Tripoli et un autre à Alexandrie. Mais ce n'est qu'avec François Ier et Soliman que l'institution entre réellement dans le domaine du droit public.

Les guerres du xve siècle en arrêtèrent le développement, mais elle refleurit au xvie et ne s'arrêta pas au bassin de la Méditerranée. Lors de la déclaration de guerre de 1635, entre la France et l'Espagne, on voit les consuls français obligés de quitter leur poste. Le traité des Pyrénées en 1659 stipule leur rétablissement. En 1648, un agent consulaire est nommé en Hollande, avec l'agrément des Provinces-Unies, qui lui reconnaissent les mêmes pouvoirs que les consuls des « États » avaient en France ; en 1614, un consul français avait été envoyé en Angleterre ; en 1635 il en est nommé un à Dantzig ; en 1655 à Hambourg (1). L'étendue des pouvoirs des consuls établis en Europe était très variable. Tantôt ils n'avaient, comme à Venise, aucune juridiction sur leurs nationaux ; tantôt, comme les consuls florentins à Londres, comme ceux de Suède à Paris, ceux de France en Espagne et réciproquement, ils avaient le droit de juger tous les différends qui pouvaient s'élever entre leurs nationaux, soit seuls, soit avec l'assistance « d'un certain nombre des plus célèbres et judicieux marchands, qui est réduit ordinairement à quatre, pour prendre leur avis et

______

(1) Reynaud. Op. cit., p. 128.

rendre leurs décisions plus authentiques » (1) ; quelquefois même les conventions internationales stipulent que les sujets de l'une des puissances, commerçant dans les États de l'autre, ne pourront réclamer la justice du pays, sous quelque prétexte que ce soit, pour les discussions qui s'élèveront entre eux, et devront s'adresser à leur consul (2). Mais, partout et toujours, l'étendue des pouvoirs consulaires est déterminée par les traités « faits avec les souverains des lieux de leur établissement ». (Ord. 1681, 12, IX, 1.)

92. Avec Colbert l'institution se régularisa et s'étendit. Il n'y eut plus que des consuls commissionnés par le roi et non plus par les corps de marchands avec ou sans ratification royale. Les établissements se multiplièrent chez toutes les nations avec lesquelles la France était en relations commerciales et des conventions intervinrent avec les principaux États pour les autoriser. Les attributions des consuls furent nécessairement plus restreintes qu'en pays de Barbarie. Cependant une convention du 2 avril 1776 avec la république de Raguse et une autre du 14 novembre 1778 avec les États-Unis, toutes deux abrogées aujourd'hui, reconnaissaient encore à nos consuls un droit de juridiction sur leurs nationaux.

C'est l'ordonnance d'août 1681 sur la marine qui, dans son titre 9, réglementa les fonctions consulaires d'une manière uniforme pour tous les agents français. Elle fut suivie de nombreux actes législatifs (3) qui, refondus par l'ordonnance

---

(1) Manuscrit de 1667 cité par Reynaud, p. 99.

(2) Voy. Reynaud, p. 155.

(3) Voy. O. du 4 janvier 1713 sur la juridiction des consuls. — Déclaration du 25 mai 1722, sur le mode de rendre les jugements consulaires. — O. du 24 mai 1728 sur le consulat de Cadix. — O. du 17 août 1756, concernant les consuls de l'Archipel. — Règlement du 9 décembre 1776, sur les consuls du Levant. — Édit de juin 1778, qui règlemente les fonctions judiciaires et de police des consuls, et consacre leur droit d'expulser leurs nationaux qui troubleraient la paix publique.—Règlement du 8 novembre 1779. concernant les attributions des consuls en matière de prises maritimes. — Arrêt du conseil du 3 mars 1781 sur les droits de chancellerie. — O. du même jour sur les registres de l'état civil.— O. du même jour sur l'organisation des consulats. Bien qu'ils ne fussent applicables qu'aux consulats du Levant, la plupart de ces règlements ont été étendus aux consulats d'Europe, en tant que leurs dispositions n'étaient pas inconciliables avec les conventions consulaires. (Voy. à sa date, instruction du 8 août 1814.)

du 3 mars 1781, ont été la base de l'administration consulaire jusqu'à la réforme générale des consulats réalisée en 1833.

93. Jusqu'à la Révolution, les consuls dépendaient du ministère de la marine ; la loi du 10 vendémiaire an iv les fit passer dans les attributions du ministre des affaires étrangères. Dans l'intervalle du 19 brumaire an viii au sénatus-consulte du 28 floréal an xii, les consuls furent désignés sous le nom de *commissaires aux relations commerciales*, pour éviter une homonymie avec les premiers magistrats de la République. Le nom de consuls leur fut rendu après l'an xii et leur a été conservé depuis. On a beaucoup agité dans ces derniers temps l'idée de les rattacher au département du commerce. Mais la multiplicité de leurs fonctions, la connexité chaque jour plus étroite des intérêts commerciaux et des intérêts politiques semblent de nature à écarter cette innovation (1). On ne doit pas oublier que si les consuls, appelés à exercer par délégation toute l'autorité dont le gouvernement peut disposer sur ses nationaux à l'étranger, se trouvent par là même en rapport indirect avec plusieurs départements ministériels, ce sont avant tout des officiers publics, investis, sur le territoire d'un État étranger de fonctions qui les mettent en relations directes et constantes avec les autorités locales, et qu'à ce point de vue ils ne peuvent recevoir leurs instructions que du ministre des affaires étrangères, chargé de diriger la politique extérieure de la France.

94. L'organisation actuelle des consulats résulte de plusieurs ordonnances importantes qui se sont échelonnées entre le 20 août et le 7 novembre 1833. Nos institutions consulaires, comme notre organisation diplomatique subirent à cette époque une refonte complète due à l'initiative du duc de Broglie. Les règles anciennes avaient cessé d'être en rapport avec les principes de la législation nouvelle ou étaient tombées en désuétude sans être remplacées ; certaines attributions étaient mal définies ; la comptabilité des chancelleries avait besoin d'être rapprochée de notre système financier (2). La réforme de 1833 embrassa donc l'ensemble de la législation relative

---

(1) Leroy, p. 127. — Reynaud, p 177.
2) Rapport. Voy. *Moniteur* du 29 août 1833.

aux consuls et fut le signal d'une revision semblable dans toute l'Europe.

§ 2. Caractère, fonctions, privilèges des consuls.

95. Les consuls sont des agents entretenus à l'étranger par un gouvernement, à l'effet de protéger le commerce et la navigation des nationaux ; de faire respecter leurs droits et privilèges ; de veiller à l'exécution des traités et de prêter leur appui à leurs compatriotes ; de surveiller ces derniers pendant leur résidence en pays étranger, de veiller à l'exécution des règlements émanés de leur propre souverain et d'exercer à cet effet une certaine juridiction sur leurs compatriotes; enfin de fournir à leur gouvernement les informations utiles à la prospérité du commerce.

A ces attributions générales, et qui sont de l'essence même de l'institution, il peut s'en ajouter d'autres plus spéciales. Rien ne s'oppose à ce qu'un État donne mission à un consul de traiter, avec le gouvernement du pays où il réside, les questions litigieuses qui pourraient surgir, et de remplir, en l'absence ou à défaut d'agents diplomatiques accrédités dans le pays, des missions politiques (1). Mais ces fonctions ne pourraient, en tant qu'elles mettraient le consul en devoir de faire reconnaître son caractère de représentant politique par l'autorité du pays étranger, s'exercer qu'en vertu de pleins pouvoirs à cet effet, et le consul rentrerait alors dans la catégorie des agents dont nous avons parlé au n° 2.

96. Les pouvoirs des consuls sont nécessairement limités par les traités internationaux ou par la loi même du pays qu'ils représentent. A la différence des agents diplomatiques, dont les droits sont déterminés par les règles générales du droit des gens, les consuls n'ont qualité et compétence, au regard des gouvernements étrangers, qu'en vertu de stipulations conventionnelles ou d'usages consacrés. Ils ont été quelquefois investis de fonctions judiciaires en ce qui concerne les litiges survenus entre leurs nationaux. Mais un gouvernement ne peut conférer de pouvoirs judiciaires, à ses consuls, sur ses sujets

---

(1) Calvo, p. 587.

résidant à l'étranger, qu'avec le consentement du gouvernement étranger lui-même et en vertu d'un traité formel. Il va de soi que cette juridiction ne peut, en aucun cas, en pays de chrétienté, s'étendre aux litiges entre un étranger relevant du consul et un regnicole, ni s'appliquer aux délits.

La coutume des nations civilisées, même en dehors des stipulations plus étendues que peuvent contenir les traités internationaux, accorde aux consuls : 1° Le droit de police et d'inspection dans l'intérieur des navires marchands de leur nation ; 2° la faculté de régler les avaries ; 3° la juridiction arbitrale dans les contestations qui leur sont déférées par leurs nationaux ; 4° l'exécution des commissions rogatoires et ; 5° enfin le pouvoir de faire les actes conservatoires relatifs à la protection des absents, notamment en ce qui concerne les successions de leurs nationaux décédés en territoire étranger.

Les traités consulaires (Voy. n° 203) ne font que confirmer, développer et réglementer ces attributions et ces pouvoirs (1). Ils peuvent seuls conférer aux consuls le droit de police et de juridiction à bord des navires, le droit de rechercher les matelots déserteurs, celui de requérir les autorités locales et de s'immiscer dans les successions.

A défaut de stipulations conventionnelles, la législation de chaque pays détermine les pouvoirs qu'elle entend donner à ses propres consuls, et décide dans quelles limites le consul étranger peut être admis à représenter ses nationaux (Voy. sect. II et III). La jurisprudence américaine est particulièrement large à ce sujet. Elle considère un consul étranger régulièrement accrédité aux États-Unis, comme recevable à exercer en justice les droits de ses nationaux, et à intenter en leur nom des actions en justice, sans procuration spéciale à cet effet de la personne intéressée. Mais elle ne va pas jusqu'à reconnaître à un consul le droit de faire opérer entre ses mains la restitution d'une propriété revendiquée, sans un pouvoir exprès (2). On verra plus loin (n° 144) que la jurisprudence française est plus restrictive.

(1) Voir sur les stipulations des divers traités. W. Beach Lawrence. *Rev. de droit international* 1879, IX, p. 45.

(2) Kent., p. 130.

En résumé, la mission du consul est circonscrite aux intérêts privés de ses nationaux ; les négociations politiques, les
transactions de gouvernement à gouvernement lui sont et lui
demeurent étrangères. Il n'est point *accrédité* auprès des au-
,torités gouvernementales ; il ne communique qu'avec les autorités secondaires de sa résidence. La maison qu'il habite n'est
point considérée comme une fraction du territoire de sa patrie. « Les intérêts de peuple à peuple ne sont point de son
ressort, dit M. Ch. de Martens. Un mandataire spécial de
son commettant traite dans la capitale avec le chef de l'État
et ses ministres. » Il n'est point le porte parole d'une nation ;
mais il est l'agent administratif reconnu et autorisé d'un gouvernement. Le caractère du consul doit découler de ces prémisses, et le droit des gens doit lui accorder toute l'indépendance nécessaire à l'accomplissement de cette mission ainsi
limitée.

97. Les consuls ont-ils le caractère de ministres publics ?
Il n'est pas de question plus débattue entre les publicistes.
Pour la résoudre, il faut tout d'abord écarter les consuls choisis parmi les sujets de l'État qui les reçoit, lesquels ne sont
que de simples fondés de pouvoirs. Il faut également laisser
de côté, comme nous le ferons dans toute cette étude, tout ce
qui concerne le caractère et les fonctions dès consuls en Barbarie et dans l'extrême Orient, questions dont nous renvoyons
l'examen au mot *Échelles du Levant*.

D'après la plupart des auteurs modernes, les consuls sont
revêtus d'un caractère public, et leurs personnes comme leurs
domiciles doivent participer du respect dû à leur nation. Il ne
saurait, d'ailleurs, s'élever de doutes sérieux à cet égard, aujourd'hui que les consuls, au lieu d'être élus par les corps
de nation de leur résidence, reçoivent leur seule investiture
et leur mission du gouvernement qui les envoie, et dont ils
sont les fonctionnaires rétribués et les mandataires officiels.
Mais peut-on les considérer, en Europe, comme revêtus du
caractère diplomatique et placés, comme les agents diplomatiques, sous la protection spéciale du droit des gens et notamment des règles tutélaires que nous avons exposées (chap. I
sect. I)? La pratique générale des nations répond négative-
ment.

Des auteurs recommandables insistent cependant pour faire reconnaître aux consuls le caractère de ministres publics (1), quoique avec une protection limitée du droit des gens. Voici comment leur répond Ch. de Martens : « Reconnaître ce caractère au consul et lui en dénier les droits et les privilèges, c'est se heurter contre la logique. Nous connaissons une hiérarchie des rangs. Une hiérarchie des droits nous échappe. Si le consul est ministre public, ses attributions lui en confèrent les prérogatives ; car le caractère légal se définit par les attributions, comme la conclusion se tire des prémisses. Au surplus, parmi les auteurs qui font autorité, nous ne voyons guère que Moser qui ait élevé pour les consuls cette prétention irrationnelle. Bynkerschoek, Wicquefort, Bouchaud, Vattel, Klüber la rejettent ; et tout en reconnaissant avec grande raison que ces fonctionnaires ont un caractère public qui leur donne droit à des égards particuliers, et qui les place sous la protection spéciale du gouvernement qui les institue et de celui qui les admet, ils déclarent expressément qu'ils ne peuvent prétendre ni à l'immunité de la juridiction locale, ni à l'exemption des charges communes, ni au cérémonial diplomatique (2). »

98. Les agents consulaires ne figurent pas à côté des agents diplomatiques dans les dispositions arrêtées au congrès de Vienne. Ils ne forment ni une classe d'agents diplomatiques, ni une branche de la même famille. Ils ne constituent pas, par leur réunion, un corps. Ils ne sont pas, comme le corps diplomatique, invités aux réceptions du chef de l'État, du moins en Belgique, en Autriche, en Angleterre, en Prusse, en Russie. Ils ne jouissent de cette faveur en France qu'à charge de réciprocité. Ils ne sont exempts des contributions directes qu'en vertu des conventions stipulant explicitement l'exemption réciproque.

Les consuls ne peuvent pas revendiquer les privilèges découlant de la fiction de l'exterritorialité. Ils sont justiciables des tribunaux ordinaires de leur résidence aussi bien au cri-

---

(1) Declercq et Vallat, I, p. 4. — Pinheiro Ferrera, note 67, sur Martins.

(2) Ch. de Martens, I, p. 241, 2ᵉ édit.; — Voy. en ce sens Calvo, p. 595; — Wheaton, p. 3, chap. I, § 22; — Heffter, § 248; — Martens, § 148.

minel qu'au civil, et ne peuvent pas plus se soustraire aux voies d'exécution que tout autre étranger résidant dans le même État. Aux États-Unis, ils sont justiciables des cours fédérales, devant lesquelles doivent être portées également toutes les affaires intéressant les agents diplomatiques.

Mais s'ils sont soumis aux règles du droit commun dans tous les cas où leur qualité de consuls n'est pas en cause, ils sont inviolables politiquement, en ce sens qu'ils ne peuvent être traités en ennemis, ni arrêtés pour des raisons politiques. Ils ne peuvent être poursuivis devant les tribunaux territoriaux pour des actes de leurs fonctions accomplis par eux sur les ordres de leur gouvernement; et le tribunal qui se saisirait en pareil cas de l'action en responsabilité personnelle portée devant lui par un étranger contre le consul de sa nation, commettrait « un excès de pouvoirs et une entreprise sur l'Indépendance mutuelle des nations. » (1)

99. Un gouvernement n'est jamais tenu de recevoir un consul étranger s'il ne s'y est pas engagé par traité, et un refus à cet égard ne peut être considéré comme une violation de la paix. Les consuls ne présentent pas de lettres de créance. Avis de leur nomination est donné directement au ministre des affaires étrangères par leur gouvernement. Ils sont reconnus au moyen de la formalité de l'*exequatur* qui leur est délivré par le chef de l'État. « La commission ou la patente d'un consul, dit M. Calvo, est le document officiel signé par le chef suprême de l'État auquel l'agent appartient, et qui exprime le titre et les attributions qui lui sont conférés. L'original de cette patente doit être communiqué par la voie diplomatique au gouvernement du pays sur le territoire duquel le consul est appelé à résider pour que ce gouvernement le revête de l'*exequatur*.

« L'exequatur s'accorde, tantôt comme en Belgique, par une ordonnance du souverain communiquée au consul en copie certifiée par le ministre des affaires étrangères; tantôt, comme en Angleterre, par une ordonnance signée du souverain, con-

---

(1) Tr. de cass., 13 vendémiaire an IX. *Dania* S, T, I, 1re partie, p. 376. Voy. no 106.

(2) Calvo, p. 592.

tresignée par le ministre et transmise en original ; tantôt par
la transcription de l'acte signé du ministre au verso des provisions consulaires ; tantôt enfin par un simple avis qu'en donne
le gouvernement local à la légation du pays auquel appartient
le consul. »

Contrairement à ce qui a lieu pour les agents diplomatiques, dont la mission ne peut régulièrement cesser que par la
volonté de leur gouvernement, l'exequatur peut être retiré au
consul qui s'écarte de ses devoirs, qui notamment se livrerait
fonctions cessent immédiatement. Si un consul coupable d'un
à des intrigues politiques (1), et ses prérogatives ainsi que ses
délit devait être livré aux tribunaux de répression, les convenances exigeraient que l'exequatur lui fût préalablement retiré.

100. Bien que les fonctions du consul semblent exiger qu'il
ne soit pas sujet de l'État où il réside, il arrive fréquemment
que les puissances maritimes nomment des regnicoles étrangers pour consuls. Les consuls de France, d'Autriche, de Hollande, de Russie, ne sont pas autorisés à faire le commerce.
La prohibition n'est pas aussi rigoureuse pour les consuls anglais. Cependant le sous-secrétaire d'État au ministère des
affaires étrangères peut le leur interdire à son gré. L'interdiction est générale et absolue pour les consuls américains.

101. Du principe que les consuls ne sont pas des ministres
publics et n'ont aucun caractère représentatif, découlent plusieurs conséquences importantes. Le refus d'exequatur à un
consul n'entraîne pas la rupture des relations diplomatiques,
qui serait la conséquence du refus de recevoir les agents diplomatiques d'un État ami. C'est de ce droit qu'a usé le gouvernement anglais lorsque, au mois d'août 1869, il a refusé
l'exequatur au major Haggerty que le général Grant avait
nommé consul à Glascow. Le major Haggerty, Irlandais de
naissance, s'était fait naturaliser citoyen des États-Unis où il
avait pris part aux menées des *fenians*. Le président des
États-Unis, faisant droit aux observations du ministère anglais,
a rappelé son consul.

(1) En 1834, le consul de Prusse à Bayonne favorisait l'introduction
d'armes au profit des carlistes contre le gouvernement de la reine Isa-
belle, qui n'avait pas été reconnu par la Prusse. L'exequatur lui fut retiré. Calvo, p. 593.

L'expulsion d'un consul, bien qu'elle puisse donner lieu à de graves difficultés entre gouvernements, si elle n'est pas justifiée par des actes très répréhensibles du consul expulsé, n'entraîne pas non plus rupture et ne constitue pas, dans tous les cas, une violation du droit des gens.

Pierre Mandato, consul du Saint-Siège à Naples, accusé de prêter la main aux brigandages entretenus dans le midi du royaume, fut, le 7 septembre 1863, saisi par des agents du gouvernement italien qui avait succédé à François II et reconduit à la frontière.

Nul ne saurait nier que le gouvernement italien ne fût dans son droit en éloignant une personne et surtout un agent étranger dont la résidence offrait, en se prolongeant, des dangers, pour la tranquillité publique, alors qu'il ne violait ainsi aucune stipulation expresse de traité.

L'envoi d'un consul dans une colonie qui prétend se séparer de la métropole, ou dans une province qui aspire à s'ériger en État indépendant, ne constitue pas une reconnaissance de l'autonomie de la colonie ou de la province belligérante. En cas de changement de gouvernement, de conquête ou de guerre civile, les consuls continuent d'exercer leurs fonctions sans avoir besoin d'un nouvel exequatur. L'interruption des relations diplomatiques entre deux pays n'entraîne pas *ipso facto* la rupture des rapports commerciaux, et les consuls doivent rester à leur poste à moins de décision contraire du gouvernement local, ou d'ordres formels de leur propre gouvernement. A la différence des agents diplomatiques, ils ne doivent amener leur pavillon et cesser les relations officielles que sur l'autorisation expresse de leur gouvernement.

102. Tels sont les principes généraux du droit international relatifs aux consuls; mais, dans la plupart des États du globe, les agents consulaires, à la différence des agents diplomatiques, sont reçus et envoyés en vertu de conventions formelles qui lient chaque État avec ses voisins. C'est dans ces conventions qu'il faut chercher, en réalité, les chartes consulaires; c'est par elles que sont fixées notamment les immunités que les nations amies s'engagent en général à assurer réciproquement à leurs consuls respectifs. L'étude des conventions innombrables, intervenues entre les différents États, nous entraînerait

beaucoup trop loin; on en trouvera un aperçu dans un article de M. William Beach Lawrence, inséré dans la *Revue de droit international* de 1878, tome x, p. 285. Nous nous contenterons dans la section suivante d'indiquer la situation faite en France aux consuls étrangers, par les conventions internationales avec les pays dont on trouvera l'énumération sous le n° 203, et assurée à nos consuls par voie de réciprocité dans les mêmes pays. (Voy. sous le même numéro l'analyse des conventions consulaires de la France.

103. Mais il ne sera pas inutile auparavant d'indiquer en quelques mots la situation qui, en dehors du droit conventionnel et en l'absence de tout traité, est faite aux consuls étrangers par la législation intérieure de chaque pays, la France mise à part.

L'Angleterre, bien qu'elle ait souvent réclamé pour ses consuls le traitement de la nation la plus favorisée, ne reconnaît aucun avantage particulier aux consuls qui résident dans ses ports, ni aucune immunité personnelle (1). Les consuls étrangers vivent sous les règles du droit commun. On a vu, à une certaine époque, les agents du fisc élever la prétention de soumettre les consuls à l'impôt de l'*income-tax* sur le montant de leurs traitements, et des collecteurs de taxes saisir et faire vendre les archives de la chancellerie du consulat de France à Londres, comme gage de l'impôt que n'avait pas acquitté le propriétaire de l'immeuble. L'usage et la tolérance ont pu atténuer, en cette matière, ce que les lacunes de la législation ont de trop rigoureux.

Aux *États-Unis*, on ne trouve pas non plus dans la législation des principes bien arrêtés, ni une reconnaissance du caractère et des prérogatives consulaires. (Voy. n° 108.)

Par contre, la législation *portugaise* exempte les consuls des droits de douane, et même il est des circonstances où elle leur a permis, dit M. Calvo, d'exercer le droit d'asile.

En *Autriche*, les consuls relèvent de la juridiction locale et ne sont investis d'aucun privilège en dehors de l'exercice de leurs fonction officielles.

---

(1) Voy. dans Calvo, I, p. 605, l'intéressante dissertation du chancelier Talbot, en 1735, sur la réclamation d'un Sʳ Barbuit, consul de Prusse, qui se prévalait de ses fonctions pour échapper à des poursuites civiles.

En *Espagne*, le règlement du 1er février 1765, modifié par les ordonnances des 8 mai 1827, 17 juillet 1847, 17 novembre 1852, place les consuls sous la protection spéciale de l'autorité militaire. Ils sont exempts du logement des gens de guerre et de toutes les charges personnelles et municipales, mais ils acquittent les droits de douane. Ils ne peuvent être traduits en justice ni même cités comme témoins, et leur témoignage, lorsqu'il y a lieu, est reçu à leur domicile.

En *Prusse*, les consuls étrangers, sujets de la nation qui les nomme, sont justiciables des tribunaux en matière civile. En matière criminelle, ils doivent être, après l'instruction de la cause, remis à leur propre gouvernement, pour être jugés conformément aux lois de leur pays. Ils sont dispensés des logements militaires, des contributions directes et des prestations personnelles.

Dans les *Pays-Bas* et en *Belgique*, les immunités sont exclusivement réservées aux consuls qui sont fonctionnaires du gouvernement qui les envoie. Elles consistent dans l'exemption des logements militaires, de la garde bourgeoise, des impôts autres que les impôts indirects, à charge toutefois de réciprocité avec les autres nations.

En *Danemark*, on retrouve les mêmes immunités suivant la même distinction.

En *Russie*, les consuls, même sujets russes, sont exempts des charges publiques. Ils sont dispensés du permis de séjour. A leur arrivée, les consuls étrangers jouissent d'une exemption de droits de douane limitée à 2,000 francs pour les consuls généraux et 1,200 francs pour les autres.

En résumé, sauf la Grande-Bretagne, la plupart des nations reconnaissent l'inviolabilité absolue des archives consulaires, et s'interdisent toute perquisition dans les bureaux de la chancellerie. Elles accordent aux consuls les immunités qui leur sont nécessaires pour l'accomplissement de leur mandat. La faculté leur est généralement laissée de placer au-dessus de leur porte un écusson aux armes de leur pays. En Espagne, toutefois, ce signe ne peut être placé qu'à l'intérieur.

« Tous les consuls étrangers qui résident dans un pays ont droit au même respect, à la même considération et à une égalité parfaite de traitement, à moins que les traités ne renferment à cet égard des dispositions spéciales fondées sur le principe de la réciprocité. » (1)

SECTION II.

Consuls étrangers en France.

§ 1. Prérogatives.

104. En principe, et en l'absence de convention diplomatique expresse, la jurisprudence française ne reconnaît pas aux consuls étrangers les prérogatives attachées à la qualité de ministre public. Ils ne jouissent pas de l'immunité de juridiction, et pouvaient, avant l'abolition de la contrainte par corps en matière civile, y être soumis (2). A défaut de convention in-

---

(1) Calvo, I, p. 602. Sur l'organisation consulaire des divers pays, on consultera avec fruit W. Lawrence. *Rev. de droit international*, t. X. 1878. et de Cussy, *Règlements consulaires*.

(2) 1re *espèce*. — *Maglione et Preve*. Aix, 14 août 1829. « La Cour..... attendu qu'il ne serait point exact de dire que les consuls étrangers, dans nos villes maritimes, participent aux prérogatives d'immunités dont jouissent pour eux et les personnes de leur suite les ambassadeurs, les ministres et envoyés des puissances étrangères; que ces divers délégués sont considérés comme représentant en France leur gouvernement, et sont les agents directs de leur souverain qui leur a confié ses pouvoirs; — que l'on ne saurait donner ce caractère au consul, qui n'est que le protecteur, le régulateur des opérations ou des difficultés de ses nationaux, l'homme enfin de la loi du pays, dont il est le mandataire plutôt que celui du souverain, et qu'il est, dès lors, compris dans la règle générale tracée par l'article 3 du C. civ. »

2e *espèce.—Delong*. Paris, 3 avril 1841. « La Cour..... Considérant que, quand Delong justifierait de sa qualité de consul, cette qualité ne lui donnerait pas le caractère diplomatique, et qu'il ne jouirait pas des immunités accordées à ce titre; que, par conséquent, Delong peut être soumis à la contrainte par corps. »

3e *espèce*. — *G. c. G.* Paris, 2 mars 1868. « La Cour..... Considérant qu'en thèse générale les consuls ne jouissent pas des immunités diplomatiques; qu'ils ne représentent pas leur souverain; que, pour les contestations civiles et commerciales, ils sont justiciables des tribunaux où ils sont établis; — Considérant que le traité du 18 septembre 1862, passé entre la France et l'Italie, ne déroge pas à cette règle; que son texte, en déclarant que les consuls ne pourront être soumis à la contrainte par corps que dans des cas déterminés, démontre qu'ils sont, quant aux contestations civiles et commerciales, soumis aux règles du pays par eux habité; — Qu'il eût été, en effet, bien inutile de les mettre à l'abri d'une voie d'exécution spéciale, si l'on eût entendu les soustraire à toute

ternationale, leur situation doit être réglée par le princip de la réciprocité. Par suite, les consuls français, en Angleterre, ne jouissant pas du privilège d'exterritorialité, les consuls anglais en France n'y peuvent réclamer ce privilège. En conséquence, ls peuvent être traduits devant la juridiction criminelle à raison des délits qui leur sont imputés. L'ordonnance d'*exequatur* accordée à un consul étranger pour l'exercice de ses fonctions en France ne saurait être considérée comme « une convention internationale ayant par elle-même, et indépendamment de toute stipulation expresse y contenue, le pouvoir de modifier les droits ou privilèges consulaires, tels que les ont établis soit les traités antérieurs, soit les règles du droit des gens. (1) »

En tous cas, c'est à l'autorité judiciaire seule qu'il appartient de juger l'exception tirée de l'immunité consulaire, quand elle est proposée, et c'est à tort qu'un préfet élèverait le conflit pour dessaisir les tribunaux. (2)

---

condamnation et à toute poursuite; que c'est dans ce sens que dans le langage du droit l'exception fait preuve de la règle, l'exception étant impossible si la règle n'existait pas. »

Le tribunal de la Seine avait cependant jugé en sens inverse (mais cette jurisprudence a été abandonnée) que les prérogatives d'immunités, établies au profit des agents diplomatiques par la loi du 13 ventose an II, s'appliquent aux consuls. — *Beyley C. Piedanna* et *Mauroy*. Tr. de la Seine. 1er décembre 1840. « Le Tribunal..... Attendu que les termes de la loi du 13 ventôse an II sont généraux et qu'ils consacrent l'inviolabilité des agents diplomatiques, sans distinguer quelle est la qualité de ces agents et la dénomination sous laquelle ils sont désignés; — Attendu que la loi ne distingue pas non plus entre le cas où ils sont accrédités en France et celui où ils traversent ce pays pour se rendre dans le pays auprès du gouvernement duquel ils sont accrédités. »

(1) Cass. 23 décembre 1854. S. 54, 1, p. 811.

(2) Conflit. *Barns.* 21 juillet 1824. « Louis..... Considérant que si le sieur William Barns s'est cru fondé à décliner la juridiction de nos tribunaux, soit en vertu de la patente de consul dont il est muni, soit parce que le billet à ordre dont il s'agit serait consenti à un Anglais, et n'aurait été endossé que par des sujets du roi de la Grande-Bretagne, soit enfin parce que ledit billet n'aurait point une cause commerciale, ces moyens et exceptions ne pouvaient être appréciés que par l'autorité judiciaire, seule compétente pour en connaître;

« Art. 1. L'arrêté de conflit d'attributions pris par le préfet du département de la Loire-Inférieure le 20 avril 1824 est annulé. »

Consulté sur le mérite de ce conflit, le ministre de l'intérieur avait émis l'avis suivant :

« Les ambassadeurs, ministres, envoyés, et autres agents diplomatiques compris sous la dénomination générique de *ministres publics*, sont affranchis de la juridiction du pays où ils remplissent leurs fonctions. Ce

105. Quels que soient d'ailleurs les droits découlant pour les consuls étrangers soit des principes généraux, soit des traités, ils ne peuvent s'en prévaloir tant qu'ils n'ont pas encore ob-

---

principe d'indépendance prend sa source dans le caractère représentatif de ces agents.

« Mais il n'en saurait être de même des consuls, lesquels n'ont été institués que pour veiller, chez une puissance amie, à la conservation des droits et privilèges de leur nation en matière de commerce, et pour terminer les différends qui peuvent naître entre les marchands de cette même nation : d'une part, les fonctions dont ils sont revêtus ne sont pas d'un ordre assez élevé pour leur procurer l'inviolabilité et l'indépendance absolue dont jouissent les ambassadeurs et autres agents diplomatiques ; et, d'autre part, se livrant eux-mêmes habituellement à des opérations de commerce, ils ne peuvent prétendre à un privilège qui compromettrait sans cesse les intérêts de ceux avec qui ils auraient traité. C'est en se fondant sur ce double motif que Vattel, Vicquefort, Bynkershoeck et Merlin affirment que le titre et les fonctions de consul ne suffisent pas pour affranchir ceux qui en sont revêtus de la juridiction des tribunaux du lieu où ils résident ; mais qu'il faut que cette condition ait été formellement stipulée dans le traité de commerce qui lie les deux nations ; dans ce cas même, il arrive presque toujours que l'*exequatur* donné à un consul exprime que les immunités consulaires ne pourront être opposées par lui dans ses affaires privées.

« Si le consul anglais à Nantes ne pouvait se prétendre affranchi de la juridiction des tribunaux français à raison de son titre et de ses fonctions, qu'autant que ce privilège aurait été stipulé dans les traités de commerce entre la France et l'Angleterre, et qu'il n'y aurait été fait aucune exception par l'*exequatur* donné par le roi de France, le même consul ne pouvait décliner cette juridiction, sur le seul motif qu'il est étranger et qu'il ne s'est obligé qu'envers un autre étranger. Il faut distinguer, en effet, les obligations résultant d'un contrat civil ordinaire d'avec celles qui prennent leur source dans une opération commerciale ; dans le premier cas, il est incontestable que les étrangers qui ont contracté entre eux, soit en France, soit à l'étranger, ne sont justiciables que des tribunaux de leur pays, ainsi qu'il a été jugé souverainement par un arrêt de cassation du 22 janvier 1806 ; mais il en est autrement lorsque l'obligation résulte d'une obligation de commerce ; dans ce cas, il suffit, aux termes de l'article 17, titre xii de l'ordonnance du mois de mars 1763, qu'il y ait eu promesse et tradition de la marchandise en France, ou bien engagement d'effectuer en France le paiement pour que les parties soient justiciables des tribunaux français... Il suit de là que si le billet souscrit par le sieur Barns à l'ordre du sieur Watchbull, a été fait à l'occasion d'une opération de commerce, et si en outre il y a eu livraison de la marchandise en France ou bien engagement d'y effectuer le paiement, les parties ne peuvent décliner la juridiction d'un tribunal français. Dans le cas contraire, elles doivent être renvoyées devant leurs juges.

« Soit que le tribunal de commerce de Nantes fut compétent ou non pour statuer sur la contestation élevée entre les sieurs Barns et Watchbull ; il suffisait que cette contestation fut d'une nature judiciaire pour que le préfet ne pût suspendre le cours de la justice par la voie du conflit. Il ne peut y avoir lieu d'élever le conflit, lorsque l'affaire dont un

tenu l'exequatur, qui seul leur donne qualité pour les exercer. (1)

L'exequatur est, disent MM. Declercq et Vallat, le titre qui
constate l'acceptation d'un consul et la reconnaissance solennelle de ses pouvoirs. C'est cet acte qui confère au consul sa
juridiction et son autorité. En France il est délivré, en la forme
d'un décret présidentiel, contresigné par le ministre des affaires étrangères, et lu à l'audience du tribunal de commerce du
lieu où réside le consul, par le greffier, qui dresse procès-
verbal de cette lecture.

La plupart des conventions consulaires passées avec les nations étrangères assurent aux consuls étrangers en France
l'immunité personnelle (2), hormis le cas de crime (3). Mais
cette prérogative ne s'étend qu'aux consuls non commerçants
et sujets de l'État qui les nomme. Quant aux poursuites civiles, il faut distinguer suivant que le consul est actionné à
raison d'un acte accompli en sa qualité d'officier public, auquel cas la juridiction française se déclarerait incompétente (4),

---

tribunal serait saisi, même irrégulièrement ou incompétemment, n'est
point cependant par sa nature du ressort de l'administration. Dans ce
cas, c'est au tribunal lui-même à reconnaître et prononcer son incompétence s'il y a lieu, sauf aux parties à se pourvoir devant le tribunal
supérieur pour faire déclarer cette incompétence, dans le cas où les
premiers juges l'auraient méconnue. »

(1) Paris, 25 août 1842. — *Carlier d'Abaunza* c. *Abrassart.* « La Cour ; —
Considérant que si Carlier d'Abaunze a reçu de la république de l'Uruguay
une commission de consul général à Paris, il est certain qu'il n'a pas obtenu *l'exequatur* du gouvernement du roi ; que dès lors il n'est pas fondé
à prétendre aux prérogatives et immunités qui peuvent appartenir aux
consuls. »

(2) Le traité avec les États-Unis du 11 septembre 1853 (Sirey, Lois, 462)
peut être choisi comme type.

(3) Rennes, 25 juillet 1849. S. 50, 2, 34.

(4) Cass. *Dania.* 13 vendémiaire an IX. « Le Tribunal, — Attendu que
le jugement du tribunal de paix du 4e arrondissement de Marseille, en
date du 1er frimaire an VIII, qui a condamné le sieur Dania, vice-consul
de la république ligurienne, à restituer incontinent et sans délai, au sieur
Grillo, ligurien, les objets mentionnés au verbal d'*accedit* du juge de
paix du 5e arrondissement de Marseille, en date du 1er thermidor précédent, et a condamné ledit sieur Dania aux dépens et aux frais d'exécution du jugement, nonobstant la déclaration donnée devant ledit tribunal de paix, par ledit sieur Dania en personne, qu'il avait agi par les
ordres de son gouvernement, qu'il n'avait fait qu'exécuter les actes émanés du directoire exécutif et des tribunaux liguriens, avec l'approbation
et le concours des autorités françaises, et qu'il attendait les ordres de
son gouvernement sur la réclamation précédemment faite verbalement

ou suivant qu'il est actionné à raison d'une obligation personnellement contractée, auquel cas il est soumis à la juridiction locale comme tout autre étranger et suivant les mêmes distinctions. (Voy. les observations du ministre sur le conflit Barns, n° 104.)

107. Les chancelleries et habitations consulaires sont déclarées inviolables; les papiers qui y sont renfermés ne peuvent être saisis. Les consuls peuvent placer au-dessus de la porte extérieure du consulat les armes de leur nation et arborer le pavillon consulaire aux jours de solennité et dans les circonstances d'usage. Ils peuvent communiquer directement avec les autorités administratives et judiciaires de leur résidence; mais ils ne doivent s'adresser au ministre des affaires étrangères que par l'intermédiaire du chef de la mission diplomatique ou consulaire de leur pays (1).

Des incertitudes se sont élevées sur le point de savoir si les consuls étrangers en France pouvaient être contraints de donner leur témoignage en justice. Le consul d'Espagne à Marseille, excipant de sa qualité et du texte du traité du 13 mars 1769, refusa de répondre à une injonction de la cour d'assises devant laquelle il était appelé à déposer dans un procès criminel. La cour d'Aix, en 1843, déclara que « si les ambassadeurs sont indépendants du pays dans lequel ils exercent leur ministère, ce privilège n'est pas applicable aux consuls; que si la convention dont le sieur Sollet excipait était sans inconvénient pour le temps où elle avait été faite, alors que la procédure criminelle était secrète, elle était inapplicable aujourd'hui, où, d'après le droit public qui nous régit, les débats

---

à lui, sieur Dania, par le Ligurien Grillo; qu'ainsi il ne pouvait prendre part à la demande judiciaire formée personnellement contre lui vice-consul, et que l'objet de la demande excédait les bornes de la compétence du tribunal de paix; que ce jugement du tribunal de paix contient manifestement un excès de pouvoirs, une entreprise sur l'indépendance mutuelle des nations, une violation des traités et une atteinte au concours des autorités; — Attendu que les objets saisis sur le Ligurien Grillo et transportés le même jour à la chancellerie du consulat ligurien ont été saisis, de la réquisition des ministres de la puissance ligurienne, comme pouvant servir à la preuve d'un délit commis sur le territoire ligurien, dont la poursuite appartenant au magistrat ligurien importe à la société entière; — Casse... »

(1) Arrêté du directoire du 22 messidor an VII.

sont publics et les témoins tenus de déposer oralement devant le jury. »

108. Le traité de 1853 avec les États-Unis stipulait (art. 2) que les consuls envoyés ne pouvaient être contraints à comparaître comme témoins devant les tribunaux du pays de leur résidence. La justice du pays qui aura une déposition juridique à leur demander doit se borner à les inviter à se présenter devant elle, et, en cas de refus ou d'empêchement, recevoir leur témoignage à domicile, de vive voix, ou se contenter d'une déposition écrite. Cette clause donna lieu à des difficultés aux États-Unis, où la Constitution reconnaît aux inculpés le droit de contraindre les témoins à comparaître. Le juge de San-Francisco fit arrêter le consul de France qui avait refusé de se rendre à la sommation. Pour couper court à des résistances de ce genre, les traités récemment passés par la France, notamment celui du 7 janvier 1876 (voy. 200 et 203) avec la Grèce, portent que les consuls ne seront pas tenus de comparaître comme témoins, « si ce n'est toutefois dans les causes criminelles où leur comparution sera jugée indispensable et réclamée par une lettre officielle de l'autorité judiciaire. »

109. Les conventions consulaires contiennent, en général, une clause formelle qui exempte les consuls des contributions directes.

Les circulaires de l'administration des contributions directes, en date des 5 septembre 1860, 9 janvier 1875 et 2 avril 1878, rédigées à la suite d'une entente avec le département des affaires étrangères, spécifient que la dispense n'est relative qu'au logement officiel; elles n'établissent aucune distinction entre les consuls envoyés ou non envoyés (1). La différence de traitement ne résulte que de la nationalité du consul. Lorsque les agents étrangers ne sont pas sujets de l'État qui les nomme ils n'ont jamais droit à aucune immunité, sauf ceux des États-Unis qui ont droit à l'immunité pourvu qu'ils ne soient pas français. Mais cette exemption n'étant accordée qu'à titre de réciprocité n'est pas également conférée aux agents

---

(1) Voy. lettre du ministre des relations extérieures, 7 ventôse an XII; lettre de M. Drouyn de Lhuys au préfet de la Seine du 11 juillet 1866.

de toutes les puissances. L'Angleterre s'étant refusée jusqu'ici à traiter nos consuls, et, en général, tous les consuls, autrement que comme de simples agents commerciaux et les astreignant notamment à la taxe des pauvres, aux taxes de police, etc., qui s'élèvent parfois jusqu'à 1000 francs pour certains consulats, ses consuls sont par voie de rétorsion soumis, en France à la contribution personnelle et mobilière. (1)

La juridiction administrative n'hésite pas à se fonder, pour donner décharge de la contribution, sur les conventions consulaires. (2)

Toutefois l'effet d'un traité intervenu en cours d'exercice ne serait pas de donner décharge à l'agent, consulaire de l'État contractant, des termes non échus au moment de la promulgation du traité. Le principe de l'annualité déposé dans l'article 21 de la loi du 21 avril 1832 y fait obstacle (3).

110. Les consuls étrangers sont encore exempts des logements militaires, du service de la garde nationale quand il y a lieu (4), des taxes somptuaires sur les voitures, les billards, etc... des contributions de guerre et, en général, des taxes imposées par l'État ou les communes; mais sous cette restriction, que s'ils possèdent des immeubles, s'ils font le commerce ou s'ils exercent quelque industrie, ils restent soumis aux mêmes charges que les particuliers, notamment à la contribution des patentes.

Ces dispositions sont appliquées aux consuls généraux, consuls, vice-consuls et agents consulaires, sujets de l'État qui les nomme.

111. Le Français qui accepte des fonctions consulaires conférées par un gouvernement étranger, sans avoir préalablement ment obtenu l'autorisation du gouvernement français, perd sa

---

(1) Cont. 28 janvier 1881, *Vereker*. — En sens inverse, un arrêté du 17 novembre 1843 (*Villern*) a accordé décharge à un vice-consul anglais de la contribution personnelle et mobilière, mais en se fondant sur la supposition erronée que les consuls français étaient affranchis des mêmes taxes en Angleterre. Le Conseil d'État n'a donc pas varié dans l'application du principe de la réciprocité internationale.

(2) Conseil de préf. de la Seine, 26 septembre 1878, *Spagnolini*; Léon Garnier, 1878, p. 285.

(3) Cont., 8 janvier 1867, *Langer*.

(4) Cass., *Hummel*, 25 août 1832, S. 33, I, 337; *Rousselin*, 26 avril 1834. S. 34, I, 637.

qualité de **Français** par application de l'article 17 du Code civil. Toutefois, cette déchéance ne semble devoir frapper que le Français qui accepte les fonctions de consul dans un poste situé à l'étranger. L'acceptation de fonctions consulaires en France ne fait pas perdre la qualité de Français parce que, dans ce cas, l'*exequatur* délivré au consul par le Gouvernement fait cette réserve qu'il ne pourra se prévaloir de sa qualité pour échapper à la juridiction des tribunaux français. Les immunités consulaires, en ce cas, sont restreintes à la chancellerie et ne s'étendent pas à la personne.

§ 2. Compétence.

112. La compétence des consuls étrangers est déterminée, en France, par les dérogations plus ou moins étendues que les traités ont faites au principe qui soumet les étrangers aux lois de police du territoire, aux tribunaux locaux. La convention du 14 novembre 1788 avec les États-Unis portait que tous les différends entre les citoyens des États-Unis, en France, *et notamment* toutes les discussions relatives aux salaires entre les capitaines et gens d'équipage, seraient jugés par les consuls de leur nation, sauf appel devant les tribunaux des États-Unis. Ces termes généraux semblaient admettre une exemption de juridiction applicable à tous les procès entre Américains et dépassaient, sans doute, la pensée des parties contractantes. La convention précitée de 1853 les a modifiés. D'après son article 8, reproduit dans les conventions consulaires postérieures, les consuls sont exclusivement chargés de l'ordre intérieur à bord des navires de commerce de leur nation et connaissent seuls de tous les différends qui se seront élevés en mer et s'élèveront, dans les ports, entre le capitaine, les officiers et les hommes d'équipage, à quelque titre que ce soit, particulièrement pour le règlement des salaires et l'exécution des engagements réciproquement consentis. La police française doit à cet effet leur prêter main forte et opérer les arrestations dont elle est requise par les consuls (1).

---

(1) C'est dans ce sens qu'avait statué un avis du Conseil d'État du 20 novembre 1806. Voy. Sirey, *Lois*, I, p. 737.

Ils peuvent également, avec le concours obligatoire de la police française, faire arrêter les déserteurs.

113. Ils reçoivent les rapports de mer des capitaines de leur nation qui abordent dans nos ports, à l'exclusion des présidents de tribunaux de commerce et des juges de paix, seuls compétents pour recevoir ceux des navigateurs français. Ils dressent les règlements d'avarie, le recours à l'autorité locale restant ouvert pour les Français ou les étrangers d'une nation autre que celle du consul, qui se trouveraient intéressés dans lesdites avaries.

C'est à eux qu'il appartient, aux termes de plusieurs conventions, de diriger les opérations relatives au sauvetage des navires de leur nation, naufragés sur les côtes de France.

114. Ils peuvent recevoir comme notaires les testaments de leurs nationaux et les actes notariés destinés à être exécutés dans leur pays; légaliser des expéditions de ces actes, qui doivent, en ce cas, faire foi devant les tribunaux français, au même titre que les originaux.

Enfin les conventions les plus récentes (1) leur confèrent des attributions importantes en matière d'ouverture de succession d'un de leurs nationaux en France. Ils peuvent faire apposer les scellés, accomplir tous les actes conservatoires et procéder à la liquidation de la succession.

115. Toutefois, d'après la convention consulaire entre la France et l'Espagne, du 7 janvier 1862 (Voy. le n° 200), les consuls n'ont attribution pour procéder aux opérations de la succession de leurs nationaux que dans trois cas nettement définis : 1° s'il n'y a ni testament, ni nomination d'exécuteur testamentaire; 2° si les héritiers sont mineurs, incapables ou absents; 3° si les exécuteurs testamentaires nommés ne se trouvent pas dans le lieu où s'ouvre la succession.

La cour d'appel de Paris, appelée à interpréter cette clause du traité de 1862, a décidé (2) que ce n'est pas au consul d'Espagne mais au juge de paix et à un notaire français qu'il convient de procéder à la levée des scellés et à l'inventaire de la succession située en France d'un Espagnol mort en

---

(1) Traité avec la Grèce. Sirey, *Lois*, 1878, p. 238.
(2) Paris, 1er mars 1872. D. P., 72, 2, 234.

Espagne, laissant un exécuteur testamentaire et des héritiers légitimes, tous majeurs, présents au lieu de l'ouverture de la succession, et qu'il en est ainsi alors même que le testateur a fait des legs à ses enfants naturels domiciliés en Espagne et nommé des exécuteurs testamentaires spéciaux, pour la partie la moins importante de ses biens située dans les possessions espagnoles.

La même cour jugeant entre les mêmes parties, a décidé (1) que les tribunaux français, et non le consul espagnol, sont compétents pour connaître de la demande en liquidation et partage, formée par la veuve d'un Espagnol résidant en France sans avoir obtenu l'autorisation d'y élire son domicile et mort dans un voyage à l'étranger, alors qu'il a fait en France un testament olographe, qu'il a nommé des exécuteurs testamentaires et que tous les héritiers sont majeurs, capables et présents en France.

116. Les consuls ne sont pas admis en France à représenter leurs nationaux dans des actions judiciaires portées devant les tribunaux. La règle que : *nul ne plaide par procureur* ne subit pas d'exception en leur faveur. Ils ne peuvent pas non plus intervenir comme parties dans un procès intenté par leurs nationaux. Cette intervention, fondée sur un intérêt purement théorique, ne serait pas recevable. Le consul de Danemarck ayant essayé d'intervenir, en sa qualité, dans une contestation engagée devant le Conseil des prises, Portalis, commissaire du tribunal, fit repousser sa prétention, et formula, en même temps, la règle que doivent suivre en pareil cas les consuls. Il rappela l'existence auprès des tribunaux français de l'institution du ministère public et ajouta : « Le consul danois n'a donc pas sujet de s'alarmer, si je me tiens à des lois qui ne permettent à personne, excepté aux parties ou à leurs fondés de pouvoirs, d'agir et de formuler des demandes. Le consul danois peut faire des recommandations et donner des instructions, il peut aussi, en vertu de ses fonctions, protéger, sans distinction, les négociants de sa nation, mais pour agir plus spécialement dans les contestations entre les négociants français et ceux de sa nation, il

____

(1) Paris, 12 août 1873. D. P., 75, 1, 274.

7

doit avoir un pouvoir spécial des parties au nom desquelles il doit agir. J'en conclus alors que la demande du consul d'intervenir dans des contestations particulières ne doit pas être accordée ; mais il peut fournir au commissaire du Gouvernement près le Conseil, les notes et mémoires qu'il jugerait utiles aux intérêts des négociants de sa nation (1). » (Voy., toutefois, n° 145.)

SECTION III.

Organisation consulaire française.

§ 1. Personnel, hiérarchie, discipline.

117. Les consuls français sont nommés par le Président de la République. Ils relèvent du ministère des affaires étrangères, avec lequel seul ils doivent correspondre directement; sauf ce qui sera dit n° 164 touchant leurs rapports directs avec le ministre de la marine.

L'ensemble des postes consulaires établis dans un même pays forme ce que l'on appelle un établissement consulaire ; l'établissement est divisé en un certain nombre d'arrondissements, dont l'étendue est calculée de telle sorte que l'action des agents français puisse se faire sentir dans toutes les parties du territoire. Le chef de l'établissement consulaire est, en général, l'agent diplomatique accrédité auprès du Gouvernement central; c'est quelquefois un consul général. Chacun des consuls placés sous sa surveillance jouit d'une initiative complète dans la limite de ses attributions, mais doit se conformer à la direction imprimée par le chef, lui prêter son concours dans toutes les mesures qui exigent une action d'ensemble et se servir de son intermédiaire toutes les fois qu'il est obligé de recourir à l'autorité centrale du pays où il réside.

118. Les consuls se divisent en consuls généraux, consuls de 1re classe, consuls de 2e classe et consuls suppléants. Ces derniers ont conservé longtemps la dénomination d'*élèves consuls*, qui a été supprimée par le décret du 2 février 1880.

---

(1) Warden, *on consular establishments*, 116. — Séance du Conseil des prises du 15 floréal an VIII.

Les postes consulaires ne se divisent néanmoins qu'en consulats et consulats généraux. Il y a 28 consulats généraux, qui sont :

<table>
<tr><td>Alexandrie,</td><td>Londres,</td></tr>
<tr><td>Amsterdam,</td><td>Montevideo,</td></tr>
<tr><td>Anvers,</td><td>Naples,</td></tr>
<tr><td>Barcelone,</td><td>New-York,</td></tr>
<tr><td>Beyrouth,</td><td>Pesth,</td></tr>
<tr><td>Bogota,</td><td>Québec,</td></tr>
<tr><td>Calcutta,</td><td>Quito,</td></tr>
<tr><td>Caracas,</td><td>Shanghaï,</td></tr>
<tr><td>Francfort,</td><td>Smyrne,</td></tr>
<tr><td>Gênes,</td><td>Tirnovo,</td></tr>
<tr><td>Guatemala,</td><td>Trieste,</td></tr>
<tr><td>Hambourg,</td><td>Tripoli,</td></tr>
<tr><td>La Havane,</td><td>Tunis,</td></tr>
<tr><td>Leipsig,</td><td>Varsovie.</td></tr>
</table>

On compte en outre 92 postes consulaires et 103 postes de vice-consuls ; 15 consuls suppléants et 141 chanceliers sont attachés aux plus importantes de ces résidences.

La classe est attachée pour les consulats à la personne de l'agent et non au poste qu'il occupe. Nous avons exposé, sous le n° 62, les conditions d'entrée dans la carrière, qui sont les mêmes que pour les agents diplomatiques, grâce au décret du 10 juillet 1880, qui a opéré, dans une sage mesure, la réforme longtemps réclamée sous le nom de fusion des carrières.

119. L'avancement a été longtemps réglé par l'ordonnance du 26 avril 1845 ; il l'est aujourd'hui par le décret du 31 mars 1882, qui a fixé à trois ans le minimum de stage nécessaire dans chaque grade pour passer au grade supérieur. La révocation et la mise en retrait d'emploi ne peuvent être prononcées qu'après un avis motivé du Comité des services extérieurs et administratifs, qui entend les intéressés, s'il le juge nécessaire (1). Les consuls peuvent encore être mis en inactivité, avec ou sans traitement, dans les conditions prévues par le

____

(1) D. 2 avril 1880 ; D. 8 février 1882.

même décret, ou placés hors des cadres par l'admission à la retraite.

120. En cas de vacance d'un poste consulaire par décès, c'est l'officier le plus élevé en grade de l'arrondissement qui prend provisoirement la gérance ; le consul qui s'absente confie lui-même le service intérimaire à la personne la plus capable, au besoin même à une personne étrangère au consulat.

121. Nous ne reviendrons pas ici sur le mode de rétribution des consuls, le droit au demi-traitement, en cas de congé, les traitements de disponibilité, les pensions de retraite ; les règles exposées au sujet des agents diplomatiques sont applicables aux consuls et contenues dans les mêmes documents. (Voy. 82 à 89.)

Les frais d'établissement des agents pris soit dans la carrière, soit en dehors de la carrière, les frais de route, leur sont également payés d'après des tarifs déterminés.

Les frais de service, dont le maximum est fixé pour chaque poste, sont remboursés sur la justification qui en est faite suivant état dressé par les agents.

122. Les consuls, ainsi que les consuls suppléants et les chanceliers dont nous parlerons plus loin (n°ˢ 129, 193 et suiv.), conservent leur domicile en France. Ils sont dispensés des tutelles, mais non du service militaire, ni du jury.

Il leur est défendu, sous peine de révocation, de faire le commerce, d'acheter des biens-fonds dans le pays de leur résidence, d'acheter des esclaves, de contracter des emprunts, de s'intéresser dans les armements en course, d'acheter des objets provenant de naufrage, par eux mis en vente. Ils ne peuvent non plus accepter des fonctions d'un gouvernement étranger, si ce n'est la gérance intérimaire d'un consulat d'une nation amie. Ils doivent, pour se marier, obtenir l'autorisation du ministre des affaires étrangères. Ils ne peuvent prendre de congé qu'avec l'agrément du ministre. L'agent qui quitte son poste sans y être autorisé est considéré comme démissionnaire.

Les consuls français rentraient, d'après une lettre de Portalis, du 19 floréal an VIII, dans la catégorie des fonctionnaires protégés contre les poursuites des particuliers, par la nécessité d'une autorisation préalable, conformément à l'article 75 de la Constitution de l'an VIII, aujourd'hui abrogé par le décret du 19 septembre 1870. Mais comme agents du Gouvernement ils continuent d'être soumis aux aggravations de peine résultant des dispositions du Code pénal sur les délits commis par les fonctionnaires publics.

123. On s'est demandé si une commission consulaire ne pourrait pas être donnée à un étranger. La négative est enseignée par Merlin (v° CONSUL), Pardessus, Dalloz. La pratique est conforme à cette doctrine, et la prohibition formelle de l'ordonnance de 1681 doit être considérée comme toujours en vigueur.

124. La fréquence des rapports hiérarchiques entre la marine et les consulats a conduit à fixer des assimilations de rang. L'ordonnance du 7 novembre 1833 donne aux consuls généraux le rang de contre-amiral, aux consuls de 1re classe celui de capitaine de vaisseau, et aux consuls de 2e classe celui de capitaine de frégate.

Ils sont astreints au port de l'uniforme dans les cérémonies auxquelles ils assistent en leur qualité officielle.

125. Afin d'assurer une protection à leurs nationaux dans les localités trop éloignées du chef-lieu de leur arrondissement, nos consuls peuvent déléguer une partie de leurs pouvoirs à des agents commissionnés par eux, et destinés à servir d'intermédiaires entre eux et les Français établis à de grandes distances. Ces agents prennent le titre de vice-consuls ou agents consulaires. Ils ne reçoivent pas de traitement, ne jouissent d'aucune des prérogatives attachées à la qualité de consul, et agissent, bien que reconnus par l'autorité locale, sous la responsabilité du consul qui les délègue. Ils doivent être autant que possible choisis parmi les Français, à leur défaut parmi les regnicoles offrant des garanties d'indépendance.

A côté de ces auxiliaires, il a été institué, depuis quelques années, une classe nouvelle de fonctionnaires, celle des *agents vice-consuls*, qui, nommés par le Gouvernement et rétribués sur les fonds du budget, n'appartiennent pas au corps consulaire et n'ont aucune des attributions consulaires comportant juridiction, mais exercent quelques-unes des fonctions des consuls dans des postes isolés, rédigent notamment les actes de l'état civil et les actes notariés, reçoivent les dépôts et sont soumis aux règles de la comptabilité des chancelleries. (D. du 19 janvier 1881.)

126. Les consuls ne peuvent entrer en fonctions qu'après que l'*exequatur* leur a été délivré par l'autorité locale, sur la demande présentée par le chef de la mission diplomatique. S'ils sont en même temps revêtus d'un caractère diplomatique, ils doivent être, en outre, pourvus de lettres de créance et les faire accepter dans la forme indiquée *supra*, n° 23.

Il est d'usage qu'après avoir fait connaître leur entrée en fonctions aux autorités de leur résidence, ils rendent visite aux fonctionnaires avec lesquels ils se trouveront en rapports officiels.

127. Les pouvoirs des consuls sont déterminés par les conventions qui lient la France aux pays où ils résident et, dans certains cas, par des traités auxquels la France est restée étrangère, en vertu de la clause du traitement de la nation la plus favorisée. Sans s'occuper des questions contentieuses qui sont du ressort des tribunaux, autrement que pour en hâter la solution, ils doivent mettre tous leurs soins à assurer à leurs nationaux tous les avantages garantis par les traités, par l'équité et par l'intérêt bien entendu des deux nationalités en présence. Ils interviennent dans ce but officieusement ou officiellement, suivant les cas, par des communications verbales ou des lettres missives, rarement par des notes, en faisant usage le plus souvent de la langue française.

128. En cas de difficulté ou de résistance des autorités locales, ils en réfèrent à l'agent diplomatique, leur chef, qui, d'ailleurs, doit être toujours leur intermédiaire auprès de l'autorité centrale et doit être tenu par eux au courant de toutes les questions qui peuvent nécessiter, à un moment donné, son intervention ou intéresser la politique générale. C'est à lui, et non au ministère des affaires étrangères, qu'ils doivent demander des instructions, en cas de doute, sur des questions de détail. Ils ne doivent pas, sans ordre, amener leur pavillon et cesser leurs fonctions. Ils doivent même rester à leur poste en cas de rupture des relations politiques, jusqu'à ce que le gouvernement français les rappelle ou jusqu'à ce que le

gouvernement étranger leur retire l'*exequatur*. Ils manqueraient à leur devoir en engageant leur Gouvernement dans une lutte politique que celui-ci peut avoir intérêt à éviter (1).

129. Outre les consuls et les consuls suppléants, le personnel des consulats comprend des secrétaires interprètes et drogmans rétribués sur les fonds du budget et nommés par le chef de l'État.

Leur situation et leur hiérarchie ont été réglées par le décret du 18 septembre 1880 et celui du 31 mars 1882. (Voir ces décrets.)

130. Les chanceliers sont des officiers publics chargés soit d'assister le consul dans un grand nombre de ses fonctions, soit d'en remplir de spéciales pour lesquelles ils ont une compétence propre. (Voy. 193 à 199.) Dans le premier cas, ils agissent comme secrétaires, caissiers ou greffiers, dans le second, ils instrumentent en qualité de notaires. Ils sont nommés par le Président de la République et répartis en trois classes attachées à la personne de l'agent, sans distinction de grade entre ceux qui sont rattachés à des missions diplomatiques et ceux qui exercent leurs fonctions dans des postes consulaires. (2) Les uns et les autres sont placés sous les ordres du chef de poste diplomatique ou consulaire et astreints à toutes les règles de la subordination. Ils relèvent en outre du contrôle de la Cour des comptes pour tout ce qui concerne leur gestion.

Leur traitement fixe est déterminé par le budget, suivant l'importance du poste où ils résident. Ils reçoivent en outre, à titre d'émolument soumis à retenue pour la retraite, une remise de 5 0/0 sur les droits de la chancellerie perçus par eux au profit du Trésor. Ils sont astreints à un cautionnement fixé par le ministre des finances à raison d'un dixième de la moyenne des recettes du poste, mais ramené à une augmentation de mille francs par chaque fraction de 50,000 fr. excédant les cinquante premiers mille francs. Avant d'entrer

---

(1) Un consul récemment nommé demandait à Talleyrand ses instructions avant de rejoindre son poste. « Des instructions! monsieur, répliqua le ministre. Allez! et que je n'entende jamais parler de vous! »

(2) D. 12 décembre 1877.

en fonctions, ils prêtent, entre les mains de leur chef de poste, un serment professionnel. En sortant de fonction, ils n'obtiennent le remboursement de leur cautionnement que sur le vu du quitus délivré par l'agent des chancelleries diplomatiques et consulaires attaché au ministère des finances. (Sur les opérations des chancelleries et sur la comptabilité, voy. n°* 195 et suiv.)

§ 2. Attributions des consuls.

131. Les dispositions en vigueur relatives aux attributions des consuls sont éparses dans un grand nombre de textes auxquels nous n'avons pas pu renvoyer sous chaque numéro, pour éviter une multiplicité fatigante de références, et que l'on trouvera relatés pour la plupart dans notre *Exposé de législation.* Pour les circulaires ministérielles, nous renvoyons au 2ᵐᵉ volume du formulaire de MM. Declercq et Vallat. Nous nous bornerons à donner ici en note l'indication des textes auxquels le lecteur devra recourir pour approfondir chaque matière (1) — Sur les attributions des consuls en matière de

---

(1) *Comptabilité.* Instr. 24 avril et 24 décembre 1877; D. 14 août 1880. — *Correspondance commerciale.* Cir. min., aff. étrangères, 15 novembre 1861 ; 13 juin 1863 ; 6 juillet 1872; 15 février 1877. — *Correspondance générale.* Cir. min., 28 nivôse an IV; O. 18 août 1833; Cir. min., 28 avril 1865. — *Certificats de vie.* O. 30 juin 1814; Cir. 31 août 1832. — *Certificats d'origine.* Cir. 30 janvier 1836. — *Déserteurs.* Cir. min. 8 avril 1831. — *Embarquement d'office.* Cir. min. 27 novembre 1868. — *État civil.* O. 23 octobre et 29 octobre 1833. — *Marine marchande.* O. août 1681 (ordonnance de la marine); O. 3 mars 1781, titre III (sur les consulats); O. 31 octobre 1784 (sur l'inscription maritime); Cir. min. 16 décembre 1817 (sur le pavoisement); O. 29 octobre 1833 (sur les rapports des consuls avec la marine marchande); O. 12 mai 1836 (sur les frais de route); O. 17 janvier 1846 (sur la visite des bateaux à vapeur); Cir. min. 31 août 1848 (sur l'administration des sauvetages); D. 4 mars 1852 (sur les engagements des marins); D. 19 mars 1852 (sur les rôles d'équipage); D. I., 24 mars 1852 (discipline de la marine marchande); Cir. min. 14 décembre 1852 (sur la retenue des invalides); Cir. min. 22 avril 1856 (sur les actes de l'état civil); Cir. min. 18 mai 1860 (sur les enquêtes relatives aux sinistres); Cir. min. 28 juin 1861 (sur l'obligation des capitaines de se présenter aux consuls); Cir. min. 9 juillet 1861 (sur la réexpédition des navires à l'étranger); Cir. min. 27 avril 1866 (sur la visite des navires à l'étranger); Cir. min. 5 mai 1866 (sur les transformations d'armement à l'étranger); Cir. min. 8 septembre 1871 (sur la constatation des décès); Cir. min. 18 octobre 1871 (sur les armements et désarmements à l'étranger); Cir. min. 31 oct. 1872 (sur la suppléance des administrateurs de la

Pêche et de Prises maritimes, voyez ces mots. — Sur les différents services de l'administration centrale avec lesquels doivent correspondre les consuls pour leurs diverses attributions, voyez notre chapitre I, section III, §1.

132. *Fonctions politiques.* — Agents lointains du Gouvernement qui les envoie, les consuls sont avant tout chargés d'étendre leur protection sur leurs compatriotes établis à l'étranger.

Dans l'étendue de leur circonscription, les consuls sont chargés d'assurer à leurs nationaux la jouissance des droits résultant des principes universellement admis entre les nations civilisées, ou assurés par conventions expresses, notamment la liberté de faire le commerce. Dans les pays qui ne sont pas liés avec la France par des conventions expresses, le principe de la réciprocité de fait présidant aux rapports internationaux, les consuls doivent s'appliquer à connaître exactement le traitement auquel sont soumis en France les habitants du pays où ils résident, afin d'exiger le traitement réciproque pour leurs compatriotes. Ils doivent veiller à ce que les résidents français ne soient pas l'objet de mesures fiscales arbitraires, et appuyer officieusement leurs réclamations quand elles sont légitimes. Ils ne sauraient entraver l'exercice du droit de police qui appartient à chaque État, et qui va jusqu'à la faculté d'expulsion des étrangers; mais si l'expulsion constituait une violation des traités, le devoir du consul serait d'intervenir pour faire rapporter la mesure, ou en provoquer la réparation en avertissant son Gouvernement.

---

marine). — *Marine militaire.* O. 3 mars 1781, titre IV (sur les consulats du Levant); Cir. min. 9 frimaire an IX (sur le salut des bâtiments de guerre); O. 7 novembre 1833 (sur les rapports des consuls avec la marine militaire); Cir. min. 26 avril 1838 (sur les malades laissés à terre); D. 15 août 1851 (sur le service à bord des bâtiments de la flotte); D. 7 avril 1860 (sur le rapatriement des gens de mer). — *Paquebots.* Cir. min. 15 mars 1866. — *Passeports.* Instr. 23 août 1816; O. 25 octobre 1833; Cir. min. 30 mai 1835; Instr. 30 novembre 1875. — *Pensionnaires de l'État.* O. 24 février 1832. — *Protection des consuls.* Cir. min. 4 novembre 1833 et O. 28 novembre 1833 (sur l'immatriculation); Inst. 20 novembre 1833 (sur la juridiction consulaire en pays chrétien); 2 avril 1864 (sur les légalisations). — *Recrutement.* Cir. min. 26 mars et 16 juin 1873; Cir. min. 30 avril et 24 mai 1875. — *Service sanitaire.* O. 7 août 1822; D. 24 décembre 1850; D. 22 février 1876.

133. Pour faciliter la protection qui leur est due par le consul, les Français résidant à l'étranger doivent se faire inscrire sur un registre tenu au consulat. Cette immatriculation a lieu sans frais. La chancellerie peut en délivrer des certificats qui donnent lieu à l'application du tarif.

134. Le droit de surveillance des consuls sur leurs nationaux est beaucoup plus étendu dans le Levant et en Barbarie, où il va jusqu'à l'expulsion du Français suspect en vertu de l'édit de 1778 (Voy. Echelles du Levant), que dans les pays de chrétienté, où il se réduit à vrai dire à un ascendant purement moral. En cas d'outrage commis contre sa personne, dans l'exercice de ses fonctions, par un Français, c'est devant les tribunaux français que le consul devrait en poursuivre la réparation, en vertu des articles 222 et 233 du Code pénal, 5 et 6 du Code d'instruction criminelle.

135. Nos consuls peuvent être parfois appelés à étendre eur protection sur des étrangers dans deux cas exceptionnels, savoir : 1° lorsque les étrangers n'ont ni consul, ni agent quelconque de leur nation dans le pays; 2° lorsque, par suite de la rupture des relations diplomatiques, ils se trouvent privés de leur propre consul, ou viennent en cas de péril imminent se réfugier sous notre pavillon. Toutefois, cette situation exceptionnelle ne donnerait pas compétence à nos consuls pour faire des actes relatifs à la personne des étrangers protégés, comme des actes de l'état civil; ceux-ci peuvent seulement remplir auprès de nos consuls les formalités relatives à la navigation et s'adresser à eux pour obtenir les certificats nécessaires d'arrivée, de départ, d'origine et autres. (Voy. n°s 154 et suiv.)

D'ailleurs, cette intervention ne peut être réclamée comme un droit par les étrangers. Elle ne peut non plus avoir lieu sans leur initiative. Enfin, quand elle consiste dans une démarche auprès de l'autorité locale, elle doit se borner à de bons offices.

136. En matière politique proprement dite, le rôle des consuls se borne à une mission d'information. Ils doivent tenir la direction politique du ministère des affaires étrangères au courant des événements survenus dans leur arrondissement et de nature à attirer l'attention du Gouvernement, rectifier au

besoin les informations de la presse et les devancer autant que faire se peut. Leur correspondance doit présenter un tableau aussi exact que possible du mouvement social, scientifique, religieux, de l'attitude des partis parmi les populations qu'ils sont à même d'observer directement. Ils ne doivent pas négliger surtout les renseignements militaires, les modifications apportées à l'organisation des troupes, à la mobilisation, au recrutement, les concentrations de forces sur certains points qu'ils sont parfois à même de surveiller de plus près que les agents diplomatiques placés dans la capitale. On n'a pas oublié qu'en 1870, tandis que les rapports les plus rassurants arrivaient de Berlin aux Tuileries, c'était du consulat de Francfort que partait le cri d'alarme sur les progrès militaires de nos voisins.

137. C'est encore à la direction politique qu'ils doivent rendre compte des difficultés qu'ils éprouvent dans le règlement des prises, en temps de guerre, et l'application des conventions diplomatiques. Mais en cette matière leur compétence et leur initiative sont primées par celles de l'agent diplomatique de leur nation, quand il y en a un.

138. *Fonctions judiciaires.* — Les pouvoirs judiciaires dévolus aux consuls, considérables à l'origine, se sont progressivement restreints en pays de chrétienté, à mesure que, d'une part, les Gouvernements se sont mieux rendu compte du principe de la souveraineté territoriale et y ont tenu plus sévèrement la main ; et que, d'autre part, le progrès des mœurs a permis aux gouvernements européens de laisser leurs nationaux plaider devant les tribunaux étrangers, sans que leurs intérêts fussent compromis. Tandis que les consuls sont restés les juges ordinaires de leurs compatriotes en Levant et en Barbarie (Voy. Echelles du Levant), ils n'exercent plus en Europe de juridiction proprement dite. Une instruction du 28 novembre 1833 leur a tracé leur devoir à cet égard. Elle fait remarquer que la seule base légale de la juridiction consulaire est dans l'ordonnance de 1681 dont l'article 12, titre IX, livre I, est ainsi conçu : « Quant à la juridiction, tant en matière civile que criminelle, les consuls se conforment à l'usage et aux capitulations faites avec les souverains des lieux de leur établissement. »

« La conséquence nécessaire de cet article, ajoute l'instruction, est que, si le droit de juridiction est conféré aux consuls, c'est à condition que l'exercice en demeurera subordonné soit à l'usage, soit aux traités existant entre la France et les différentes puissances près desquelles les consuls sont établis. Cette restriction est juste; car l'exercice de la juridiction comprenant le droit de commandement, un souverain ne saurait l'assurer à ses consuls en pays étranger, qu'avec l'agrément et par délégation, en quelque sorte, du souverain territorial. »

Or, aucune de nos conventions avec les pays chrétiens ne réserve une juridiction aux consuls en matière criminelle, ni même en matière contentieuse sauf une exception qui concerne les équipages des navires marchands.

Nos consuls, aux termes de plusieurs traités, sont seuls compétents pour régler les différends entre patrons et matelots de leur nation sur le payement des salaires; ils ont aussi la police intérieure des navires en tout ce qui n'intéresse pas l'autorité territoriale et la tranquillité publique. Mais ils ne peuvent cependant rendre des sentences exécutoires en pays étranger et leur intervention se réduit, en somme, à des mesures d'instruction ou à des arbitrages volontaires.

139. L'article 38 de la convention conclue le 9 mars 1861 entre la France et le Pérou dispose que : « Les consuls respectifs pourront régler amiablement et extrajudiciairement les différends survenus entre leurs nationaux relativement à des affaires commerciales, toutes les fois que les parties désireront se soumettre volontairement à un arbitrage de leur consul, dans lequel cas la décision arbitrale du consul, appuyée du consentement préalable donné par écrit par lesdites parties, obtiendra devant l'autorité territoriale la valeur d'un jugement exécutoire à l'égard des parties intéressées. » Le consul de France, en pareil cas, rend une véritable sentence arbitrale, à laquelle le traité, par dérogation aux principes de la souveraineté territoriale, attache l'*imperium*. Il ne fait pas à l'égard des parties acte de commandement et d'autorité, mais acte de juge. Il a été décidé, en conséquence, par le Conseil d'État au contentieux, que les sentences rendues en vertu de l'article précité ne pouvaient donner lieu à un re-

cours pour excès de pouvoirs devant la juridiction administrative (1).

140. L'instruction déjà citée du 29 octobre 1833 fait d'ailleurs aux consuls un devoir de limiter sagement eux-mêmes les bornes de leur compétence (2); elle veut éviter les reven-

---

(1) C. d'Ét. Cont., 19 décembre 1868. *Riedel*, p. 68.

(2) « L'intention de Sa Majesté est donc que les consuls, s'abstenant désormais de tout essai inutile ou dangereux, se bornent à la juridiction contentieuse qui leur est généralement reconnue par l'usage, à celle qu'a implicitement consacrée chez nous l'avis donné par le Conseil d'État en 1806, et dont les articles 15, 19 et 22 de l'ordonnance du 29 octobre dernier offrent une application; à celle, en un mot, qui, ne devant avoir son effet que sur notre territoire ou sur des navires couverts de notre pavillon, ne peut, dans aucun cas, être contrariée par l'autorité locale, et qu'ils attendent pour réclamer, s'il y a lieu, des droits plus étendus, les traités qui peuvent être conclus avec la puissance dans les États de laquelle ils sont accrédités, ou les directions du département des affaires étrangères.

« Ils songeront, si l'intérêt particulier vient quelquefois les solliciter de se départir de ces règles, qu'ils peuvent, en les perdant de vue, compromettre les intérêts généraux de leur mission, et s'exposer, par une démarche inconsidérée au mécontentement du roi.

« Plus sera, d'ailleurs, limité l'exercice de leurs fonctions judiciaires, plus ils devront s'efforcer le terminer à l'amiable les contestations que les Français leur déféreront à titre de conciliation.

« En cas de conciliation, ils feront signer aux parties des transactions dans les formes qui en garantissent le mieux la validité, et, s'il y a lieu d'en poursuivre l'exécution en France, ils en dresseront un acte authentique dans leur chancellerie.

« En cas de non-conciliation, au contraire, ils rédigeront un procès-verbal sommaire, pour servir ce que de droit.

« Les consuls devront, même dans tous les cas non spécifiés par l'article 1004 du Code de procédure civile, se charger des arbitrages qui leur seront déférés par les Français voyageant ou résidant à l'étranger, afin que les nationaux aient un moyen efficace de terminer les différends survenus entre eux, sans recourir à la justice territoriale et en témoignant aux officiers du roi la confiance qui leur est due. Le principal avantage de cette juridiction arbitrale, qui, suivant toute apparence, sera plutôt secondée que contrariée par les gouvernements étrangers, consistant, d'ailleurs, à fournir aux parties un titre exécutoire à la fois dans le pays et en France, les compromis doivent être rédigés suivant les formes valables dans le pays; mais, pour éviter en même temps que les actes des consuls soient soumis à des débats devant l'autorité territoriale, les compromis porteront expressément, et autant que possible avec stipulation de dédits pour en assurer l'effet, renonciation à tout appel et recours devant les tribunaux du lieu, et ils autoriseront les consuls à agir comme amiables compositeurs sans formalités de justice. Si leurs sentences doivent recevoir exécution en France, ils pourront en délivrer des expéditions auxquelles ils ajouteront le mandement d'exécution prescrit, pour les jugements rendus dans le royaume, par l'article 146 du Code de procédure civile. »

dications qui ne manqueraient pas de se produire à titre de réciprocité de la part des consuls étrangers en France. Il leur est enjoint au contraire de favoriser les arbitrages.

En matière judiciaire, les consuls ne sont donc en principe que des auxiliaires des tribunaux français.

Ils transmettent aux nationaux résidant dans leur arrondissement les notifications qui leur sont faites à la requête de particuliers résidant en France, et qui doivent être déposées au parquet du procureur de la République du domicile pour être, par lui, transmises au ministre des affaires étrangères, et, par celui-ci, adressées aux consuls. Ils en retirent des reçus qui sont envoyés au département des affaires étrangères.

C'est également par leur intermédiaire que peuvent être adressées les demandes d'actes, soit de France à l'étranger, soit de l'étranger en France.

141. Nous avons vu que c'est par la voie diplomatique que les tribunaux font passer les commissions rogatoires adressées aux tribunaux étrangers, mais ils peuvent réclamer des consuls eux-mêmes certaines mesures d'instruction n'entraînant pas d'acte extérieur de juridiction, par exemple une enquête dans laquelle des Français établis à l'étranger devraient être entendus, ou une constatation de lieux que le consul pourrait faire lui-même. La lettre rogatoire est, en ce cas, transmise au consul par le ministère des affaires étrangères, et il doit procéder à son exécution d'office et sans frais.

Les consuls sont également autorisés à déférer aux commissions rogatoires qui leur seraient adressées par des tribunaux étrangers pour entendre des Français fixés dans leur ressort.

Ils veillent au renvoi en France des individus inculpés de crimes et délits commis à bord de nos bâtiments, et font l'avance des frais nécessaires à leur détention provisoire et à leur voyage.

142. En matière contentieuse, les consuls sont souvent sollicités par des particuliers résidant en France, de les aider dans le recouvrement de créances ou de successions et dans la poursuite de procès à l'étranger. Ils ne doivent déférer à ces demandes qu'autant qu'elles leur sont transmises par le ministère des affaires étrangères, qui exige au besoin des parties

la consignation des frais nécessaires. Ils peuvent, à l'effet de recouvrer des créances contre particuliers, confier à un homme de loi du pays la procuration qui leur a été remise en blanc par l'intéressé. Les sommes provenant de recouvrements sont par eux adressées au ministère en bonnes traites à l'ordre des intéressés. Ni l'État, ni le consul ne peuvent être, à raison de cette intervention officieuse, condamnés à des dommages-intérêts envers un particulier, par le Conseil d'État statuant au contentieux, pour avoir mal géré les intérêts qu'il leur avait confiés (1).

143. L'une des attributions les plus importantes des consuls est la protection des intérêts de leurs nationaux absents. Sans aller jusqu'à se présenter en leur nom en justice, comme l'admettent quelques législations, notamment celle des États-Unis (voy. n° 112), nos consuls doivent avertir les autorités locales chargées de veiller aux biens des absents, provoquer officieusement les mesures nécessaires et faire les actes conservatoires, tels que le dépôt, séquestre, transport dans un lieu public de marchandises expédiées par des Français fixés loin de la résidence consulaire.

144. Lorsque la succession d'un Français s'ouvre en pays étranger, le consul doit faire parvenir à ses héritiers fixés en France l'acte de décès, l'inventaire des biens meubles et immeubles et l'état de l'actif et du passif. En l'absence d'héritiers présents sur les lieux, le soin d'administrer la succession appartient au consul, aux termes des conventions internationales les plus récentes. Si les héritiers présents sont mineurs, il peut pourvoir à la formation d'une tutelle ou à l'administration provisoire. Il provoque l'ouverture du testament, s'il y en a un, devant le juge du lieu, laissant d'ailleurs aux exécuteurs testamentaires le soin et la responsabilité de la gestion de la succession.

145. Si la succession s'ouvre *ab intestat*, l'autorité consulaire intervient pour en assurer la conservation au profit des ayants droit, dans la limite tracée par les traités. Un traité spécial, passé le 1er avril 1874 (2) avec la Russie, a réglé de la

_____

(1) Cont., 8 juin 1834. Boisfond, p. 528.
(2) Sirey, *Lois* 1874, p. 556.

manière la plus large les pouvoirs des consuls en cette matière. Les autorités locale et consulaire se préviennent réciproquement aussitôt que le décès d'un Français est parvenu à leur connaissance. Elles croisent leurs scellés, et procèdent simultanément à leur enlèvement et à la confection de l'inventaire. La délivrance de la succession est faite ensuite au consul qui peut faire vendre tous les objets d'une conservation difficile ou trop onéreuse, conserve les valeurs, touche les revenus, recouvre les créances, paye les frais de dernière maladie et autres créances privilégiées, fait les actes conservatoires, et administre provisoirement la succession pendant un délai de six mois, à partir des publications convoquant les créanciers et les héritiers à se présenter. A l'expiration de ce délai, s'il ne s'est produit aucune réclamation de créanciers ou s'ils ont été satisfaits, le consul, après avoir acquitté toute les charges successorales, entre définitivement en possession de la partie mobilière de la succession qu'il transmet aux héritiers et ayants droit, par l'intermédiaire du ministre des affaires étrangères (1).

Par dérogation au principe général, dans toutes les questions auxquelles pourront donner lieu l'ouverture, l'administration et la liquidation des successions de leurs nationaux, les consuls sont déclarés aptes à représenter les héritiers, tant en demandant qu'en défendant, devant toutes les autorités et tous les tribunaux compétents, sans avoir à justifier d'un mandat spécial. Il est toutefois bien entendu que les consuls ne pourront jamais être personnellement mis en cause, relativement aux affaires concernant la succession (2).

Ces dispositions s'appliquent également à la succession d'un Français décédé hors du territoire étranger, mais qui aurait laissé des biens dans l'arrondissement d'un consulat français (3).

Les gages et effets ayant appartenu aux matelots ou passagers français morts sur un navire russe seront remis entre les

---

(1) Art. 1 à 8. Convention 1er avril 1874.
(2) *Ibid.*, art. 9.
(3) *Ibid.*, art. 12.

mains du consul de leur nation qui les fait parvenir aux ayants droit (1).

La connaissance des contestations relatives à la succession des biens immobiliers appartient aux tribunaux du pays où sont situés les immeubles. Les contestations relatives à une succession mobilière sont portées devant le tribunal du domicile d'origine, à moins qu'un étranger de l'autre État n'y soit intéressé. Dans ce dernier cas, les réclamations sont jugées, si toutefois elles sont produites en temps utile, par le tribunal du lieu où le *de cujus* est décédé. Le reliquat, après que le contestant a été désintéressé, est remis au consul (2).

Si on parvient au terme de la liquidation de la succession sans qu'aucun héritier se soit présenté pour la recueillir, le produit doit être envoyé par le consul à la Caisse des dépôts et consignations.

146. L'infidélité ou l'abus de confiance qui serait commis par le consul chargé de représenter des héritiers français à une succession ouverte en pays étranger ne peut entraîner la responsabilité de l'État, sous le prétexte que c'est par l'intermédiaire du ministre des affaires étrangères que lesdits héritiers ont transmis au consul leurs mandat et procuration. Le ministre n'intervient qu'à titre officieux, sur la demande des parties intéressées et ne peut, par cet acte, engager l'Etat (3).

147. Il faut encore rattacher aux fonctions quasi judiciaires des consuls le devoir d'exercer une certaine protection tutélaire sur les mineurs, qui leur a été conférée par la loi brésilienne du 15 mars 1879, relative au contrat de louage de services agricoles. L'article 6 de cette loi dispose que « les mineurs de 21 ans seront assistés de leur père dans le contrat de louage de services ; les orphelins se feront assister de leurs tuteurs avec autorisation préalable du tribunal tutélaire ; si les orphelins sont étrangers, leur consul, s'il y en a un, devra les assister ».

148. FONCTIONS ADMINISTRATIVES. — Chaque consulat prolonge à l'étranger, dans la mesure où le respect de la souve-

---

(1) *Ibid.*, art. 13.
(2) *Ibid.*, art. 17.
(3) C. d'Ét. Cont., 6 décembre 1855. *Dumosle*, p. 701.

raineté territoriale le permet, l'action tutélaire ou le contrôle que l'administration exerce à l'intérieur dans un but d'utilité générale. De là une variété d'attributions qui fait des consuls les agents lointains de plusieurs départements ministériels.

État civil. — Le Code civil, articles 47, 48 et 170, donne aux Français résidant à l'étranger la faculté de faire rédiger les actes de l'état civil qui les concernent, à leur choix, par les autorités locales, suivant les formes usitées dans le pays, ou par le consul suivant les formes prescrites par le Code lui-même (1). Les devoirs des consuls à cet égard ont été tracés par l'ordonnance du 23 octobre 1833. Ils doivent se conformer strictement à toutes les prescriptions du Code civil sur la rédaction des actes, la tenue des registres et leur conservation. L'un des doubles des registres doit être envoyé chaque année en France, afin que des extraits puissent être délivrés à toute personne qui en fera la demande. Les consuls peuvent être ainsi appelés à recevoir des actes de naissance, de reconnaissance d'enfant naturel, de mariage, de décès ; à transcrire en marge des actes les arrêts d'adoption et les jugements de rectification émanés des tribunaux compétents.

149. Nous avons déjà eu l'occasion (n° 55) de rappeler que les consuls ne sont compétents que pour célébrer les mariages entre Français ; qu'un mariage entre un Français et une étrangère ne peut être célébré valablement que devant l'officier public du pays étranger (2). A plus forte raison, le mariage célébré entre deux étrangers par un consul français serait-il radicalement nul, comme ayant été célébré par un officier incompétent (3). (Voy. Ordonnance du 23 octobre 1833 et Circulaire du 4 novembre suivant.) Le domicile, quant au mariage, s'établit par six mois de résidence. « Un agent français n'a pas qualité, disent MM. Declercq et Vallat, pour marier des Français dont l'un ou l'autre ne serait établi dans son arron-

---

(1) Le droit de rédiger les actes de l'état civil avait déjà été reconnu aux consuls par un avis du Conseil d'État du 4 brumaire an xi.

(2) Cass., 10 août 1819. *Summaripa*, S. vol. 6, I, 111.—Cet arrêt célèbre a déclaré la nullité du mariage contracté le 6 novembre 1793 à Constantinople devant le vice-consul de France entre un Français et une femme turque.

(3) Tr. de la Seine, 6 mars 1833.

dissement depuis au moins six mois. » Les conditions relatives aux publications, au consentement des parents, aux actes respectueux, aux autorisations ministérielles pour les militaires et marins doivent être observées, ainsi que les formes sacramentelles de la célébration du mariage. Les consuls sont autorisés à dispenser dans les cas graves de la seconde publication, lorsqu'il n'y a pas d'opposition à la première.

150. Un projet de loi dont l'élaboration se poursuit en ce moment, tend à restreindre sensiblement, en matière d'actes de naissance et de décès, la compétence des consuls. A l'heure actuelle, les consuls ont seuls qualité pour dresser acte des naissances et des décès survenus à bord des navires français en relâche dans un port, siège d'un consulat français : ce n'est qu'en cas de naissance ou de décès pendant un voyage de mer ou lorsque pendant la relâche il y a impossibilité absolue de communiquer avec la terre que le capitaine du navire peut rédiger ces actes ; encore doit-il au premier port de relâche en remettre une expédition au consul. D'après les dispositions nouvelles, si elles étaient adoptées, les capitaines de navire pourraient dresser ces actes pendant toute la durée de la traversée, même pendant les relâches, aussi bien à bord des navires de commerce qu'à bord des bâtiments de l'État. Il en serait de même des actes de reconnaissance et des testaments, des actes de procuration, de consentement au mariage ou à l'engagement militaire, d'autorisation maritale.

151. *Passeports*. — Les consuls sont autorisés à délivrer des passeports pour toute destination aux Français qui les demandent ; ils peuvent les refuser pour des raisons graves ; par exemple, si un de leurs nationaux cherchait à quitter furtivement le pays pour se soustraire à ses créanciers ; ils ne doivent les accorder qu'après s'être assurés de l'identité du requérant, et suivant les formes prescrites qui comportent notamment l'inscription sur un registre spécial. Il leur est interdit d'en délivrer aux étrangers. Ils sont chargés de viser les passeports des étrangers qui le requièrent dans l'intention de se rendre en France ; mais ils peuvent refuser ce *visa* aux étrangers qui leur sont signalés comme devant être exclus ou ayant déjà été expulsés du territoire de la République.

152. *Légalisation*. — C'est aux consuls dans les postes con-

sulaires qu'il appartient de légaliser les signatures des actes qui, émanés d'officiers publics étrangers, doivent être produits et devenir exécutoires en France. Ils ne peuvent refuser la légalisation sous le prétexte que les actes sont irréguliers, car cette formalité ne comporte aucune appréciation de la valeur intrinsèque de l'acte ; mais ils doivent s'assurer de la sincérité de la signature de l'officier public, qui leur est soumise, et de la réalité des qualités qu'il prend dans l'acte. Ils légalisent d'ordinaire, quand ils en sont requis, les signatures de particuliers, apposées sous leurs yeux, ou accompagnées d'attestations des autorités locales en affirmant la sincérité.

Les expéditions délivrées par les agents consulaires délégués par les consuls sont légalisées par ces derniers. La même obligation ne s'étend pas aux actes émanés des vice-consuls rétribués par le département des affaires étrangères (1).

153. Les *certificats de vie* des rentiers viagers et pensionnaires de l'État sont délivrés par les consuls à l'exclusion des chanceliers qui n'ont pas, sous ce rapport, la plénitude d'attributions des anciens notaires certificateurs. (Voy. n° 194.)

154. *Certificats d'origine, d'expédition.* — Certaines marchandises importées en France étant soumises à des droits d'entrée différents, suivant qu'elles sont ou non le produit direct du pays qui les exporte, les chargeurs sont obligés de se pourvoir d'un titre attestant l'origine de la marchandise. Les consuls délivrent ces certificats d'origine, en s'entourant de tous les renseignements nécessaires pour vérifier la sincérité de la déclaration qui leur est demandée, et en précisant leurs énonciations, de telle sorte que le certificat obtenu ne puisse pas être frauduleusement appliqué à une autre cargaison.

Ils délivrent également les certificats d'expédition de certaines marchandises qui jouissent d'une modération de droits, suivant les conditions dans lesquelles elles sont importées.

Ils inscrivent au dos des acquits-à-caution, délivrés par la douane de départ, la décharge attestant que la marchandise a été déposée au lieu de destination, et délivrent aux chargeurs, munis d'un acquit-à-caution, et forcés de relâcher dans un port autre que le port de destination, un certificat attestant les

____

(1) D. 10 janvier 1881.

causes de la relâche, et décrivant les opérations auxquelles le capitaine a pu se livrer pendant le temps qu'elle a duré.

155. *Mesures sanitaires.* — Ceux de nos consuls qui sont établis dans des contrées réputées pour être le foyer de maladies contagieuses, doivent apporter le plus grand soin à tenir les autorités françaises constamment informées de l'état de la santé publique dans leur résidence; à cet effet, et à raison de l'urgence que peuvent présenter parfois leurs communications, ils sont autorisés à correspondre directement avec les commissions sanitaires établies dans nos ports. Les cinq maladies réputées pestilentielles sont : la peste d'Orient, la fièvre jaune, le typhus, la lèpre, le choléra-morbus asiatique. Les agents doivent en signaler l'apparition aussitôt qu'elle est constatée, sans se laisser aller à un scepticisme dangereux ni à une crédulité exagérée. Ils sont dans plusieurs postes assistés d'un médecin sanitaire, qui correspond de son côté avec le ministère du commerce et lui donne toutes les informations techniques; mais c'est néanmoins sous leur seule responsabilité qu'ils avertissent les autorités françaises.

156. Les bâtiments français venant de l'étranger doivent, en principe et sauf d'assez nombreuses exceptions, être munis, pour être admis à débarquer dans nos ports, d'une patente de santé délivrée par le consul français du port d'embarquement, et faisant connaître, d'une part, l'état sanitaire au moment du départ, et, de l'autre, le nombre des passagers et des gens de l'équipage, ce qui permet de constater les décès survenus en mer ou les embarquements frauduleux, et par cela même suspects.

Les bâtiments étrangers ne sont pas assujettis à la patente délivrée par nos consuls. On a craint des mesures de rétorsion. Cette obligation n'existe, à titre de représailles, que pour les navires espagnols partant des ports d'Espagne à destination de France.

Si la patente a été délivrée par l'autorité locale, le consul y appose son visa et peut y ajouter les observations qu'il croit utiles sur l'état sanitaire.

157. *Rapatriement.* — Les consuls veillent au rapatriement de leurs nationaux privés de ressources, les embarquent et font l'avance des frais de route. Mais ils ne doivent accorder

oette faveur qu'avec beaucoup de réserve aux indigents n'appartenant à aucun service public. S'il s'agit d'aliénés, les consuls ne doivent opérer le rapatriement que sur l'avis conforme d'un médecin.

Lorsqu'il y a lieu au transport en France du corps d'une personne décédée à l'étranger, ils doivent s'assurer que toutes les prescriptions sanitaires ont été remplies au départ, et délivrer une attestation et un acte d'identité, sur le vu desquels la douane française autorise l'entrée du corps (1).

158. *Recrutement.* — En ce qui concerne le service militaire, les consuls sont les agents extérieurs du recrutement des jeunes Français établis à l'étranger. Ils dressent chaque année un état comprenant : 1° les jeunes gens nés ou établis dans leur circonscription qui doivent atteindre, avant l'expiration de l'année, l'âge de vingt ans; 2° ceux des classes antérieures qui, n'ayant pas concouru au tirage, doivent être portés sur les tableaux de recrutement comme omis.

Faute par ces jeunes gens d'indiquer leur domicile d'origine en France, le consul leur assigne d'office un domicile de recrutement, savoir : Paris (6° arrondissement), pour l'Europe du nord; Besançon, pour la Suisse; Marseille, pour le bassin méditerranéen, sauf l'Espagne; Bordeaux, pour la Péninsule ibérique, l'Amérique du Sud et les côtes occidentales d'Afrique; le Havre, pour l'Amérique du Nord. Les jeunes gens sont prévenus par le consul : 1° que, faute par eux de se présenter au tirage dans ces localités ou à leur domicile d'origine, s'ils ont pu l'indiquer, le maire tirera pour eux; 2° qu'ils doivent adresser au préfet de leur département, avant les opérations du conseil de revision, les pièces justifiant les causes de dispense qu'ils pourraient avoir à invoquer. En cas d'infirmité, s'ils n'ont pas les moyens de se rendre en France pour se présenter devant le conseil de revision, le consul peut demander au préfet d'autoriser la visite sur place, et il lui en transmet le résultat qui est soumis au conseil de revision.

Les consuls n'ont pas qualité pour recevoir les engagements volontaires ni les engagements conditionnels d'un an.

Ils reçoivent du ministre de la guerre, par la voie hiérar-

____

(1) Circ. du novembre 1868.

chique, les livrets des hommes de la disponibilité ou de la réserve que la loi autorise à résider à l'étranger; ils leur transmettent ces livrets et en renvoient au ministre les récépissés ;
ils reçoivent et font connaître les déclarations de changements
de résidence; ils ne célèbrent pas le mariage d'un homme lié
au service, sans exiger la production des pièces établissant sa
situation sous le rapport militaire.

Le rapatriement aux frais de l'État est un droit pour les
militaires indigents en activité de service ou rappelés de l'activité, et le devoir des consuls est de faire ces avances, en les
renvoyant autant que possible par la voie de mer, sur les navires de l'État, ou les paquebots, ou faute de mieux par navire étranger à prix débattu. Des secours en argent et même
en vêtements doivent également être accordés aux militaires
en séjour forcé, suivant un tarif qui varie selon le grade et
la localité; ils doivent être mentionnés sur la feuille de route.
(*Sur le rapatriement des marins*, voy. n° 191.)

Ce sont les consuls qui délivrent leur feuille de route aux
déserteurs appelés à bénéficier d'un décret d'amnistie, ou qui
reçoivent la soumission des déserteurs qui se repentent et veulent rentrer en France pour se faire juger. Ils rapatrient les
uns et les autres aux frais de l'État en cas d'indigence.

159. Les titulaires de pensions militaires qui, pour échapper à la déchéance prononcée par l'ordonnance du 24 février
1832, veulent se pourvoir d'une autorisation de prolonger leur
séjour à l'étranger, doivent s'adresser au consul de leur résidence pour la demander, et faire, devant lui, la déclaration
qu'ils s'engagent à n'accepter aucune fonction publique à l'é-
tranger et à n'y fonder aucun établissement sans esprit de
retour.

160. *Fonctions commerciales.* — Les consuls coopèrent au
développement du commerce extérieur de la France par les
informations qu'ils font parvenir au gouvernement, sur l'état
et les besoins commerciaux des places où ils résident et des
pays où ils sont accrédités. Ces informations doivent embras-
ser le commerce d'importation et d'exportation, le mouvement
de la production indigène, les découvertes et nouveaux procédés industriels, l'état du marché pour les diverses natures
de marchandises, les développements de telle ou telle branche

d'échanges ou de telles ou telles relations internationales, l'appréciation de leurs causes, l'influence de la législation économique, fiscale ou douanière, le retentissement que pourraient avoir à l'étranger les mesures de même nature prises par le gouvernement français, les modifications à apporter dans les traités de commerce, la création de nouveaux services maritimes ou de nouvelles voies ferrées, en un mot tous les phénomènes et tous les incidents de nature à influer sur nos échanges avec les pays étrangers. A l'appui de ces données et pour les rendre plus claires, les consuls doivent envoyer périodiquement des tableaux synoptiques qui en présentent le résumé; il leur est recommandé de rédiger ces tableaux dans une forme qui permette de les communiquer au public.

Ils transmettent, en outre, au Gouvernement les lois et règlements étrangers relatifs au commerce, aux douanes, au régime des entrepôts; ils font connaître, par leur correspondance, le mouvement des fonds publics. On leur demande certaines informations spéciales sur la vente de la morue française, sur la culture du tabac dans les contrées qui alimentent nos manufactures, sur les entreprises de paquebots qui peuvent faire concurrence aux nôtres et sur leur situation financière, enfin sur le mouvement de la population française dans les pays étrangers.

161. Tous ces renseignements et ceux que les consuls jugent opportun d'y joindre pour instruire, soit le Gouvernement, soit le public, doivent être résumés dans un mémoire annuel qui embrasse l'ensemble des faits observés et en tire les conclusions. Une circulaire du 15 janvier 1877 a rappelé aux consuls le soin qu'ils doivent apporter dans cette partie de leurs travaux. Les publications rédigées par le Gouvernement, sous le nom de *Bulletin consulaire* ou d'*Annales du commerce extérieur*, laissent malheureusement beaucoup à désirer. On ne saurait mieux faire que de suivre, en cette matière, l'exemple des Anglais, qui publient *in extenso*, dans les *Parliamentary reports*, tous les rapports de leurs consuls, et en encouragent la publication dans les journaux anglais publiés dans la localité même où réside le consul. Cette large publicité est un stimulant pour l'agent, en même temps qu'elle permet aux nationaux fixés dans sa résidence, de se prononcer sur la jus-

tesse des vues exprimées, et de les contredire au besoin par la voie de la presse.

162. A cette mission d'informations, les consuls joignent, en matière commerciale, des attributions actives. Divers traités assurent aux commerçants français, à titre de réciprocité, la propriété exclusive, dans les pays d'exportation, des marques de fabrique dont ils auront régulièrement opéré le dépôt dans lesdits pays. Ce dépôt entrainant des formalités difficiles à remplir à distance, les chanceliers des consulats sont autorisés à s'en charger pour le compte des commerçants qui en font la demande au département des affaires étrangères en consignant les frais.

163. La loi du 26 novembre 1873 a ouvert pour les négociants la faculté de faire apposer par l'État, sur leurs marques de fabrique, un timbre ou poinçon destiné à en affirmer l'authenticité, moyennant le payement d'un droit proportionnel au prix de l'objet. La vente d'un objet ainsi timbré ou poinçonné, à un prix supérieur à celui auquel correspond le timbre apposé, constitue une contravention punie par l'article 4. La mise en vente d'objets revêtus d'une marque contrefaite ou d'un timbre contrefait est également punie. Les consuls à l'étranger ont qualité, aux termes de l'article 5, pour dresser les procès-verbaux de ces usurpations de marque et les transmettre à l'autorité compétente pour les réprimer.

164. FONCTIONS MARITIMES. — *Marine de l'État.* — Nous n'examinerons les nombreux objets qui vont être passés en revue dans ce pararagraphe et dans les suivants qu'au point de vue de la compétence des consuls. C'est sous la rubrique *Marine militaire* et *Marine marchande*, que les lecteurs du *Répertoire* trouveront ces matières traitées avec l'étendue qu'elles comportent.

Bien que placés sous la dépendance unique du ministre des affaires étrangères, les consuls entretiennent une correspondance directe avec le ministre de la marine. Ils le tiennent au courant du mouvement naval des ports où ils résident, des progrès de l'armement maritime, des agissements de la marine marchande, qui peuvent appeler le contrôle des navires de l'État. Ils lui transmettent les cartes hydrographiques, les avis relatifs à la création ou à la suppression des phares, à l'immersion des balises et corps morts, et lui rendent compte de tous les actes de surveillance qu'ils sont appelés à exercer sur les navires de commerce.

165. Ils n'ont plus à pourvoir aux approvisionnements de la flotte; mais c'est dans leurs chancelleries que l'administration de la marine passe à l'étranger ses marchés de subsistances, en s'entourant des renseignements que peuvent lui fournir les consuls sur la moralité et la solvabilité des soumissionnaires. Si une pièce comptable a besoin d'être légalisée, c'est au consul qu'en revient le soin.

Ce n'est qu'accidentellement que les consuls sont appelés à payer des dépenses de la marine de l'État; si cependant un bâtiment quitte le port sans avoir pu acquitter certaines dépenses, telles que frais de pilotage, loyer de magasins, achat de charbons, les consuls les acquittent et sont remboursés au moyen d'ordonnances délivrées par le ministre de la marine. Ils doivent des secours aux malades laissés à terre ou aux marins des bâtiments naufragés de l'État, et procèdent le plus promptement possible à leur rapatriement.

166. Ils remplissent à l'étranger les fonctions de trésoriers des invalides de la marine.

La caisse des invalides de la marine est, comme on le sait, un dépôt placé sous la surveillance du ministre de la marine, et comprenant trois catégories de fonds distincts par l'origine comme par l'emploi qui leur est assigné :

1° La *caisse des invalides*, proprement dite, perçoit tous les revenus dont l'ordonnance du 22 mai 1816 l'a dotée, et elle en forme un fonds de pension et de secours en faveur de tous les fonctionnaires de la marine;

2° La *caisse des gens de mer* reçoit, pour les marins absents ou leurs familles, les valeurs, objets et produits auxquels ils ont droit, et les conserve jusqu'à réclamation ou jusqu'à l'expiration des délais réglementaires, passé lesquels elle opère le versement à la caisse des invalides;

3° La *caisse des prises* reçoit le produit brut des prises faites par les navires de l'État jusqu'à la clôture des liquidations administratives qui en déterminent l'emploi. Après quoi, elle verse dans la caisse des gens de mer la part liquide qui revient aux captures, et dans la caisse des invalides les retenues réglementaires.

Les consuls perçoivent, pour la caisse des prises, le produit des prises qui se sont réalisées avant le jugement de confiscation; pour la caisse des gens de mer le produit des bris de naufrage et des sommes revenant aux marins absents lors des payements après désarmement; pour la caisse des invalides, la moitié de la solde ou des parts des déserteurs.

167. En temps normal, les rapports des consuls avec les commandants des bâtiments de l'État se bornent à des relations de politesse et à des renseignements officieux sur la conduite à tenir à l'égard des autorités locales. Ils ont droit à bord à certains honneurs (1). Ils n'ont aucune police à exercer sur les bâtiments. En cas de désertion d'un homme de l'équipage, le commandant avertit le consul qui met l'autorité locale en demeure d'opérer l'arrestation. La plupart des nations maritimes se sont engagées par traité à se rendre réciproquement les marins déserteurs.

168. Dans certaines circonstances critiques les consuls peuvent faire appel aux forces navales, retenir ou appeler un bâtiment en station dans leur port, et y chercher un refuge pour eux et leurs nationaux. C'est une extrémité à laquelle ils ne doivent pas facilement se résoudre.

169. *Marine marchande.* — A l'égard de la marine marchande, la mission des consuls consiste, d'une part, à protéger la navigation et le commerce de la France dans les ports étrangers, de l'autre, à assurer l'exécution des règlements auxquels sont soumis les navigateurs, armateurs et marins. Les attributions multiples qui découlent pour eux de cette double obligation sont expliquées avec détail dans l'ouvrage déjà cité de MM. Declercq et Vallat, auquel nous renvoyons pour les questions secondaires qui ne pourraient pas trouver place dans les numéros qui vont suivre. Nous examinerons ici les devoirs des consuls en ce qui concerne les conditions de navigation des bâtiments français, l'arrivée, le séjour et la sortie des navires dans les ports, les avaries, les désarmements et réarmements, les naufrages.

---

(1) D. 15 août 1851, art. 734.

170. *Surveillance des bâtiments français.* — Tout bâtiment naviguant sous pavillon français doit remplir certaines conditions dont les consuls sont chargés d'assurer l'observation. Il doit être pourvu d'un document appelé acte de *francisation,* qui constitue en quelque sorte son état civil, et d'une permission de prendre la mer ou *congé ;* en cas de perte de ces actes, dûment justifiée, le consul du premier port de relâche pourrait en délivrer d'analogues, à titre provisoire.— Les équipages français de navires vendus à l'étranger ne pouvant être embauchés sous un autre pavillon, le consul doit veiller à leur renvoi en France par les voies les plus directes.

171. Il doit y avoir à bord un mousse par dix hommes d'équipage, un chirurgien pour tout équipage dépassant vingt-deux hommes, un coffre de médicaments et une instruction sur la manière de les employer, quand, à défaut de chirurgien, le capitaine est autorisé à les administrer. Les fanaux et les pavillons doivent occuper certaines positions réglementaires. Les consuls veillent à l'exécution de toutes ces prescriptions et rendent compte au ministre de la marine des infractions, comme, en général, de tous les actes qu'ils sont appelés à faire à l'égard de la marine marchande.

Les visites avant chargement sont faites, en principe, en France, au départ. Si cependant un navire était armé dans le port de leur résidence, c'est aux consuls qu'il appartiendrait de faire procéder à la visite par experts, ainsi qu'à la visite trimestrielle des appareils des navires à vapeur.

172. Les consuls tiennent note sur un registre spécial du mouvement d'entrée et de sortie des navires français dans les ports de leur arrondissement, ainsi que du nombre des officiers et matelots de chaque équipage, et de la nationalité à laquelle ils appartiennent. Tous ces renseignements sont adressés par trimestre au ministère de la marine, qui peut ainsi constamment tenir les familles des marins au courant de leurs mutations. Les consuls ont le droit de réquisitionner pour le service public les navires de commerce. Il va de soi qu'ils ne recourront à cette mesure grave et coûteuse que dans des cas très exceptionnels de péril imminent ou de nécessité urgente.

173. *Arrivée des navires.*—Les consuls ne doivent négliger aucun moyen d'être informés immédiatement de l'arrivée des navires de leur nation dans le port. Dans les vingt-quatre heures, au plus tard, le capitaine se présente devant eux pour faire viser son livre de bord et déposer son rapport contenant tous les renseignements sur le navire, les armateurs, la cargaison, la route suivie et les incidents de la traversée. Les cas de capture ou d'abandon de navire donnent lieu à un rapport spécial et circonstancié. A l'appui du rapport, le capitaine dépose au consulat l'acte de francisation, le congé, le rôle d'équipage, les acquits-à-caution, connaissement et chartes parties, le journal du bord et, s'il y a lieu, les procès-verbaux et autres actes dressés pendant la traversée, en exécution des lois et règlements, enfin le manifeste contenant la description exacte de sa cargaison. Il remet au bureau de poste, sous la surveillance du consul, qui s'assure de l'intégrité des cachets, les sacs de dépêches qui lui ont été confiés scellés au départ par l'administration des postes.

L'obligation de remettre les papiers de bord reçoit deux exceptions : la première, dans les rades foraines où l'incertitude du temps peut forcer le navire à reprendre la mer à l'improviste : il y aurait de graves inconvénients, en ce cas, pour les capitaines à se dessaisir de leurs papiers de bord : la seconde, en ce qui concerne les paquebots à vapeur faisant escale dans les ports intermédiaires de la ligne qu'ils desservent.

En cas de relâche simple avant l'arrivée au port de destination, les capitaines font au consul une déclaration qui a reçu le nom de *petit rapport*. Si la relâche se prolonge plus de vingt-quatre heures, ils sont tenus de déposer leurs papiers de bord.

Pour les navires autres que les paquebots, mention de tout débarquement de passager doit être signée par le consul sur le rôle d'équipage ; aucun embarquement de gens de mer ne peut avoir lieu sans que le consul soit averti.

174. Outre ces prescriptions normales, les capitaines peuvent avoir à en remplir d'exceptionnelles. Ils remettent aux consuls les actes de l'état civil dressés pendant la traversée ; les inventaires des objets ayant appartenu aux marins décédés, ainsi que les effets eux-mêmes (sauf les paquebots, qui sont autorisés à rapporter les effets en France) ; enfin les épaves qu'ils ont recueillies en mer, quand le transport en France est impossible ou trop dispendieux. Le consul peut procéder à la vente des effets sujets à dépérir dépendant des successions, ainsi que des épaves ; il en envoie le produit à la caisse des gens de mer pour être réparti entre qui de droit.

175. Si un crime ou un délit a été commis en mer, le capitaine, auquel il appartient de faire les premières constatations, en fait rapport dès sa première relâche au consul, qui s'assure de la personne du délinquant et ordonne son renvoi en France. S'il s'agit d'un des délits spéciaux prévus par le décret du 24 mars 1852, il est déféré au tribunal maritime présidé par le consul.

Si un soupçon de crime pesait sur le capitaine, si notamment le navire s'était livré à la piraterie ou à la traite, le consul, après avoir réuni tous les éléments d'information, enverrait, soit le capitaine et le navire saisi, en France ou dans la colonie la plus voisine, avec l'assistance des bâtiments stationnaires de l'État.

En cas de plainte portée par un passager contre le capitaine, le consul ne pourrait empêcher les tribunaux locaux, s'ils étaient saisis, de retenir la connaissance de l'affaire, mais il interviendrait officieusement pour faire proclamer la compétence des tribunaux français.

176. *Séjour des navires.* — Pendant le séjour dans les ports, les navires sont soumis à l'autorité des consuls, à défaut de commandants de navires de l'État présents sur rade, pour tout ce qui concerne la police intérieure du bâtiment. Il importe, toutefois, de bien définir les limites de cette autorité. Elle ne va pas jusqu'à empêcher le capitaine d'infliger seul les punitions purement disciplinaires à charge d'en rendre compte par l'exhibition du livre de punitions. Elle s'arrête, d'autre part, devant l'autorité locale pour toutes les infractions qui, intéressant, soit la police du pays, soit des indigènes, motiveraient l'intervention des officiers publics territoriaux. Les consuls doivent, à cet égard, se pénétrer des dispositions du traité qui lie la France avec le pays où ils résident et détermine leur compétence.

Pour toutes les infractions commises à bord, qui n'intéressent que des Français, le consul intervient sur la réquisition du capitaine, soit pour déférer le délinquant au tribunal maritime (Voy., v° MARINE), soit pour provoquer le renvoi en France. Le délinquant essaye d'ordinaire de se soustraire à la répression en s'enfuyant à terre; le consul en réclame la recherche et la remise en qualité de déserteur, si c'est un marin; s'il s'agissait d'un passager, il devrait en faire demander l'extradition par la voie ordinaire.

Il appartient aux consuls d'interdire ou de limiter les permissions accordées aux équipages pour descendre à terre, s'ils jugent que l'abus de cette faculté soit de nature à occasionner des désordres.

177. La plupart des conventions consulaires attribuent compétence au consul pour trancher les contestations survenues entre patrons ou capitaines et gens d'équipage sur le règlement des salaires. Au cas contraire, c'est au tribunal de commerce du port d'armement qu'elles devraient être déférées.

178. En principe, il est interdit à un capitaine de congédier tout ou partie de son équipage à l'étranger. Cependant, le consul peut intervenir, soit pour autoriser le débarquement, en cas de maladie, ou d'indiscipline, soit pour l'ordonner d'office pour des motifs d'ordre public. Dans le cas de maladie, le capitaine est tenu de consigner les frais de maladie évalués en général à quarante jours de traitement. Dans tous les cas, le consul pourvoit au retour des marins débarqués.

En cas de rupture de voyage, le débarquement est de droit pour les hommes qui, embarqués pour un voyage déterminé, ne s'entendent pas avec le capitaine sur les nouvelles opérations qu'il s'est décidé à entreprendre.

Enfin le capitaine lui-même peut être débarqué, soit pour cause de maladie, soit à raison d'un crime par lui commis. Le consul pourvoit à son remplacement, au mieux des intérêts de l'armateur, et, la plupart du temps, par la nomination du second du bord, s'il remplit les conditions voulues.

179. Les capitaines forcés d'engager de nouveaux hommes d'équipage, en cours de voyage, contractent librement avec ceux qu'ils embauchent; mais ils doivent soumettre le rôle

modifié de l'équipage au consul, qui constate si, conformément aux prescriptions réglementaires, le tiers d'étrangers n'est pas dépassé dans la composition de l'équipage.

180. *Sortie des navires.* — Au moment de sortir du port, tout capitaine de navire français (sauf les paquebots en escale) remet au consul son manifeste de sortie, c'est-à-dire un état détaillé de la cargaison qu'il emporte, lequel est enregistré à la chancellerie et visé par le consul; il envoie aux armateurs un état de chargement contenant le détail de la cargaison, le tableau des emprunts par lui contractés. Les passagers qui ont à bord des marchandises assurées, laissent une copie du connaissement entre les mains du consul. Ces formalités ont pour but de prévenir les fraudes, en matière de douane ou d'assurance, et les difficultés, en cas de perte des marchandises.

181. Les consuls doivent délivrer les expéditions aux navires prêts à faire voile, dans le plus bref délai possible, au plus tard dans les vingt-quatre heures. A cet effet, ils remettent au capitaine son manifeste visé et enregistré, ses papiers de bord retenus jusque-là, son rôle d'équipage renouvelé quand il a plus d'un an de date et complété s'il y a lieu, sa patente de santé, délivrée par l'autorité locale ou par le consul, et, en tout cas, visée par ce dernier.

En ce qui concerne spécialement les paquebots remplissant un service public, les consuls doivent leur faciliter, par tous les moyens possibles, l'embarquement des valises et prévenir toutes les difficultés dans l'expédition, en vue d'assurer l'exactitude du service.

182. Tout capitaine rentrant en France est tenu de recevoir à son bord, moyennant une indemnité réglementaire ou fixée de gré à gré, les passagers que le consul lui enjoint d'embarquer d'office et qui peuvent être les matelots naufragés ou délaissés, les prévenus de crimes et délits relevant des tribunaux français, les militaires isolés, les indigents, les Français expulsés pour inconduite dans les pays du Levant, les condamnés appelants, les détenus pour crime. Ces embarquements d'office sont d'ailleurs limités à deux passagers par 100 tonneaux, sans pouvoir dépasser le cinquième de l'équipage.

183. *Avaries.* — Le capitaine, qui entre en relâche forcée dans un port autre que celui où il a pris charge ou celui à destination duquel est la cargaison, doit faire un rapport spécial au consul sur les circonstances qui ont occasionné ses avaries. Le consul se livre immédiatement à une contre-vérification par une enquête minutieuse auprès de l'équipage, et les déclarations ainsi recueillies prennent le nom de *protêt d'avarie.*

184. L'intervention du consul n'est obligatoire, pour la suite de la procédure d'avarie, que lorsqu'il y a lieu pour les capitaines de faire constater des avaries communes, de contracter un emprunt à la grosse, de provoquer une déclaration d'innavigabilité ou enfin de vendre leur bâtiment. Mais, en dehors de ces cas, les consuls peuvent être sollicités de diriger les opérations auxquelles donnent lieu la contestation et la réparation des avaries. Qu'ils agissent d'office ou à la requête des parties, voici ce qu'il leur est prescrit de faire. Ils nomment des experts chargés d'apprécier l'état du navire, les réparations à effectuer et leur montant effectif. Ils autorisent le capitaine à entreprendre les réparations reconnues nécessaires, ils constatent, en cas de déchargement de la cargaison, la partie du chargement encore existante, quand il y a eu jet à la mer. Il a été reconnu que les assureurs ou leurs représentants sont recevables à prendre part aux opérations qui précèdent et à présenter leurs dires et observations. Quand les opérations sont terminées, un procès-verbal d'expertise déposé au consulat constate la possibilité pour le navire de reprendre la mer. Si le capitaine n'a pas de fonds pour les payer, il obtient du consul l'autorisation de contracter un emprunt à la grosse, qui doit faire l'objet d'une adjudication publique pour éviter les fraudes. Une expédition de toute la procédure, après acquittement des frais, est rendue au capitaine par le consul qui donne avis de toute l'affaire au ministère de la marine.

185. Si le navire ne peut être mis en état de reprendre la mer, et si le capitaine ne peut s'en procurer un autre pour conduire la marchandise à destination, il y a lieu de procéder à la répartition proportionnelle des avaries. Il y est procédé, suivant les articles 414 à 417 du Code de commerce, par

des experts nommés par le consul qui rend leur règlement exécutoire.

186. Lorsqu'il arrive au port de destination, le capitaine qui craint que les événements de mer n'aient détérioré une partie de sa cargaison peut requérir du consul la nomination d'experts, à l'effet de constater que les dommages arrivés aux marchandises ne lui sont pas imputables. Si c'est le navire qui a souffert, il est procédé comme en cas de relâche forcée.

Quant au règlement des avaries grosses, nos consuls ne seraient compétents, sans discussion, que si leurs nationaux seuls étaient intéressés. S'il y a parmi les intéressés des sujets de l'État où réside le consul, il doit s'en rapporter, pour régler sa compétence, aux stipulations positives des traités qui, en général, consacrent pour ce cas la compétence du juge territorial.

187. *Armements, désarmements.* — Lorsqu'un navire de construction étrangère est acheté par un Français, dans un port étranger, il ne peut voyager sous pavillon français que sous la condition d'être muni de papiers de bord, qui sont délivrés par le consul, savoir : congé provisoire, journal de bord, rôle d'équipage, sur lequel le consul s'assure que deux tiers au moins des hommes embarqués sont Français. Il est donné du tout avis au ministre de la marine et par celui-ci au port de France où le navire doit venir réclamer la délivrance de ses titres définitifs.

188. Les consuls doivent concourir au désarmement des navires français qui perdent leur qualité, soit par une vente volontaire ou forcée, soit par une cause de force majeure, comme la confiscation ou la saisie. Dans tous ces cas, le consul doit s'assurer de la sincérité des titres qui autorisent la vente du navire, ou des circonstances qui en imposent l'abandon. En cas de confiscation par une autorité étrangère, il doit agir officieusement pour faire reconnaître les droits de ses nationaux s'ils sont violés ; mais l'insuccès de ses tentatives à cet égard ne peut entraîner une action en responsabilité contre l'État (1). Le consul retire les papiers qui constataient la nationalité du navire et les renvoie au ministre de la marine

---

(1) C. d'Ét. Cont., 26 avril 1855. *Du Penhoat,* Lebon, 55, 313.

avec le rôle de désarmement des marins ; après quoi, il passe la revue de l'équipage, veille au payement des salaires, à la consignation du reliquat du prix de vente et au rapatriement des hommes. Lorsque la vente a pour cause l'innavigabilité du bâtiment, constatée par les experts, c'est au consul qu'il appartient de prononcer la *condamnation* du navire et d'en autoriser la vente. Il a été jugé que le vice-consul, qui procède à ces opérations sans une autorisation spéciale, outrepasse ses pouvoirs et que l'État ne peut être déclaré responsable des sommes touchées à cette occasion et non remises par cet agent(1).

189. En cas de réarmement à l'étranger, par des propriétaires français, d'un navire français précédemment désarmé, le consul délivre un congé et un rôle d'équipage provisoires valables seulement jusqu'à la rentrée en France, passe la visite et s'assure de la présence à bord du chirurgien et du coffre de médicaments, conformément aux règlements.

190. Les consuls peuvent, sur la demande des capitaines et avec le consentement des équipages, réexpédier, pour de nouveaux voyages au long cours, les navires qui, arrivés à destination, veulent entreprendre une nouvelle campagne, sans rentrer en France ; et transformer, par un visa au rôle, les armements du cabotage en armements au long cours, lorsque d'ailleurs les conditions requises sont remplies.

191. *Naufrages, sauvetages.* — Dès qu'un naufrage parvient à leur connaissance, les consuls doivent employer tous les moyens à leur disposition pour venir au secours des naufragés, et prendre les mesures nécessaires pour le sauvetage du navire et de la cargaison. Leur compétence pour ces opérations est limitée par celle de la police locale ; mais la plupart des conventions consulaires ou spéciales, notamment le traité du 16 juin 1879 avec l'Angleterre, accordent aux consuls les pouvoirs les plus étendus et prescrivent même à l'autorité locale de se dessaisir, en leur faveur, lorsqu'elle a commencé les opérations.

Le premier soin des consuls doit être de dresser les actes de décès des naufragés dont on a pu retrouver les corps, de rédiger un procès verbal de disparition pour les autres, de se

____

(1) C. d'Ét. Cont., 1er juin 1854. *Fréret*, Lebon, 54, 522.

faire remettre ce qui a pu être sauvé des papiers de bord et de procéder à une enquête sur les circonstances du sinistre aussi approfondie que possible. Quant au sauvetage, l'intervention des consuls n'est pas nécessaire lorsque, le navire étant simplement échoué, le capitaine non démonté reste maître à son bord et seul chargé de diriger les manœuvres de renflouage, ou lorsque toutes les parties étant représentées s'entendent pour confier la direction du sauvetage à une tierce personne. Encore, dans ce dernier cas, le consul peut-il se saisir d'office pour des motifs graves dont il est seul juge.

192. Lorsque, tous les intéressés n'étant pas présents, il s'agit de la destruction partielle ou de la perte d'un bâtiment, le consul, après avoir réuni à l'équipage sauvé le nombre de travailleurs nécessaire, fait recueillir et emmagasiner tout ce que la mer a pu apporter à la côte, retirer la cargaison et, s'il se peut, relever la coque du navire (3). Il peut recourir à

---

(3) Pour l'exécution des opérations souvent fort difficiles que comporte le sauvetage soit du navire, soit de la cargaison, le consul peut passer des marchés avec des entrepreneurs de travaux de ce genre. Quelle est alors la nature du contrat qui intervient et quel est le juge qui doit connaître des contestations auxquelles donne lieu son exécution ? Le consul doit-il être considéré, en cette matière, comme un agent du Gouvernement, agissant dans un but général et supérieur de police maritime, en vue d'arracher à la mer les richesses qu'elle est sur le point de dérober à la société ? Et par suite, le contrat qu'il passe, pour cet objet, avec un entrepreneur doit-il être considéré comme un marché de travaux publics et son interprétation doit-elle être portée devant la justice administrative ? Ou, au contraire, doit-on considérer le consul, en pareil cas, comme un simple mandataire des intéressés, agissant en vue d'intérêts purement privés, et par suite renvoyer à l'autorité judiciaire les litiges auxquels pourrait donner lieu le contrat passé avec l'entrepreneur ?

Cette intéressante question s'est posée récemment devant le Conseil d'État statuant au contentieux. Le consul de France à Bahia avait retenu le cautionnement de l'entrepreneur du sauvetage du *Parana*. Les armateurs d'un côté et l'entrepreneur de l'autre prétendaient avoir droit à la remise de ce cautionnement, et les armateurs attaquaient devant le Conseil d'État la décision par laquelle le ministre de la marine en avait ordonné la remise à l'adjudicataire des travaux. La contestation ne portant pas en réalité sur le mérite des actes par lesquels le consul avait opéré la retenue, le Conseil d'État s'est déclaré incompétent, par le motif « qu'aucune disposition de loi n'autorise l'autorité administrative à connaître des difficultés auxquelles peuvent donner naissance *entre les tiers* les contrats passés par les consuls en vue d'opérer le sauvetage des navires dans l'intérêt des propriétaires ou armateurs; qu'il suit de là qu'il n'appartient pas au Conseil d'État de statuer sur le pourvoi formé contre la décision ministérielle qui, d'ailleurs, ne fait pas obstacle à ce que la

l'autorité locale pour la police des chantiers, et doit n'engager que les dépenses nécessaires, car il n'est pas sûr que le produit du sauvetage les dépassera. Ces opérations terminées, le consul procède à la répartition provisoire des frais entre les divers intéressés ; il fait vendre d'office les débris et la cargaison, s'il y a nécessité, pour acquitter les dépenses. Nous avons déjà vu plus haut (nᵒ 107) qu'il est interdit au consul de se rendre adjudicataire des objets ainsi mis aux enchères. Avec le produit de la vente, il paye : 1ᵒ les journées de travail des ouvriers et les dépenses de l'opération ; 2ᵒ les loyers des équipages échus le jour du sinistre, dans les cas où ces sommes ne doivent pas être envoyées en France pour être remises aux intéressés seulement lors de leur retour ; 3ᵒ enfin les frais accessoires de retour des marins naufragés non classés sous le titre de frais de rapatriement ; puis il procède par les voies ordinaires au rapatriement des équipages et adresse tous les documents et comptes relatifs au sinistre et à sa gestion au ministre de la marine.

§ 3. Chancelleries consulaires.

193. La chancellerie est le lieu où sont reçus et déposés les actes de la compétence des consuls et des chanceliers et où sont conservés les registres qui doivent être tenus dans les consulats au nombre de quatorze obligatoires.

194. Outre ces devoirs qui leur incombent comme secrétaires et auxiliaires du consul, les chanceliers (Voy. nᵒ 129) ont, comme compétence propre, des attributions analogues à celles des notaires en France. Aussi l'instruction du 30 novembre 1833 leur a rendu applicables la majeure partie des dispositions de la loi du 25 ventôse an xi sur l'organisation du notariat. Toutefois ils ne peuvent délivrer les certificats de vie, qui ne peuvent être signés que par les consuls. (Voy. nᵒ 138.) Cette compétence, ils l'exercent dans toute

---

contestation soit portée devant la juridiction compétente. » (C. d'Et. Cont., 31 mars 1827. *Comité des assurances maritimes de Bordeaux c. Tellez-Ribeiro.*) De cette décision, il est permis d'inférer *à contrario* que si la difficulté s'élevait entre l'entrepreneur et le consul sur l'exécution même du marché, la juridiction administrative se déclarerait compétente.

l'étendue de leur arrondissement consulaire, pour les actes passés, soit entre Francais, soit entre Francais et étrangers, mais devant recevoir leur exécution en France, Les actes de cette nature que les chanceliers sont, le plus souvent, appelés à recevoir, sont les contrats d'affrètement ou de nolisement, les polices d'assurance, les contrats à la grosse et les ventes de navires.

195. La réception des testaments en chancelerie étant au nombre des formes usitées au moment de la promulgation du Code civil, on en a conclu (Circ. min. 22 mars 1834) que les testaments ainsi reçus répondaient aux conditions fixées par l'article 999 pour la validité de ces sortes d'actes (1). Ceux qui sont faits en mer doivent être déposés en chancellerie au premier port de relàche.

De tous ces actes, les chanceliers délivrent des expéditions, des extraits, des grosses, ou des copies, sur la réquisition des parties. Ils en conservent les minutes. Ils peuvent, en outre, recevoir, en dépôt, des actes dressés sans leur concours et en délivrer des copies certifiées. Toutes les règles sur la responsabilité des dépositaires s'appliquent à eux.

196. Les chanceliers remplissent à l'étranger pour leurs nationaux le rôle que remplit à Paris la Caisse des dépôts et consignations. Les particuliers ont la faculté de remettre entre leurs mains les sommes, deniers ou valeurs dont ils veulent assurer la conservation. La gestion de ces dépôts appartient au chancelier agent comptable ; la surveillance est dévolue au chef de poste responsable d'un défaut de vigilance.

Les dépôts d'office, c'est-à-dire en vertu de sentence des consuls, quand ils exercent une juridiction, ou à la suite des sauvetages ou de successions dévolues à des absents, sont obligatoires pour les chanceliers. Ceux qui sont faits d'une manière purement volontaire ne doivent être refusés que pour des motifs sérieux. Il est dressé acte des uns et des autres sur un registre spécial. Tout dépôt donne lieu, en outre, à la délivrance d'une quittance a souche, portant l'évaluation fixe qui est donnée au dépôt quand il consiste en valeurs et effets nominatifs ou au porteur.

---

(1) *Voy.* Reynaud. *Op. cit,* p. 189

Les dépôts sont enfermés dans une caisse dont le chancelier conserve la clef, mais dont le chef de poste doit vérifier la situation toutes les fois qu'il le juge utile. La perte par force majeure ou le détournement par le dépositaire donnent lieu à l'application des règles communes aux dépôts de même nature en France. Lorsque le dépôt consiste en marchandises, les agents sont autorisés à les vendre au bout de deux ans, ou même plus tôt si la nécessité en est constatée par un procès-verbal d'experts. Lorsque les intéressés se trouvent en France, la valeur des dépôts doit être transmise immédiatement à la Caisse des dépôts et consignations ; dans tout autre cas, elle ne peut l'être qu'après cinq ans.

Le retrait des dépôts s'effectue suivant les mêmes formes que le versement, sur production de la quittance à souche et avec mention sur un registre spécial des remboursements. Des états sont adressés en double à la direction des fonds du ministère des affaires étrangères qui contrôle la régularité des opérations de trésorerie, et à la direction des consulats qui surveille l'exécution des règlements. La transmission des dépôts à la Caisse des dépôts et consignations est faite en traites à l'ordre du caissier général : elle est accompagnée des pièces justificatives : état de versement, bordereau quittancé des droits perçus et certificat du cours du change.

197. Les chanceliers sont chargés du maniement des deniers perçus, pour le compte de l'État, dans les postes consulaires ; ces deniers proviennent : 1° des droits déterminés par le tarif du 30 novembre 1875 ; 2° des bénéfices sur le change résultant de la conversion en traite des recettes ; 3° des dépôts en numéraire. Chacune de ces recettes est inscrite : 1° sur un registre de quittances à souches ; 2° sur un livre de détail ; pour celles qui s'appliquent à des actes tarifés, il doit, en outre, en être fait mention au bas de l'acte au moyen de la formule : *Solvit.*

198. Sous le régime des ordonnances de 1833, qui a duré jusqu'en 1877, les recettes des chancelleries n'étaient rattachées que pour ordre au budget général de l'État. Les versements se faisaient à une caisse spéciale, dite *fonds commun des chancelleries*, qui était chargée, d'autre part, de subvenir aux dépenses de personnel et de matériel, et, en cas d'insuffisance

de ressources, était alimentée par les fonds du Trésor. Le décret du 17 janvier 1877, remanié par celui du 30 avril 1880, a rattaché toutes les recettes des chancelleries au budget de l'État sous le titre de *produits des chancelleries diplomatiques et consulaires*. En conséquence, toutes les opérations sont centralisées entre les mains d'un fonctionnaire spécial, dit *agent comptable des chancelleries*, nommé sur la présentation du ministre des affaires étrangères avec l'agrément du ministre des finances, assujetti à un cautionnement de 20,000 francs, chargé de présenter à la Cour des Comptes l'ensemble des comptes qui lui sont adressés par les titulaires des divers postes. Cet agent est seul directement justiciable de la Cour; sauf son recours contre chacun des comptables dont il centralise les opérations. Toutes les recettes sont versées au Trésor.

En cas de trop-perçu il est délivré des ordonnances de restitution, au nom de l'agent comptable, si le remboursement doit se faire à Paris, au nom du chancelier percepteur, si le remboursement doit se faire dans un poste étranger. La quittance de la partie prenante est renvoyée pour justifier de la restitution.

199. Les dépenses sont également soumises au contrôle de la Cour des comptes par l'intermédiaire de l'agent comptable. Ces dépenses consistent dans :

1° Les frais de service et de chancellerie et pertes sur le change, qui sont liquidés par l'administration centrale sur états spéciaux transmis par les postes consulaires, appuyés de pièces justificatives ; le ministre des affaires étrangères fixe pour chaque poste le crédit annuel approximatif de ces frais de service. Mais ce crédit ne doit pas être considéré comme un fonds d'abonnement dans les limites duquel les agents peuvent se mouvoir, mais comme un maximum qu'ils ne peuvent dépasser et dont ils sont tenus de justifier l'emploi ;

2° Le payement des traites pour le compte du ministre des affaires étrangères, lorsque la présentation et le payement des traites sur l'encaisse de la chancellerie sont autorisés (Art. 13 et 14 du D. du 30 avril 1880);

3° Les envois de fonds ou traites à l'ordre du caissier-payeur central, et les avances pour divers correspondants administratifs ;

4° Les remboursements de dépôt;

5° Les dépenses concernant les naufrages.

Toutes ces dépenses et avances sont justifiées au moyen de la quittance de la partie prenante, et vérifiées par la Cour des comptes, d'un côté, au point de vue de la gestion, tandisque, de l'autre côté, la direction de la comptabilité exerce son contrôle sur la régularité des écritures, la tenue des registres, etc.

§ 4. Conventions consulaires en vigueur.

200. Nous donnons ici la liste des conventions consulaires entre la France et les pays de chrétienté ; on trouvera les autres au mot : *Echelles du Levant.*

— *Allemagne.* 10 mai 1871 (Art. 11). Appr. 18 mai 1871. (Sirey, *Lois*, 1871, p. 48.)

— *Autriche.* 11 décembre 1866. Appr. 19 décembre 1866. (Sirey, *Lois*, 1866, p. 102.)

— *Bolivie.* 9 décembre 1834. Appr. 26 juillet 1837. (Sirey, *Lois*, II, p. 377).

— *Brésil.* 10 décembre 1860. Appr. 17 mars 1861. (Sirey, *Lois*, 1861, p. 36.)

— *Chili.* 15 septembre 1846. Appr. 4 février 1850 (Sirey, *Lois*, 1850, p. 68.)

— *Danemarck.* 9 février 1842. Appr. 5 avril 1842. (Sirey, *Lois*, II, p. 706.)

— *Espagne.* 7 janvier 1862. Appr. 18 mars 1862. (Sirey, *Lois*, 1862, p. 21.)

— *Équateur.* 6 juin 1843. Appr. 28 mars 1845. (Sirey, *Lois*, 1845, p. 12.)

— *États-Unis.* 23 février 1853. Appr. 11 septembre 1853. (Sirey, *Lois*, 1853, p. 162.)

— *Grande-Bretagne*, 15 janvier 1787. (Martens, t. VIII, p. 351.)

— *Grèce.* 7 janvier 1876. Appr. 22 février 1878. (Sirey, *Lois*, 1878, p. 288.)

— *Italie.* 26 juillet 1862. Appr. 24 septembre 1862. (Sirey, *Lois*, 1862, p. 93.)

— *Nouvelle-Grenade.* 15 mai 1856. Appr. 14 septembre 1856. (Sirey, *Lois*, 1857, p. 141.)

— *Pays-Bas.* 8 juin 1855. Appr. 18 juillet 1855. (Sirey, *Lois*, 1855, p. 99.)

— *Portugal.* 11 juillet 1866. Appr. 27 juillet 1867. (Sirey, *Lois*, 1867, p. 186.)

— *Russie.* 1er avril 1874. Appr. 17 juin 1874. (Sirey, *Lois*, 1874, p. 535.)

— *Salvador.* 2 janvier 1858. Appr. 3 mars 1860. (Sirey, *Lois*, 1860, p. 14.)

— *Sandwich* (*Iles*). 29 octobre 1857. Appr. 21 janvier 1859. (Sirey, *Lois*, 1860, p. 6.)

— *Suède.* 30 décembre 1881. (En ce moment soumis à l'approbation des Chambres.)

— *Uruguay.* 18 avril 1836. Appr. 15 avril 1840. (Sirey, *Lois*, II, p. 574.)

— *Venezuela.* 24 octobre 1856. Appr. 12 août 1857. (Sirey, *Lois*, 1857, p. 131.)

Comme on le voit par l'énumération qui précède, il s'en faut de beaucoup que la France soit liée par des conventions, stipulant expressément l'envoi et les droits de ses consuls, avec tous les États où elle en entretient. C'est ainsi, par exemple, qu'aucun traité ne détermine les pouvoirs des consuls français en Belgique, bien que d'innombrables conventions aient réglé entre les deux pays les droits des Gouvernements et des nationaux, relativement à l'extradition, à l'état civil, à la propriété artistique, littéraire, industrielle, etc... Nous allons passer en revue les stipulations principales des diverses conventions internationales et définir la situation faite à nos consuls, dans les pays où ils exercent leurs fonctions sans qu'un traité soit intervenu pour les régler.

201. — Les traités qui unissaient la France au point de vue des relations consulaires avec le grand-duché de Bade, le Mecklembourg, la Prusse, se sont trouvés résiliés par l'unification de l'Allemagne du nord et le traité de Francfort. Du reste, il n'en avait jamais existé avec la Bavière, la Prusse, la Hesse, le Holstein, le Hanovre, la Saxe-Royale et le duché de Saxe-Weimar. Ces États se trouvaient, expressément ou non, compris comme aujourd'hui dans les traités passés entre la France et l'Empire Germanique. La formation du royaume d'Italie a également mis fin aux conventions consulaires avec

le royaume des Deux-Siciles, la Sardaigne, les États Romains, la Toscane. Le traité du 26 juillet 1862, dont nous parlerons plus loin, régit désormais nos rapports avec l'Italie aussi bien en ce qui touche les anciens, États, que ceux de Lucques, Parme, Plaisance, Guastalla, Modène, avec lesquels nous n'avons jamais passé de convention.

Les États avec lesquels nous n'avons jusqu'à ce jour aucune convention consulaire, aucune clause de traité politique réglant la situation, sont : la Belgique, le Pérou et la principauté de Monaco. Encore peut-on soutenir que la Belgique ayant fait partie des Pays-Bas est liée par les traités qui nous liaient avec ce royaume avant la séparation.

Quant au Mexique, le traité du 9 mars 1837 ne nous paraît pas avoir été remis en vigueur depuis que la guerre a fait cesser les relations diplomatiques avec cette république.

Dans les États qu'aucune convention ne lie avec nous, nos consuls jouissent des immunités déterminées, soit par les lois intérieures, soit par les usages consacrés par le droit des gens ; ils peuvent encore réclamer à titre de réciprocité de fait le traitement que nous accordons en France au consul du pays où ils résident. Leur compétence est limitée par les mêmes principes.

A l'égard de la République d'Haïti, des Provinces-Unies du Rio de la Plata et de la Suisse, des traités intervenus dans des circonstances politiques ont stipulé qu'il serait fait ultérieurement des conventions consulaires, sur la base du traitement de la nation la plus favorisée. Ces conventions ne sont pas venues. Mais la clause de la nation la plus favorisée autorise nos consuls à revendiquer tous les privilèges et toute l'extension d'attributions, qui seraient accordés dans ces États à d'autres nations.

C'est le régime du traitement réciproque sur le pied de la nation la plus favorisée qui préside explicitement et exclusivement à nos relations consulaires avec l'Allemagne en vertu du traité précité de Francfort (art. 11) ; avec la Nouvelle-Grenade (art. 24 du traité ci-dessus) ; avec la Suède et la Norvège (art. 10 du traité v. ci-dessus) ; avec l'Uruguay (art. 1er du traité v. ci-dessus).

Enfin, c'est aussi la seule clause qui régisse nos relations avec la Grande-Bretagne en vertu du traité du 15 janvier 1787, article 6, qui n'a jamais été ni abrogé ni développé par les traités postérieurs (1).

Quant aux autres conventions, tout en stipulant pour la plupart, accessoirement à leurs énonciations, le traitement de la nation la plus favorisée, elles entrent au sujet des immunités, prérogatives et attributions consulaires, dans des détails précis qui dominent la clause dont s'agit, et dans l'analyse desquelles il convient d'entrer.

202. *Établissements consulaires.* — Toutes les conventions stipulent la faculté réciproque pour les parties contractantes d'établir des consuls généraux, des consuls, vice-consuls ou agents consulaires dans les villes du territoire de l'autre partie.

Sur la présentation de leurs provisions, ces agents seront admis et reconnus, suivant les règles usitées dans le pays où ils doivent résider. L'*exequatur* leur sera délivré sans frais.

Aussitôt après leur admission, l'autorité supérieure de leur résidence donnera les ordres nécessaires pour qu'ils soient protégés dans l'exercice de leurs fonctions et pour qu'ils jouissent des immunités et prérogatives attachées à leur charge :

Autriche, art. 1. — Bolivie, 21. — Brésil, 1. — Chili, 19. — Espagne, 9. — Équateur, 19. — États-Unis, 1. — Grèce, 1. — Italie, 1. — Pays-Bas, 8. — Portugal, 1. — Russie, 1. — Salvador, 22. — Iles Sandwich, 16. — Venezuela, 1.

La convention avec les Pays-Bas (art. 3) et celle avec les États-Unis (art. 1) prévoient le retrait d'*exequatur* et réservent expressément cette faculté au Gouvernement qui le délivre, à charge de faire connaître ses motifs.

Certaines conventions réservent au Gouvernement le droit de désigner les localités où il jugerait convenable par exception de ne pas permettre un établissement consulaire. Mais elles ont soin d'indiquer que le gouvernement étranger ne

---

(1) *Voir* dans Ségur-Dupeyrou, *Histoire des négociations commerciales*, t. II, p. 475, l'histoire des préliminaires de ce traité. *V.* aussi Flassan, *Hist. de la diplomatie*, t. VII, p. 539.

pourrait imposer à la France une réserve qui ne serait pas commune à tous les autres États :

Autriche, art. 1. — Bolivie, 21. — Chili, 19. — Équateur, 19. — Espagne, 8. — Russie, 1. — Salvador, 22. — Iles Sandwich, 16.

Agents consulaires. — Les traités autorisent les consuls, lorsque d'ailleurs ils y sont autorisés par les lois de leur pays, à nommer des vice-consuls et agents consulaires, dans les villes et ports de leurs arrondissements respectifs, sauf l'approbation du gouvernement territorial. Ces agents pourront être indistinctement choisis parmi les Français ou les régnicoles comme parmi les étrangers et seront pourvus d'un brevet délivré par le consul sous les ordres duquel ils devront être placés :

Autriche, art. 7. — Brésil, 5. — Espagne, 16. — Grèce, 2. — Italie, 6. — Pays-Bas, 6. — Portugal, 4. — Salvador, 25. — Iles Sandwich, 19. — Venezuela, 5.

Le traité avec les Pays-Bas (art. 7) prévoit le retrait d'exequatur à ces agents consulaires à la charge de faire connaître les motifs de la décision.

Intérimaires. — En cas d'empêchement, d'absence ou de décès des consuls généraux et consuls, les élèves consuls (consuls suppléants), chanceliers ou secrétaires qui auraient été présentés antérieurement en leurs qualités respectives seront admis de plein droit à exercer, par intérim, les fonctions consulaires. Les autorités locales devront leur prêter assistance et protection et leur assurer, pendant leur gestion provisoire, la jouissance de tous les droits et immunités reconnus aux titulaires. Elles devront également donner toutes les facilités désirables aux agents intérimaires que les consuls désigneront pour remplacer momentanément les vice-consuls ou agents consulaires absents ou décédés :

Autriche, art. 5. — Brésil, 2. — Espagne, 15. — États-Unis, 2. — Grèce, 3. — Italie, 4. — Portugal, 3. — Salvador, 23. — Venezuela, 2.

Pour faciliter l'application de cette clause, les traités avec le Brésil (art. 2) et le Venezuela (art. 1er) prescrivent la remise au gouvernement local d'une liste de tout le personnel du consulat et la notification de tous les changements dont il est l'objet.

Ecussons. Pavillons. — Les consuls pourront placer au-dessous de la porte extérieure du consulat l'écusson des armes de leur nation avec l'inscription *consulat* ou *vice-consulat de France*. Ils pourront également arborer le pavillon de leur pays sur la maison consulaire aux jours de solennités publiques, religieuses ou nationales, ainsi que dans les autres circonstances d'usage ; où le hisser à bord de leur embarcation. Il est bien entendu que ces marques ne pourront jamais être interprétées comme constituant un droit d'asile, mais serviront avant tout à désigner aux matelots et aux nationaux l'habitation consulaire :

Autriche, art. 4. — Brésil, 2. — Grèce, 4. — Italie, 2. — Pays-Bas, 4. — Russie, 4. — Salvador, 33. — Venezuela, 2.

La convention avec l'Espagne (art. 13) n'autorise l'exercice de ce double privilège que pour les consuls qui ne résident pas dans la capitale où se trouve l'ambassade ou la légation de France.

Archives. — Les archives sont déclarées inviolables et les autorités locales ne pourront sous aucun prétexte, ni dans aucun cas, visiter ni saisir les papiers qui en feront partie :

Autriche, art. 5. — Bolivie, 23. — Brésil, 3. — Chili 21. —, Espagne, 14. — Équateur, 21. — États-Unis, 3. — Grèce, 5. — Italie, 5. — Pays-Bas, 5. — Portugal, 5. — Russie, 5. — Salvador, 24. — Sandwich, 18. — Venezuela, 3 :

Les traités avec la Grèce, l'Italie et le Portugal spécifient que ces papiers devront toujours être complètement séparés des papiers relatifs à l'industrie ou au commerce que pourraient exercer les consuls.

Réclamations. — Plusieurs conventions autorisent expressément les consuls à s'adresser aux autorités de leur arrondissement pour réclamer contre toute infraction aux traités

existant entre les deux pays ou contre tout abus dont leurs
nationaux auraient à se plaindre. Elles ajoutent que si leurs
réclamations n'étaient pas admises par ces autorités, ils pourraient avoir recours, à défaut d'un agent diplomatique de
leur pays, au gouvernement de l'État dans lequel ils résident

Autriche, art. 8. — Brésil, 4. — Espagne, 18. — États-
Unis, 4. — Italie, 7. — Pays-Bas, 6. — Portugal, 6. —
Venezuela, 4.

Le traité des Pays-Bas précise avec soin que ce n'est qu'en
justifiant de l'urgence et des motifs qui l'obligent à recourir
directement au Gouvernement, que le consul peut ainsi fran-
chir les échelons de la hiérarchie locale.

Comparution en justice. — Les consuls citoyens de l'État
qui les nomme ne sont pas tenus, d'après les conventions ci-
dessous relatées, de comparaître comme témoins devant
les tribunaux du pays de leur résidence. Si leur témoignage
est jugé nécessaire, la justice locale se transportera à leur domicile pour le recueillir de vive-voix ou le leur demandera
par écrit :

Autriche, art. 3. — Brésil, 2. — Espagne, 11. — États-
Unis, 2. — Italie, 3. — Portugal, 2. — Salvador, 23. — Iles
Sandwich, 17.

L'application de cette clause ayant donné lieu à des difficultés (v. n° 108), les conventions les plus récentes (Grèce
art. 6, Russie art. 3) spécifient que les consuls devront comparaître pour donner leur témoignage dans les causes criminelles où leur présence sera jugée indispensable et réclamée
par une lettre officielle de l'autorité judiciaire.

Le traité avec la Grèce, seul jusqu'ici, dans son article 7,
prévoit le cas où les consuls citoyens de l'État qui les nomme
seraient appelés à comparaître en justice dans une cause
civile où ils seraient personnellement intéressés. Ils ne peuvent y être tenus que si le tribunal saisi par un jugement avait
déféré le serment ou ordonné la comparution de toutes les
parties.

En toute autre matière, ils ne sont tenus de comparaître que sur une invitation expresse et motivée du tribunal saisi.

Immunités. Charges et Contributions. — Toutes les conventions consacrent explicitement au profit des consuls l'immunité personnelle et déclarent qu'ils ne pourront être arrêtés ni emprisonnés, si ce n'est pour les faits et les actes que la législation pénale du pays de leur résidence qualifie de crime et punit comme tels. S'ils sont négociants, la contrainte par corps ne pourra leur être appliquée que pour faits de commerce.

Quant aux charges de toutes sortes, les traités consacrent invariablement la distinction entre les consuls envoyés et les autres. Ils stipulent en conséquence que les consuls citoyens de l'État qui les nomme seront exempts des logements militaires et des contributions de guerre, ainsi que des contributions directes, tant personnelles que mobilières, imposées par l'État, ou les communes, ou le gouvernement fédéral ; mais s'ils possèdent des biens immeubles, de même que s'ils font le commerce, ou s'ils exercent quelque industrie, ils seront soumis à toutes les taxes, charges et impositions, qu'auront à payer les autres habitants du pays, comme propriétaires de biens-fonds, commerçants ou industriels :

Autriche, art. 2. — Bolivie, 22. — Brésil, 2. — Chili, 20. — Danemarck, 5. — Espagne, 10. — Équateur, 20. — Grèce, 9. — Pays-Bas, 13. — Portugal, 2. — Russie, 2. — Salvador, 23. — Iles Sandwich, 17. — Venezuela, 2.

Réception des actes. — Aux termes des conventions consulaires, les consuls ou chanceliers ont le droit de recevoir soit dans leur chancellerie, soit au domicile des parties, soit à bord des navires de leur nation, les déclarations que pourront avoir à faire les capitaines, les gens de l'équipage, les passagers, les négociants et tous les autres citoyens de leur pays. Ils sont également autorisés à recevoir, comme notaires, les dispositions testamentaires de leurs nationaux.

Ils ont le droit de recevoir tout acte notarié destiné à être exécuté dans leur pays et qui interviendra soit entre leurs nationaux seulement, soit entre un ou plusieurs de leurs nationaux et des personnes du pays de leur résidence. Ils pourront même recevoir les actes dans lesquels les citoyens du pays où ils résident seront seuls parties, lorsque ces actes contiendront des conventions relatives à des immeubles situés dans le pays du consul ou agent, ou des procurations concernant les affaires à traiter dans ce pays.

Quant aux actes notariés destinés à être exécutés dans le pays de leur résidence, les consuls auront le droit de recevoir tous ceux dans lesquels leurs nationaux seront seuls parties ; ils pourront en outre recevoir tous ceux qui interviendraient entre un ou plusieurs de leurs nationaux et des citoyens du pays de leur résidence, à moins qu'il ne s'agisse d'actes pour lesquels, d'après la législation du pays, le ministère d'officiers publics déterminés serait indispensable.

Lorsque les actes de cette nature auront rapport à des biens fonciers, ils ne seront valables qu'autant qu'un notaire ou un officier public du pays y aura concouru et les aura revêtus de sa signature.

Ces actes ainsi rédigés auront la même force et valeur que s'ils avaient été passés devant un notaire ou un autre officier public compétent de l'un ou l'autre pays, pourvu qu'ils aient été rédigés dans les formes voulues par les lois de l'État auquel le consul appartient et qu'ils aient été soumis au timbre, à l'enregistrement, et à toute formalité en usage dans le pays où l'acte devra recevoir son exécution.

Les expéditions, lorsqu'elles auront été légalisées par les consuls et scellées du sceau officiel de leur consulat, feront foi, tant en justice que hors justice, devant tous les tribunaux, juges et autorités tant de France que du pays contractant :

Autriche, art. 9. — Brésil, 4. — Espagne, 19. — Grèce, 10, 11. — Italie, 8. — Portugal, 7. — Russie, 9. — Venezuela, 6, 7.

Successions.— En matière de succession les pouvoirs des consuls ont été réglés de la manière la plus large par la convention spéciale passée avec la Russie le 1er avril 1874 et ratifiée par la loi du 17 juin 1874 (art. 1 à 10) (1) ; par

____

(1) Sirey, *Lois*, 1874, 556.

la convention spéciale passée avec l'Autriche le 11 décembre 1866 (art. 3 à 4) (1), et par les traités précités avec la Grèce(art. 12, 13, 14, 15), avec le Portugal (art. 8). Nous ne reviendrons pas sur l'analyse de ces stipulations que nous avons donnée n° 144. Ce qui les distingue, c'est qu'elles remettent au consul l'administration de la succession et dessaisissent à son profit les autorités locales, sans distinguer entre le cas où la succession s'ouvre *ab intestat* et celui où il existe un testament et des exécuteurs testamentaires, non plus qu'entre le cas où les héritiers sont présents et capables et celui où ils sont incapables ou absents. Elles spécifient que toutes les fois qu'une contestation relative à une succession en cours de règlement devant le consul sera portée devant les tribunaux locaux, le consul devra être appelé en cause, comme réprésentant ses nationaux absents.

D'après les conventions mentionnées ci-dessous au contraire, les consuls n'ont qualité pour procéder aux opérations de la succession que si le Français *de cujus* est mort sans avoir fait de testament ni nommé d'exécuteur testamentaire, ou si les héritiers, soit naturels, soit désignés par le testament étaient mineurs, incapables ou absents, ou si les exécuteurs testamentaires nommés ne se trouvaient pas dans le lieu où s'ouvrira la succession :

Brésil, art. 7. — Espagne, 20. — Équateur, 22. — Italie,9. — Salvador, 26. — Iles Sandwich, 20. — Venezuela, 8.

Le traité avec la Bolivie (art. 24) et celui conclu avec les Pays-Bas (art. 11) ne prévoient même l'intervention du consul que pour les cas où le Français viendra à décéder sans laisser d'héritiers connus ou d'exécuteur testamentaire. Ils ne spécifient rien pour le cas de minorité des héritiers ou d'absence des exécuteurs.

Enfin le traité avec le Chili (art. 23) est beaucoup plus restrictif quant aux actes que le consul est autorisé à faire. Il peut réprésenter les absents ; mais il ne peut recevoir les fonds provenant de la succession, qu'en vertu d'une procura-

---

(1) Sirey, *Lois*, 1866, 103.

tion spéciale, ni intervenir dans les inventaires, estimations, et autres actes semblables, pour faire respecter les droits de ses nationaux, que quand il y est invité par ces derniers.

S'il n'y a pas de consul ou d'agent consulaire sur les lieux de décès, l'autorité locale se saisit, mais elle doit remettre l'administration de la succession au consul dès qu'il se présente :

Grèce, art. 16. — Italie, 10. — Portugal, 9.

Certaines conventions stipulent expressément que quand il s'agit du décès des gens de mer, c'est le consul qui est toujours et exclusivement compétent :

Grèce, art. 18. — Espagne, 22. — Italie, 11. — Portugal, 10. — Autriche et Russie, conventions spéciales précitées, art. 6 et 13.

Police des navires de commerce. — *Contestations entre gens de mer.* — Sauf de légères nuances de rédaction, les conventions consulaires confèrent à nos consuls la police intérieure des navires de commerce français, tout en réservant aux autorités locales la police des ports et le soin de veiller à l'ordre public.

Elles stipulent que les consuls pourront aller personnellement ou envoyer des délégués à bord des navires de leur pays après leur admission à la libre pratique, interroger le capitaine et l'équipage, examiner les papiers du bord, recevoir les déclarations sur le voyage, la destination du bâtiment et les incidents de la traversée, dresser les manifestes et faciliter l'expédition du navire.

Les fonctionnaires de l'ordre judiciaire et administratif ne pourront en aucun cas opérer à bord ni recherches, ni visites, autres que les visites ordinaires de la douane et de la santé, sans prévenir auparavant, ou, en cas d'urgence, au moment même de la perquisition, le consul français.

Ils devront également donner en temps opportun au consul ou au vice-consul les avis nécessaires pour qu'il puisse assister aux déclarations que le capitaine et l'équipage auraient à faire devant les tribunaux ou les administrations du pays.

La citation qui sera adressée à cet effet au consul ou au vice-consul indiquera une heure précise, et, s'il ne s'y rend pas ou ne s'y fait pas représenter par un délégué, il sera procédé en son absence.

En tout ce qui concerne la police des ports, le chargement et le déchargement des navires et la sûreté des marchandises, on observera les lois, ordonnances et règlements du pays, mais les consuls seront chargés exclusivement du maintien de l'ordre intérieur à bord des navires marchands de leur nation, ils régleront eux-mêmes les contestations de toute nature, qui surviendraient entre le capitaine, les officiers du navire et les matelots, et spécialement celles relatives à la solde et à l'accomplissement des engagements réciproquement contractés.

Les autorités locales ne pourront intervenir que lorsque les désordres survenus à bord des navires seront de nature à troubler la tranquillité et l'ordre publics à terre ou dans le port, ou quand une personne du pays ou ne faisant pas partie de l'équipage s'y trouvera mêlée.

Dans tous les autres cas, les autorités locales se borneront à prêter leur appui aux consuls pour faire arrêter et conduire en prison tout individu inscrit sur le rôle de l'équipage contre lequel ils jugeraient convenable de requérir cette mesure :

Autriche, art. 10, 11. — Bolivie, 25. — Brésil, 8. — Chili, 22. — Espagne, 23, 24. — Équateur, 22, 23. — États-Unis, 8. — Grèce, 20, 21. — Italie, 12, — Pays-Bas, 12. — Portugal, 11, 12. — Russie, 10. — Salvador, 27. — Iles Sandwich, 21. — Venezuela, 9.

Remise des déserteurs.— Une des clauses les plus invariablement reproduites dans les conventions consulaires est celle qui permet aux consuls de faire arrêter et renvoyer soit à bord, soit dans leur pays, les marins et toute autre personne faisant, à quelque titre que ce soit, partie des équipages des navires de leur nation, qui auraient déserté.

A cet effet, ils devront s'adresser, par écrit aux autorités locales compétentes, et justifier au moyen de la présentation des registres du bâtiment ou des rôles de l'équipage, ou, si le navire était parti, en produisant une copie authentique de ces documents, que les personnes réclamées faisaient partie de l'équipage. Sur cette demande ainsi justifiée, la remise des déserteurs ne pourra être refusée.

On donnera, en outre, auxdits agents consulaires, tout secours et toute assistance pour la recherche et l'arrestation des déserteurs, qui seront conduits dans les prisons du pays et y seront détenus, sur la demande écrite et aux frais de l'autorité consulaire, jusqu'au moment où ils seront réintégrés à bord, ou jusqu'à ce qu'une occasion se présente de les rapatrier. Si toutefois cette occasion ne se présentait pas dans un délai qui varie entre deux et quatre mois, suivant les traités, ou si les frais de leur détention n'étaient pas régulièrement acquittés, les déserteurs seraient remis en liberté, sans qu'ils pussent être arrêtés de nouveau pour la même cause.

Si le déserteur avait commis quelque délit à terre, l'autorité locale pourrait surseoir à sa remise jusqu'à ce que la sentence du tribunal eût été rendue et eût reçu son exécution.

Les marins ou autres individus de l'équipage, citoyens du pays dans lequel s'effectuera la désertion, sont exceptés des stipulations de cette clause :

Autriche, art. 12. — Bolivie, 26. — Brésil, 9. — Chili, 24. — Danemarck, 6. — Espagne, 25. — Équateur, 24. — États-Unis, 9. — Grèce, 22. — Italie, 14. — Pays-Bas, 10. — Portugal, 13. — Russie, 12. — Salvador, 28. — Sandwich, 22. — Venezuela, 10.

La convention avec l'Espagne (art. 17) stipule en outre la remise des vagabonds aux consuls qui seront tenus de pourvoir à leur entretien, jusqu'à ce qu'ils aient trouvé une occasion de les rapatrier.

Règlement des avaries. — Toutes les fois qu'entre les propriétaires, armateurs et assureurs, il n'aura pas été fait de conventions spéciales pour le règlement des avaries qu'auraient éprouvées en mer les navires ou les marchandises, ce règlement appartiendra aux consuls, qui en connaîtront exclusivement si ces avaries n'intéressent que des individus de leur nation. Si d'autres habitants du pays où réside le consul s'y trouvent intéressés, celui-ci désignera dans tous les cas les experts qui devront connaître du règlement d'avaries. Ce règlement se fera à l'amiable, sous la direction du consul, si les intéressés y consentent, et dans le cas contraire, il sera fait par l'autorité locale compétente :

Autriche, art. 13. — Bolivie, 27. — Brésil, 10. — Chili, 25. — Espagne, 25. — Équateur, 25. — États-Unis, 10. — Grèce, 23. — Italie, 15. — Portugal, 15. — Russie, 13. — Salvador, 29. — Iles Sandwich, 23. — Venezuela, 11.

Sauvetage des navires naufragés. — Enfin le droit conventionnel remet au consul le sauvetage des navires naufragés. Il est entendu que, lorsqu'un navire appartenant au Gouvernement ou à des citoyens français fera naufrage, on échouera sur le littoral d'un pays où un consul français réside, les autorités locales devront avertir sans retard le consul ou l'agent consulaire, dans la circonscription duquel le sinistre aura eu lieu.

Toutes les opérations relatives au sauvetage des navires français, qui naufrageraient ou échoueraient dans les eaux territoriales de l'un des États mentionnés ci-dessous, seront dirigées par les consuls français. L'intervention des autorités locales n'aura lieu que pour assister les agents consulaires, maintenir l'ordre, garantir l'intérêt des sauveteurs étrangers à l'équipage et assurer l'exécution des dispositions à observer pour l'entrée et la sortie des marchandises sauvées.

En l'absence et jusqu'à l'arrivée des consuls ou de leurs délégués, les autorités locales devront prendre toutes les mesures nécessaires pour la protection des personnes et la conservation des objets qui auront été sauvés du naufrage.

L'intervention des autorités locales dans ces différents cas ne donnera lieu à la perception de frais d'aucune espèce, sauf toutefois ceux que nécessiteront les opérations du sauvetage, ainsi que la conservation des objets sauvés, et ceux auxquels seraient soumis en pareil cas les navires nationaux en France.

En cas de doute sur la nationalité des navires naufragés, les opérations seront de la compétence des autorités locales.

Les marchandises et effets sauvés ne seront sujets au payement d'aucun droit de douane, à moins qu'ils n'entrent dans la consommation intérieure :

Autriche, art. 14. — Bolivie, 28. — Brésil, 11. — Chili, 26. — Danemarck, 7. — Espagne, 27. — Équateur, 26. — États-Unis, 11. — Grèce, 24. — Italie, 16. — Pays-Bas, 9. — Portugal, 14. — Russie, 14. — Salvador, 30. — Iles Sandwich, 24. Venezuela, 12.

Les habitudes de pillage qui ont longtemps constitué, en faveur des habitants de certaines côtes, un droit connu sous le nom de *droit d'épaves,* se sont maintenues chez certains peuples européens, malgré les efforts de leurs législations. Les consuls doivent se souvenir qu'il est de leur devoir rigoureux de requérir le concours des autorités locales pour opérer la recherche et la saisie des marchandises et des effets divertis. La mission de protection qui leur est confiée à l'égard des intérêts de leurs compatriotes leur donne un pouvoir suffisant qui n'a pas besoin d'être écrit dans des traités internationaux.

LÉGISLATION.

Août 1681. — *Ordonnance sur la marine.*

Livre Ier. — Titre IX. — *Des consuls de la nation française dans les pays étrangers.*

Art. 1er. Aucun ne pourra se dire consul de la nation française dans les pays étrangers sans avoir commission de nous, qui ne sera accordée qu'à ceux qui auront *l'âge de trente ans.*

Art. 2. Le consulat venant à vaquer, le plus ancien des députés de la nation qui se trouvera en exercice fera la fonction de consul jusqu'à ce qu'il y ait été par nous pourvu.

Art. 3. Celui qui aura obtenu nos lettres de consul dans les villes et places de commerce des États du Grand-Seigneur appelées Échelles du Levant, et autres lieux de la Méditerranée, en fera faire la publication en l'assemblée des marchands du lieu de son établissement, et l'enregistrement en la chancellerie du consulat et aux greffes, tant de l'Amirauté que de la chambre de commerce de Marseille, et prêtera le serment suivant l'adresse portée par ses provisions.

Art. 4. Enjoignons aux consuls d'appeler aux assemblées qu'ils convoqueront pour les affaires générales du commerce de la nation, tous les marchands, capitaines et patrons français étant sur les lieux, lesquels seront obligés d'y assister, à peine d'amende arbitraire applicable au rachat des captifs.

Art. 5. Les artisans établis dans les Échelles, ni les matelots, ne seront admis aux assemblées.

Art. 6. Les résolutions de la nation seront signées de ceux qui y auront assisté, et exécutées sur les mandements des consuls.

Art. 7. Les députés de la nation seront tenus, après leur temps expiré, de rendre compte au consul du maniement qu'ils auraient eu des deniers et affaires communes en présence des députés nouvellement élus et des plus anciens négociants.

Art. 8. Le consul enverra, de trois mois en trois mois, au lieutenant de l'Amirauté et aux députés de commerce de Marseille, copie des délibérations prises dans les assemblées et des comptes rendus par les députés de la nation pour être communiqués aux échevins, et par eux et les députés du commerce débattus si besoin est.

Art. 9. Les consuls tiendront bon et fidèle mémoire des affaires importantes de leur consulat, et l'enverront tous les ans au secrétaire d'État ayant le département de la marine.

Art. 10. Faisons défense aux consuls d'emprunter, au nom de la nation, aucune somme des deniers des Turcs, Maures, Juifs ou autres, sous quelque prétexte que ce puisse être, de même de cotiser ceux de la nation, si ce n'est par délibération commune qui contiendra les causes et la nécessité, à peine de payer en leur nom.

Art. 11. Leur défendons en outre, à peine de concussion,

de lever plus grands droits que ceux qui leur seront attribués, et d'en exiger aucun des maîtres et patrons de navires qui mouilleront dans les ports et rades de leur établissement sans y charger ni décharger aucune marchandise.

Art. 12. Et quant à la juridiction, tant en matière civile que criminelle, les consuls se formeront à l'usage et aux capitulations faites avec les Souverains des lieux de leur établissement.

Art. 13. Les jugements des consuls seront exécutés par provision en matière civile, en donnant caution, et définitivement et sans appel, en matière criminelle, quand il n'écherra peine afflictive, le tout pourvu qu'ils soient donnés avec les députés et quatre notables de la nation.

Art. 14. Et où il écherrait peine afflictive, ils instruiront le procès et l'enverront avec l'accusé dans le premier vaisseau de nos sujets faisant son retour en notre royaume, pour être jugé par les officiers de l'Amirauté au premier port où le vaisseau fera sa décharge.

Art. 15. Pourront aussi les consuls, après information faite et par l'avis des députés de la nation, faire sortir des lieux de leur établissement les Français de vie et de conduite scandaleuses. Enjoignons à tous capitaines et maîtres de les embarquer sur les ordres du consul, à peine de cinq cents livres d'amende, applicable au rachat des captifs.

Art. 16. Les consuls commettront, tant à l'exercice de la chancellerie que pour l'exécution de leurs jugements et des autres actes de leur justice, telles personnes qu'ils en jugeront capables, auxquelles ils feront prêter le serment et dont ils demeureront civilement responsables.

Art. 17. Les droits des actes et expéditions de la chancellerie seront par eux réglés, de l'avis des députés de la nation française et des plus anciens marchands ; le tableau en sera mis au lieu le plus apparent de la chancellerie, et l'extrait en sera envoyé incessamment par chaque consul au lieutenant de l'amirauté et aux députés du commerce de Marseille.

Art. 18. Les appellations des jugements des consuls établis tant aux Echelles du Levant qu'aux côtes d'Afrique et de Barbarie ressortiront au parlement d'Aix, et tous les autres au parlement le plus proche du consulat où les sentences auront été rendues.

Art. 19. En cas de contestation entre les consuls et les négociants, tant aux Echelles du Levant qu'aux côtes d'Afrique et de Barbarie pour leurs affaires particulières, les parties se pourvoiront au siège de l'Amirauté de Marseille.

Art. 20. Le consul sera tenu de faire l'inventaire des biens et effets de ceux qui décéderont sans héritier sur les lieux, ensemble des effets sauvés de naufrages, dont il chargera le chancelier au pied de l'inventaire, en présence de deux notables marchands qui le signeront.

Art. 21. Si toutefois le défunt avait constitué un procureur pour recueillir ses effets, ou s'il se présente un commissionnaire porteur du connaissement des marchandises sauvées, les effets leur seront remis.

Art. 22. Sera tenu le consul d'envoyer incessamment copie de l'inventaire des biens du décédé et des effets sauvés des naufrages aux officiers de l'Amirauté et aux députés du commerce de Marseille, auxquels nous enjoignons d'avertir les intéressés.

Art. 23. Tous actes expédiés dans les pays étrangers où il y aura des consuls ne feront aucune foi en France s'ils ne sont par eux légalisés.

Art. 24. Les testaments reçus par le chancelier dans l'étendue du consulat, en présence du consul et de deux témoins, et signés d'eux, seront réputés solennels.

Art. 25. Les polices d'assurances, les obligations à grosse aventure ou à retour de voyage, et tous autres contrats maritimes, pourront être passés en la chancellerie du consulat, en présence de deux témoins qui signeront.

Art. 26. Le chancelier aura un registre, coté et paraphé en chaque feuillet par le consul et par le plus ancien des députés de la nation, sur lequel il écrira toutes les délibérations et les actes du consulat, enregistrera les polices d'assurances, les obligations et contrats qu'il recevra, les connaissements ou polices de chargement qui seront déposées en ses mains par les mariniers et passagers, l'arrêté des comptes des députés de la nation, et les testaments et inventaires des délaissés par les défunts ou sauvés des naufrages et généralement les actes et procédures qu'il fera en qualité de chancelier.

Art. 27. Les maîtres qui abordent les ports où il y a des consuls de la nation française seront tenus, en arrivant, de leur représenter leurs congés, de faire rapport de leur voyage, et de prendre d'eux, en partant, un certificat du temps de leur arrivée et départ, et de l'état et qualité de leur chargement.

. . . .

. . . .

Livre III. — Titre XI. — Art. 7. Pourra aussi le consul vendre les hardes et meubles des mariniers et passagers, les faire apporter, pour cet effet, au pied du mât et les délivrer au plus offrant, dont sera tenu état par l'écrivain et compté par le maître.

Juin 1778. — *Édit du roi portant règlement sur les fonctions judiciaires et de police qu'exercent les consuls de France en pays étrangers* (1).

Louis, etc.....

Parmi les fonctions que remplissent nos consuls dans les pays étrangers, et particulièrement dans les Échelles du Levant et de Barbarie, pour y protéger le commerce de nos sujets, nous avons fixé nos regards sur l'administration de la justice ; nous avons reconnu que, d'après les ordonnances rendues à cet égard les affaires doivent être instruites devant nos consuls par les voies les plus simples et les plus sommaires, et que cependant les mêmes ordonnances ne les affranchissent pas expressément des formalités observées dans notre royaume, qui sont la plupart impraticables sous une domination étrangère. Voulant ne rien laisser à désirer sur une matière aussi

---

(1) A l'époque où cet édit fut rendu, les consulats relevaient du ministère de la marine ; tout le service consulaire ayant été rattaché depuis lors au ministère des affaires étrangères, c'est vis-à-vis de ce dernier département que les agents doivent aujourd'hui remplir les obligations que le texte de l'édit leur impose à l'égard du ministère de la marine et sur lesquelles il n'a pas été statué par des lois ou ordonnances postérieures.

intéressante pour le commerce maritime, nous avons jugé qu'il était à propos d'établir sur la juridiction qu'exercent nos consuls en pays étrangers, et sur les procédures civiles et criminelles qu'ils instruisent, des règles faciles à observer, et d'après lesquelles ils rendront la justice dans les différents consulats; d'une manière uniforme et avec toute la célérité requise. A ces causes, et autres à ce nous mouvant, de l'avis de notre conseil, et de notre certaine science, pleine puissance et autorité royale, nous avons dit, déclaré et ordonné, disons, déclarons et ordonnons, voulons et nous plaît ce qui suit :

Art. 1er. Nos consuls connaîtront en première instance des contestations, de quelque nature quelles soient, qui s'élèveront entre sujets, négociants, navigateurs et autres dans l'étendue de leurs consulats; nosdits consuls pourvoiront, chacun dans son district, au maintien d'une bonne et exacte police entre nosdits sujets, de quelque qualité et condition qu'ils puissent être, soit à terre, soit dans les ports et dans les différents mouillages et rades, où les navires de commerce font leur chargement et leur déchargement; ordonnons à nosdits consuls de rendre fidèlement la justice ; et, attendu l'éloignement des lieux où ils sont le plus souvent attachés au service des consulats, lors de leur nomination, les dispensons de prêter serment.

Art. 2. Faisons très expresses inhibitions et défenses à nos sujets voyageant, soit par terre, soit par mer, ou faisant le commerce en pays étrangers, d'y traduire, pour quelque cause que ce puisse être, nos autres sujets devant les juges ou autres officiers des puissances étrangères, à peine de quinze cents livres d'amende, au payement de laquelle les contrevenants seront condamnés et contraints par corps à la diligence de nos procureurs généraux de nos cours de parlement où ressortiront les appels.

3 mars 1781. — *Ordonnance concernant les consulats.* Voy. ÉCHELLES DU LEVANT.

11 décembre 1789. — *Arrêté sur une demande faite par les ambassadeurs relativement à leurs immunités.*

M. le président ayant fait lecture d'une lettre à lui adressée par le ministre des affaires étrangères, dans laquelle il demande, au nom des ambassadeurs et ministres étrangers, l'explication d'une réponse de l'Assemblée à la Commune de Paris, relativement aux recherches dans les maisons privilégiées ;

L'Assemblée nationale a décidé que la demande de MM. les ambassadeurs et ministres étrangers devait être renvoyée au pouvoir exécutif ; mais que, dans aucun cas, elle n'avait entendu porter atteinte, parses décrets, à aucune de leurs immunités.

16 octobre 1790. — *Décret qui fixe la forme du serment civique à prêter par les ministres plénipotentiaires, les ambassadeurs, les envoyés, les consuls, etc.* (Bull., t. VII, p. 165.)

17 novembre—1er décembre 1790. — *Décret relatif au serment des ambassadeurs et autres agents diplomatiques français en pays étrangers.* (Bull., t. VIII, p. 96).

3 septembre 1791. — *Constitution,* titre III, chapitre II, section III, article 5.

Les membres de la famille du roi, appelés à la succession éventuelle du trône, jouissent des droits de citoyen actif, mais ne sont éligibles à aucune des places, emplois ou fonctions qui sont à la nomination du peuple.

A l'exception des départements du ministère, ils sont susceptibles des places et emplois à la nomination du roi ; néanmoins ils ne pourront commander en chef aucune armée de terre ou de mer, ni remplir les fonctions d'ambassadeurs qu'avec le concours du Corps législatif, sur la proposition du roi.

5-8 juillet 1792. — *Décret qui fixe les mesures à prendre quand la patrie est en danger*

Art. 16. Tout homme résidant ou voyageant en France est tenu de porter la cocarde nationale. — Sont exceptés de la présente disposition les ambassadeurs et agents accrédités des puissances étrangères.

13 ventôse an II. — *Décret relatif aux envoyés des gouvernements étrangers.*

La Convention nationale interdit à toute autorité constituée d'attenter en aucune manière à la personne des envoyés des gouvernements étrangers; les réclamations qui pourraient s'élever contre eux seront portées au comité de salut public, qui seul est compétent pour y faire droit.

6 fructidor an II. — *Décret qui décide qu'à l'avenir les envoyés introduits auprès de la Convention nationale ne seront entendus qu'après la lecture de leurs lettres de créance. (Bull., t. XLVI, p. 40.)*

28 vendémiaire an VI. — *Arrêté du Directoire exécutif, qui fixe l'indemnité de frais d'établissement des agents extérieurs.*

2 ventôse an VI.—*Décret qui enjoint aux plénipotentiaires étrangers qui ne sont pas accrédités de quitter Paris dans les trois jours et la France dans les dix jours. (2e Bull., n° 1738.)*

26 vendémiaire an VII. — *Arrêté du Directoire exécutif.*

Considérant..... Les agents extérieurs de la République seront responsables de la publicité de tout article imprimé qui pourrait être rédigé d'après leur correspondance privée sur des objets politiques.

22 messidor an VII. — *Arrêté du Directoire exécutif qui règle la marche à suivre pour les affaires dont sont chargés les officiers consulaires des nations étrangères en France*

Art. 1er. Les consuls généraux, vices-consuls, commissaires, sous-commissaires ou agents de la marine et du commerce des nations étrangères dans la République française, communiquent directement avec les autorités judiciaires et administratives de leur arrondissement respectif.

Art. 2. Lorsque, par une suite de leurs relations avec lesdites autorités, ils sont dans le cas de recourir aux divers ministères de la République, ils le font par l'intermédiaire de l'ambassadeur, envoyé, ministre, résident ou chargé d'affaires de leur nation, lequel s'adresse au ministre des relations extérieures.

Art. 3. Le consul général peut lui-même être l'intermédiaire des autres agents consulaires de sa nation, à défaut d'ambassadeur, envoyé, ministre, résident ou chargé d'affaires.

22 messidor an VII. — *Arrêté du Directoire exécutif.*

Art. 1er. Les étrangers accrédités de quelque manière que ce soit près du gouvernement, et ceux qui se trouvent occasionnellement sur le territoire de la République, par suite d'opérations politiques auxquelles il a pris part, n'ont de rapport direct qu'avec le ministre des relations extérieures.

Art. 2. Ils ne communiquent que par son intermédiaire avec les autres ministres.

3 floréal an VIII. — *Arrêté qui divise en grades le service du département des relations extérieures pour la partie des agences politiques. (3e Bull., t. XLIV, n° 321.)*

18 germinal an X. — *Arrêté relatif aux formalités à observer par le cardinal Caprara, légat à latere, pour l'exercice des facultés énoncées dans la bulle du 24 août 1801. (6 fructidor an IX.)*

Art. 1er. Le cardinal Caprara, envoyé en France avec le titre de légat *à latere*, est autorisé à exercer les facultés énoncées dans la bulle donnée à Rome le 6 fructidor an IX, à la charge de se conformer entièrement aux règles et usages observés en France en pareil cas, savoir : 1° il jurera et promettra, suivant la formule usitée, de se conformer aux lois de l'État et aux libertés de l'Église gallicane, et de cesser ses fonctions quand il en sera averti par le premier consul de la République ; 2° aucun acte de la légation ne pourra être rendu public, ni mis à exécution, sans la permission du gouvernement ; 3 le cardinal-légat ne pourra commettre, ni déléguer personne sans la même permission ; 4° il sera obligé de tenir ou de faire tenir registre de tous les actes de la légation ; 5° sa légation finie, il remettra ce registre et le sceau de sa légation au conseiller d'État chargé de toutes les affaires concernant les cultes, qui le déposera aux archives du gouvernement ; 6° il ne pourra, après la fin de sa légation, exercer directement ou indirectement, soit en France, soit hors de France, aucun acte relatif à l'Église gallicane.

Art. 2. La bulle du pape, contenant les pouvoirs du cardinal-légat, sera transcrite en latin et en français sur les registres du Conseil d'État. Elle sera insérée au *Bulletin des Lois*.

24 messidor an XII. — *Loi*.....

Titre XIII. — Art. 1ᵉʳ. Il ne sera, sous aucun prétexte, rendu aucune espèce d'honneurs militaires à un ambassadeur français ou étranger sans l'ordre formel du ministre de la guerre.

Art. 2. Le ministre des relations extérieures se concertera avec le ministre de la guerre pour les honneurs à rendre aux ambassadeurs français ou étrangers. Le ministre de la guerre donnera des ordres pour leur réception.

Art. 3. Il en sera des honneurs civils pour les ambassadeurs français ou étrangers, ainsi qu'il est dit ci-dessus pour les honneurs militaires.

6 frimaire an XII. — *Honneurs à rendre par la marine militaire.*

7 ventôse an XIII. — *Lettre du ministre des relations extérieures*, portant que les contributions indirectes sur les droits de consommation, les droits de douane, les taxes des routes, péages et droits d'octroi, sont des charges que les agents étrangers des relations commerciales (consuls) sont tenus de supporter comme les simples particuliers ; il en est autrement en matière de contributions personnelles et directes, dont ces agents sont affranchis

8 août 1814. — *Instruction générale pour les consuls en pays étranger.*

Pour que les consuls puissent apporter, dans l'exercice de leurs fonctions, un esprit qui y soit approprié, il faut qu'ils aient une idée précise de la nature de leur mission et des attributions de leur charge.

Les consuls n'ont point, comme les ambassadeurs et autres ministres publics, un caractère représentatif qui les place sous le droit des gens; ce sont des agents politiques, mais seulement en ce sens qu'ils sont reconnus par le souverain qui les reçoit comme officiers du souverain qui les envoie, et que leur mandat a pour principe soit des traités positifs, soit l'usage commun des nations ou le droit public en général.

Les attributions de la charge des consuls participent nécessairement de la nature de leur mission. Elles ne sont pas, comme celles des ambassadeurs, définies par le droit des gens; par conséquent, elles peuvent être étendues et limitées dans les différents États, ou par des traités, ou selon les maximes de la législation de ceux de ces États avec lesquels nous n'avons pas de traité relativement à l'exercice des fonctions consulaires. Ainsi, quoique les consuls soient investis par leur nomination de toute l'autorité que les ordonnances ont attachée à cette charge, cependant, comme ils ont à la remplir sur un territoire étranger, et en vertu d'un acte émané du souverain territorial, l'exercice de cette autorité peut être plus ou moins restreint.

Là où les attributions des consuls sont déterminées par des traités, ils doivent en jouir selon les stipulations desdits traités. Dans les États où nous n'avons point de ces sortes de conventions, les consuls peuvent prétendre aux attributions consulaires telles qu'elles sont établies par le droit commun de l'Europe et telles que la France les accorde aux consuls étrangers sur son territoire.

Voici quelles sont ces attributions :

1° Ils ont le droit de juridiction, en matière civile, sur les négociants et autres nationaux, ainsi que sur les capitaines et matelots des bâtiments de commerce.

2° Ils ont le droit de police et d'inspection sur les gens de mer, et peuvent, en demandant l'assistance des autorités du pays, faire séquestrer les bâtiments de commerce français, à moins que les gens du pays y soient intéressés.

3° Ils reçoivent les nolisements des capitaines, leurs déclarations en consulat, et font régler les avaries par les experts.

4° Ils procèdent aux inventaires des Français décédés, au sauvetage des bâtiments nationaux protégés.

5° Ils peuvent établir des agents sur les points où il sera jugé nécessaire au bien du service.

6° Ils reçoivent tous les actes de leurs nationaux, délivrent les certificats de vie et légalisent les actes faits par les autorités du pays.

7° Ils jouissent de l'immunité personnelle, excepté dans le cas de crime atroce, et sans préjudice des actions qui seraient intentées contre eux pour les faits de commerce.

8° Ils sont exempts des charges royales et municipales quand ils ne possèdent pas de biens-fonds.

Si les autorités des lieux où résident les consuls mettent obstacle à ce qu'ils jouissent des attributions qui auraient été réclamées par eux, comme fondées sur l'usage, ou sur une sage réciprocité, ils en référeront à l'ambassadeur ou autre ministre du roi près le souverain du pays, et en rendront compte au ministre secrétaire d'État des affaires étrangères.

L'édit du roi, du mois de juin 1778, portant règlement sur les fonctions judiciaires et de police des consuls de France en pays étranger, l'ordonnance du 3 mars 1781 et l'instruction donnée par le roi, le 6 mai de la même année, concernant les consulats dans les Échelles du Levant et de Barbarie, pays où cette institution est plus développée que partout ailleurs, contiennent toutes les dispositions propres à régler l'exercice des fonctions consulaires.

Ces ordonnances et instructions doivent être observées par les consuls employés en Levant et dans les États d'Afrique, sauf les modifications que le temps et les circonstances ont rendues indispensables ; elles doivent également servir de règle à tous les autres consuls de France en chrétienté, sauf ces mêmes modifications et celles qui résultent du degré d'étendue laissé à leurs attributions dans chacun de ces pays.

Il n'entre pas dans le plan de cette *Instruction générale* de spécifier les modifications dont est susceptible l'application de l'Édit de 1778, et de l'ordonnance de 1781, pour les différents cas et les différents lieux; il y sera pourvu par des directions particulières que donnera à cet effet le ministre secrétaire d'État des affaires étrangères; mais Sa Majesté veut que les consuls trouvent dans la présente instruction un exposé des principes et des règles générales d'après lesquels ils devront se guider dans les diverses relations auxquelles donne lieu l'exercice de leur charge.

Relations des consuls avec les autorités étrangères. — Un des premiers devoirs des consuls est de respecter l'autorité du souverain dans les États duquel ils résident; ils doivent s'abstenir de l'exercice public de leurs fonctions jusqu'à ce qu'ils aient reçu les lettres d'exéquatur par lesquelles ils sont reconnus en leur qualité et admis à l'exercice des fonctions de leur charge. Ces lettres sont sollicitées auprès du souverain par le ministre public du roi, qui les adresse au consul; celui-ci en requiert l'exécution auprès de la principale autorité de la province qui forme son département.

Le but de l'institution des consulats est de faire jouir notre commerce extérieur et notre navigation de la protection du roi : les consuls interviennent, à cet effet, auprès des autorités étrangères.

Ils défendent auprès d'elles leurs nationaux lorsqu'on viole, à leur égard, soit la justice naturelle, soit les traités ; lorsqu'on s'écarte à leur détriment, soit des dispositions, soit des formes établies par les lois du pays, dans le cas où ils sont sujets à ces lois.

Ils réclament en faveur de nos négociants et de nos navigateurs les droits et avantages qui ont été stipulés par les traités et veillent à ce que ces stipulations ne soient pas éludées.

Ils sollicitent pour eux toutes les facilités qui, n'étant point accordées par les traités, peuvent être données sans porter atteinte aux lois et aux intérêts du pays.

Ils pourvoient à ce que les affaires qui intéressent nos nationaux, et dont la décision appartient aux autorités étrangères, soient expédiées avec promptitude et conformément à la justice.

Ils s'appliquent à écarter tous les obstacles qui peuvent nuire au progrès de notre commerce en général et gêner les opérations particulières des négociants, surtout dans l s rapports qu'ils ont avec les douanes.

Ils adressent officiellement leurs représentations aux autorités compétentes sur ces divers objets ; mais ils doivent toujours parler le langage de la modération : les discussions portées au delà des justes bornes sont plus nuisibles qu'utiles au succès des affaires. Lorsque leurs représentations n'auront pas été accueillies, les consuls en informeront les ministres du roi et en rendront compte au ministère secrétaire d'État des affaires étrangères. Au surplus, c'est surtout par leur considération personnelle, par une conduite mesurée et par un esprit conciliant que les consuls parviendront à aplanir les difficultés. Le commerce est dans l'intérêt de tous les pays, de tous les hommes, et c'est par des raisons tirées de cet intérêt, plutôt que par des exigences et des débats, qu'ils chercheront à obtenir pour nos nationaux les avantages dont il est à désirer de les faire jouir.

Tant dans leurs rapports avec les autorités que dans leurs rapports privés, les consuls doivent toujours s'exprimer avec la plus grande circonspection ; ils éviteront dans leurs discours et dans leur conduite tout ce qui pourrait faire supposer des vues différentes des intentions pacifiques et bienveillantes de la France envers tous les autres États.

Relations des consuls avec les nationaux. — Les consuls sont chargés de défendre les intérêts de leurs nationaux auprès des autorités étrangères, et il leur est recommandé d'apporter le plus grand zèle dans cette partie de leurs fonctions ; cependant, ils doivent se souvenir qu'ils ne sont pas agents du commerce, mais agents politiques et magistrats. Leurs relations envers nos nationaux doivent s'établir sur ce pied.

Non seulement ils ne défèreront pas aux demandes des négociants et navigateurs, qui auraient pour objet des choses contraires aux lois du pays ou à nos ordonnances et règlements, mais ils réprimeront avec soin de tels écarts et ils interdiront aux nationaux toute opération, toute démarche qui seraient évidemment contraires à nos intérêts politiques et commerciaux.

Dans les pays où les consuls ne peuvent exercer les fonctions de police qui leur sont conférées par l'Édit de 1778 et par l'ordonnance de 1781, ils doivent suppléer à cette action par des avertissements, et, s'ils n'en obtiennent pas l'effet désiré, il en sera rendu compte au ministre secrétaire d'État des affaires étrangères ; ils lui feront connaître également ceux qui, en recourant aux tribunaux du pays, dans le cas où ils ne sont pas autorisés à le faire, se rendraient coupables de désobéissance et passibles des peines prononcées, pour ce cas, par l'article 2 de l'Édit de 1778, qui recevra à cet égard sa pleine et entière exécution.

Plus est grande l'autorité confiée aux consuls, plus ils doivent apporter de sagesse et de modération dans l'exercice de cette autorité. Les sujets français placés sous la direction d'un consul forment une famille dont il est le chef, et c'est surtout comme chef de famille qu'il doit s'attirer le respect et l'obéissance qui lui sont dus comme magistrat.

La disposition de nos ordonnances, qui défend aux consuls de prendre aucune part au commerce, sous peine de révocation, sera rigoureusement observée. Aucun intérêt ne doit balancer dans un consul l'intérêt qu'il doit à ses nationaux, et ceux-ci seront d'autant plus disposés au respect et à l'obéissance qu'ils n'apercevront aucun motif qui contrarie la justice et l'impartialité qu'ils ont droit d'attendre de leur consul.

Relations des consuls avec les autorités françaises. — Les consuls ayant à exercer toute l'autorité que le gouvernement conserve sur les nationaux en pays étranger, leurs fonctions se rattachant à presque toutes les branches de l'administration générale de l'État, il résulterait de là qu'à raison de ces fonctions diverses, ils se trouvent en rapport avec les divers départements ministériels ; ainsi, ils relèveraient de la chancellerie de France comme juges, magistrats de police et officiers ministériels ; des départements de l'intérieur et des finances, pour l'exécution de nos lois et règlements relatifs au commerce en général, aux fabriques et aux douanes ; du département de la marine pour la police de la navigation et le service des relâches des bâtiments de la marine. Mais la plus

éminente de leurs fonctions est de protéger le commerce extérieur auprès des autorités étrangères et de concourir à sa
prospérité. Presque toutes leurs autres fonctions ne leur ont
été attribuées que dans cette vue, et, d'ailleurs, ils ne peuvent
exercer celle-ci qu'au moyen de nos relations politiques et
avec l'assistance des ministres publics du roi près les souverains étrangers.

*Relation avec le ministre secrétaire d'État des affaires étran-
gères.* — C'est par ces considérations que les consuls sont placés sous la direction du ministre secrétaire d'État des affaires
étrangères, et il leur est recommandé de s'y maintenir exactement. La plus légère déviation de cette règle menacerait de
graves inconvénients et notre politique et notre commerce
extérieur, dont les intérêts ni la direction ne peuvent être séparés. Ils rendront donc compte au ministre des affaires étrangères de toutes leurs opérations, ne se permettront aucune
démarche, aucune entreprise, aucune correspondance qui sor-
tiraient de leurs attributions ordinaires, s'ils n'y ont été autorisés par ce ministre; ils n'adresseront qu'à lui les informations que leur position les aura mis à même d'obtenir, concernant nos intérêts politiques et commerciaux; et dans la
manière de recueillir et de transmettre ces informations, ils
s'abstiendront avec soin de tout ce qui pourrait inquiéter sur
les intentions du gouvernement français ; l'esprit de paix et de
conciliation qui l'anime doit se manifester dans tous les actes,
dans tous les discours de ses agents extérieurs.

L'article 14 du titre Ier de l'ordonnance de 1781 charge les
consuls de rédiger des mémoires dans lesquels ils ont à déve-
opper les moyens qui leur paraissent les plus propres à procurer à notre commerce et à notre navigation les avantages et
l'extension dont ils sont susceptibles ; de ces travaux doit
résulter la démonstration de nos intérêts commerciaux relativement à chaque puissance, et le gouvernement doit y trouver une partie des éléments des traités de commerce et même
des autres actes de la politique auxquels l'intérêt du commerce
et de l'industrie du royaume ne peut être étranger. Il est donc
expressément recommandé aux consuls de se livrer aux
recherches et aux études convenables pour se mettre en état
de fournir au ministre des affaires étrangères ces documents

avec l'exactitude et le degré de perfection que demande l'importance de leur objet.

Relations avec les ministres du roi en pays étranger. — Les consuls correspondront avec les ministres du roi en pays étranger dans les cas précédemment indiqués par la présente instruction ; et ils sont également autorisés à le faire lorsqu'il se présentera des conjonctures extraordinaires et urgentes qui ne leur permettraient pas d'attendre les ordres de Sa Majesté. Ils se conformeront exactement aux directions provisoires qu'ils en recevront,

Relations avec le ministre de la marine. — Les consuls correspondront directement avec le ministre secrétaire d'État de la marine, et se dirigeront d'après ses instructions, en ce qui concerne la police de la navigation, les sauvetages, l'administration des prises (en temps de guerre), le service des bâtiments de l'État en relâche et les approvisionnements généraux dont ils pourraient être chargés. Ils rendront un compte sommaire au ministre des affaires étrangères de leurs opérations relatives à ces objets, et ils lui présenteront, à la fin de chaque trimestre, leur état de situation en comptabilité à l'égard du département de la marine.

Les consuls pourront encore correspondre avec les commandants des vaisseaux et des flottes du roi, avec les préfets maritimes snr les objets qui intéressent le service de la marine, et avec les préfets des départements frontières, pour donner des avis convenables en ce qui concerne la salubrité publique, et, dans les circonstances extraordinaires, la sûreté de l'État.

Relations des consuls entre eux. — Les consulats sont distribués en établissements consulaires répartis dans chacun des États politiques avec lesquels nous avons des relations de commerce. Un consul général ou un consul est placé à la tête de l'établissement qui se subdivise en agences particulières confiées, selon leur importance, à des consuls ou à des vice-consuls. En Levant, vu l'organisation particulière de ce pays, l'ambassadeur est le chef de l'administration consulaire, et les consuls généraux qui y sont employés se trouvent, à son égard, dans les rapports où sont, ailleurs, les autres agents à l'égard du consul général.

Le bon ordre et l'intérêt du service demandent qu'une exacte subordination soit maintenue entre les agents des différents grades ; mais cette subordination doit être réglée d'une manière analogue à la nature de l'office des consuls. Tout consul préposé à une agence, quel que soit son grade, correspond directement avec le ministre des affaires étrangères et est soumis à sa direction ; comme il est seul accrédité auprès des autorités de la résidence, lui seul peut faire, auprès de ces autorités, les démarches nécessaires pour la protection du commerce. Dans leurs fonctions judiciaires et dans celles relatives à l'état civil, les consuls sont indépendants, parce qu'ils ont tous le même degré de juridiction.

Il en est de même des fonctions de police envers les nationaux, navigateurs ou autres, parce que la même autorité est remise à chacun d'eux ; la partie administrative dont ils sont chargés, relativement à la marine du roi, ne comporte pas non plus une marche graduée, et chaque agent doit correspondre, sans intermédiaire, avec le département de la marine, à moins qu'un ordre différent n'ait été prescrit.

Les consuls généraux ou consuls, placés à la tête des établissements, n'ont donc pas à diriger les agents compris dans leurs arrondissements, relativement à ces divers objets ; mais, comme chargés de la surveillance générale, ils doivent leur donner tous les avis qu'ils croient utiles au bien du service.

Lesdits consuls généraux et consuls exercent une inspection plus caractérisée sur les points qui se rapportent au régime intérieur de l'administration consulaire. Ils doivent s'assurer que les dispositions des ordonnances et règlements qui s'y rapportent sont fidèlement observées ; ils feront connaître tous les abus qui parviendraient à leur connaissance.

A la fin de chaque année le consul général ou consul rédigera un rapport sur la situation des diverses agences formant l'établissement dont il est le chef. Il y comprendra toutes les personnes employées, à quelque titre que ce soit, dans ces agences, et fera connaître l'opinion qu'il aura été à même de se former sur chacune d'elles. Ce rapport sera adressé au ministre secrétaire d'État des affaires étrangères, qui en rendra compte à Sa Majesté.

Dans les affaires qui exigeront un recours à l'autorité du gouvernement du pays et qui devront, par conséquent, être traitées par le ministre du roi en résidence près le souverain, les consuls et vice-consuls emploieront toujours l'intervention du consul général ou du consul, chef de l'établissement, qui en référera audit ministre, en lui présentant les observations dont l'affaire sera susceptible. Les consuls et vice-consuls ne sont pas, toutefois, dispensés d'en rendre compte au ministre secrétaire d'État des affaires étrangères.

Les agents des consulats et autres délégués ne seront établis et nommés que sur la proposition qui en sera faite au ministre secrétaire d'État des affaires étrangères par le chef de l'établissement consulaire.

Comme la rédaction des documents commerciaux recommandée plus haut aux consuls, exige que toutes les notions recueillies sur les divers points de l'État politique qui est l'objet de leurs recherches, soient réunies, comparées et combinées, les consuls et vice-consuls adresseront leurs travaux particuliers au chef d'établissement consulaire ; celui-ci, après en avoir vérifié l'exactitude par tous les moyens possibles, formera un mémoire général conformément aux vues et à la méthode qui lui auront été indiquées. Il est recommandé aux consuls et vice-consuls de satisfaire avec empressement aux directions qui leur seront données sur cet objet par le chef d'établissement consulaire. Ils adresseront copie de leurs travaux au ministre secrétaire d'État, afin qu'il puisse en apprécier le mérite.

Il est interdit aux consuls de publier, sous quelque forme que ce soit, les résultats des informations qu'ils sont chargés de prendre sur nos intérêts politiques et commerciaux.

Le vice-consul, employé dans une résidence faisant partie du département d'un consul, lui est subordonné, comme celui-ci, au consul général.

Un vice-consul placé près d'un consul général ou d'un consul, est entièrement sous la direction de son chef.

Les consuls généraux, consuls et vice-consuls en résidence, doivent maintenir les drogmans dans la subordination que prescrivent les ordonnances et le bien du service, mais ils doivent aussi user envers eux des égards dus à des officiers du roi.

Les consuls, quels que soient leur grade et le département

où ils sont employés, pourront se donner réciproquement les informations qu'ils jugeront avoir quelque intérêt pour le service du roi dans leurs résidences respectives ; ils observeront, d'ailleurs, dans cette correspondance, la circonspection qu'on a déjà eu occasion de leur prescrire.

19 mars 1815. — *Recès du congrès de Vienne.*

Art. 1er. Les employés diplomatiques sont partagés en trois classes :

Celle des ambassadeurs, légats **ou** nonces ;

Celle des envoyés, ministres et autres accrédités auprès des souverains ;

Celle des chargés d'affaires accrédités auprès du ministre des affaires étrangères.

Art. 2. Les ambassadeurs, légats ou nonces ont seuls le caractère représentatif.

Art. 3. Les employés diplomatiques en mission extraordinaire n'ont à ce titre aucune supériorité de rang.

Art. 4. Les employés diplomatiques prendront rang entre eux dans chaque classe, d'après la date de la notification officielle de leur arrivée. — Le présent règlement n'apportera aucune innovation relativement aux représentants du pape.

Art. 5. Il sera déterminé dans chaque État un mode uniforme pour la réception des employés diplomatiques de chaque classe.

Art. 6. Les liens de parenté ou d'alliance de famille entre les cours ne donneront aucun rang à leurs employés diplomatiques.

Il en est de même des alliances politiques.

Art. 7. Dans les actes ou traités entre plusieurs puissances qui admettent l'alternat, le sort décidera, entre les ministres, de l'ordre qui devra être suivi dans les signatures.

21 novembre 1818. — *Protocole du congrès d'Aix-la-Chapelle.*

Pour éviter les discussions désagréables qui pourraient avoir lieu, à l'avenir, sur un point d'étiquette diplomatique,

que l'annexe du recès de Vienne par lequel les questions
de rang ont été réglées ne parait pas avoir prévu, il est arrêté entre les cinq cours que les ministres résidents accrédités auprès d'elles formeront, par rapport à leur rang, une
classe intermédiaire entre les ministres de second ordre et
les chargés d'affaires.

19 novembre 1823. — *Ordonnance sur les pensions
des fonctionnaires du ministère des affaires étrangères.*

Art. 2. Le droit à pension n'est acquis qu'après trente ans
de services ; mais, en cas d'infirmités graves, constatées et
reconnues, ladite pension peut être obtenue après des services
de vingt-cinq années.

Art. 3. La pension des agents extérieurs se calcule sur
les grades dont ils ont été revêtus pendant les quatre dernières années de leurs services, et en prenant le terme moyen
des pensions qui sont fixées ci-dessous pour chacun de ces
grades, après trente années de services. (Voir le tableau
des maxima. Loi de 1853.)

Art. 4. La pension des employés des bureaux se calcule
sur le traitement moyen dont ils ont joui pendant les quatre
dernières années de leurs services et s'élève à la moitié de ce
traitement après trente années : elle ne peut toutefois dépasser
un maximum de 6,000 francs.

Art. 5. L'agent extérieur qui devient employé des bureaux, de même que l'employé des bureaux qui devient agent
extérieur, moins de quatre années avant l'époque de sa retraite, peut choisir entre les droits différents que donne chacune de ces deux qualités, et faire fixer sa pension d'après la
combinaison qui lui est la plus favorable.

Art. 6. Toute pension accordée avant trente années de
services et dans le cas d'infirmités prévu par le deuxième
paragraphe de l'article 2, doit subir autant de trentièmes de
diminution qu'il manque d'années à ce terme.

Art. 7. Les seuls services qui donnent droit à la pension
de retraite sur les fonds de retenue des affaires étrangères,
soit qu'ils aient été rendus dans le ministère ou dans toute
autre administration de l'État, sont ceux dont le payement est

directement effectué sur les fonds du budget. Ils ne sont d'ailleurs comptés qu'à partir de l'âge de vingt ans ; et leur durée totale, qu'elle soit de trente années ou de vingt-cinq, doit toujours en comprendre une de quinze années au moins dans le département des affaires étrangères.

Art. 8. Le temps d'inactivité avec traitement dans le ministère des affaires étrangères compte comme un temps de service actif, pourvu toutefois que cette durée d'inactivité n'excède pas cinq années ; au delà de ce terme, elle ne compte plus que pour moitié et au-dessus de dix années que pour un quart.

La pension des agents extérieurs qui arriveraient à la retraite avec un traitement d'inactivité ne devrait pas être calculée sur ce traitement, mais sur le grade dont ces agents auraient été revêtus pendant les quatre dernières années de leurs services actifs, conformément à l'article 3.

25 avril 1830. — *Règlement pour déterminer le mode et les conditions d'admission dans la carrière diplomatique.*

29 décembre 1831. — *Loi qui décide que les ambassadeurs et ministres plénipotentiaires sont aptes à être nommés pairs.*

16 décembre 1832. — *Ordonnance qui partage en quatre classes les missions diplomatiques françaises. (Bull. off., 1re sect., ccxiv, n° 4,702.)*

22 mai 1833—30 juin 1818. — *Ordonnance relative au traitement d'inactivité des agents diplomatiques et consulaires.*

Art. 1er. Auront droit à un traitement d'inactivité les agents diplomatiques et consulaires nommés par nous et comptant plus de dix ans d'activité de services, avec traitement annuel et personnel, dans le département des affaires étrangères, lorsqu'ils cesseront d'être employés : 1° par suite de la suppression de leur emploi ; 2° par suite de la suspension temporaire de la mission à laquelle ils étaient attachés.

Art. 2. Auront droit au même traitement d'inactivité les agents diplomatiques et consulaires nommés par nous, comptant plus de dix ans d'activité de services avec traitement annuel et personnel dans le département, lorsque étant rappelés pour une cause étrangère au mérite de leurs services, ils seront admis par la même décision au traitement d'inactivité.

18 août 1833; 13 mars 1834. — *Ordonnance relative à la conservation des papiers diplomatiques.*

Art. 1er. Les traités et conventions entre la France et les puissances étrangères, les correspondances, tant officielles que confidentielles, entre le département des affaires étrangères et ses agents, les rapports, mémoires et autres documents par eux adressés ou reçus en leur qualité officielle, sont la propriété de l'État.

Art. 2. Il sera tenu au ministère des affaires étrangères, et dans chaque résidence politique ou consulaire, un registre exact de toutes les pièces ci-dessus désignées qui seront écrites ou reçues.

Art. 3. La nature et le contenu desdites pièces y sera sommairement énoncé ; il y sera fait mention de leur date, de leur lieu de départ, de leur numéro d'envoi et de réception.

Art. 4. Tout ministre des affaires étrangères, tout agent politique ou consulaire, à l'expiration de ses fonctions, fera remise soit à son successeur, soit à la personne chargée de gérer provisoirement son poste, de toutes lesdites pièces confiées à sa garde ou reçues par lui pendant le cours de sa gestion, aussi bien que des minutes de toutes celles qu'il aura écrites.

Art. 5. Cette remise s'opèrera au moyen d'une vérification contradictoire constatant que les pièces conservées dans les cartons du ministère, de l'ambassade, de la légation ou du consulat sont au même nombre et dans le même ordre que les pièces enregistrées.

Art. 6. Il en sera dressé procès-verbal que signeront le fonctionnaire sortant et son successeur, ou la personne gérant le poste par intérim.

Art. 7. Il sera fait mention au procès-verbal de la déclaration du fonctionnaire sortant qu'il ne garde aucun original des pièces ci-dessus énoncées, et, dans le cas où il en aurait fait prendre des copies, qu'il s'engage à n'en rien publier, ni laisser publier, sans l'autorisation préalable du gouvernement.

Art. 8. La minute de ce procès-verbal restera déposée aux archives du ministère, de l'ambassade, de la légation ou du consulat dans lequel il sera dressé.

Art. 9. Une copie régulière en sera donnée, comme décharge, au fonctionnaire sortant. Une autre copie sera transmise au ministère lorsqu'il s'agira d'une vérification faite dans une résidence politique ou consulaire.

Art. 10. Les agents chargés de missions extraordinaires et temporaires déposeront aux archives du ministère, lors de leur retour, toutes les pièces relatives à leur mission, en remplissant les formalités ci-dessus prescrites.

20 août 1833. — *Ordonnance sur le personnel des consulats.*

Art. 1er. Le corps des consuls se compose de consuls généraux, de consuls de 1re et de 2e classe et d'élèves consuls.

Ils sont nommés par nous, sur la présentation de notre ministre secrétaire d'État des affaires étrangères.

Art. 2. Les postes consulaires sont également divisés en consulats de 1re et de 2e classe.

Des ordonnances spéciales régleront cette classification conformément aux besoins du service.

Art. 3. Le consul général surveille et dirige, dans les limites de ses instructions, soit générales, soit spéciales, les consuls établis dans l'arrondissement dont il est le chef.

Tous relèvent de lui au même degré, sans distinction de grade.

Art. 4. Dans les États où nous ne jugerons pas à propos d'établir un consulat général, les attributions en seront réunies à celles de notre mission diplomatique.

Art. 5. Les consuls généraux sont choisis parmi les consuls de première classe, ceux-ci parmi les consuls de seconde classe, et ces derniers parmi les élèves-consuls.

Art. 6. Les élèves devront avoir servi cinq ans au moins dans leur grade pour pouvoir passer à celui de consul de seconde classe.

Art. 7. Les employés de la direction commerciale du département des affaires étrangères concourront aux emplois consulaires à l'étranger, savoir : les sous-directeurs, aux consulats généraux; les rédacteurs, aux consulats de première classe; les uns et les autres, après cinq ans de services dans leur grade respectif; et les autres employés aux consulats de seconde classe, après dix ans de service.

Art. 8. En cas de vacance d'un consulat général par décès, maladie ou départ du titulaire, ou pour toute autre cause imprévue, l'officier le plus élevé en grade de la résidence remplira provisoirement le poste jusqu'à décision de notre ministre des affaires étrangères.

En cas de vacance d'un consulat pour les mêmes causes, il sera procédé provisoirement, comme il est dit ci-dessus, jusqu'à ce que le consul général y ait pourvu de la manière qu'il jugera la plus conforme au bien du service.

Art. 9. Les fixations actuellement établies par les ordonnances pour les traitements d'inactivité et de retraite des vice-consuls et autres allocations attribuées à leur grade, s'appliqueront aux consuls de seconde classe.

TITRE II. — *Des élèves-consuls.*

Art. 10. Le nombre des élèves-consuls est fixé à quinze.

Art. 11. Les élèves-consuls seront choisis de préférence parmi les fils et petits-fils des consuls qui compteront vingt années de services au moins dans le département des affaires étrangères.

Toutefois, chaque consul ne sera admis à présenter au concours qu'un de ses fils ou petits-fils.

Art. 12. Les candidats aux places d'élèves-consuls devront être âgés de vingt ans au moins et de vingt-cinq ans au plus, être licenciés en droit, et satisfaire, en outre, aux conditions d'instruction qui seront déterminées dans un règlement soumis à notre appréciation.

Les mêmes conditions d'âge et d'instruction seront exigées

pour l'admission à un emploi rétribué dans la direction commerciale du ministère des affaires étrangères.

Art. 13. Les élèves-consuls seront attachés aux consulats généraux ou aux consulats que désignera notre ministre des affaires étrangères.

Art. 14. Ils sont placés sous l'autorité et la direction immédiate du consul général ou consul près duquel ils résident.

Art. 15. Tout acte d'inconduite, tel que l'on puisse en inférer qu'un élève ne possède pas les qualités morales que demande l'emploi de consul, entraînera sa révocation.

Titre III. — Des chanceliers.

Art. 16. Il sera placé des chanceliers, nommés et brevetés par nous, dans les postes consulaires où nous le jugerons utile.

Art. 17. Des chanceliers seront également placés, quand l'intérêt du service l'exigera, près de nos missions diplomatiques qui réunissent à leurs attributions celles du consulat général.

Nous nous réservons, lorsqu'il y aura lieu, de conférer à ces derniers, par brevets signés de nous, le titre honorifique de consul de seconde classe.

Art. 18. Les officiers désignés dans les deux articles précédents devront être Français, et âgés de vingt-cinq ans accomplis.

Ils ne pourront être parents du chef de la mission diplomatique ou du consul sous lequel ils sont placés, jusqu'au degré de cousin germain exclusivement.

Art. 19. Dans nos consulats du Levant, les chanceliers seront choisis par les consuls parmi les drogmans ou interprètes de leur Échelle, sans toutefois que le service de chancelier les dispense de celui de drogman.

Art. 20. Dans les postes consulaires où il n'aura pas été pourvu par nous à la nomination d'un chancelier, le titulaire du poste est autorisé a commettre à l'exercice de sa chancellerie, sous sa responsabilité, la personne qu'il en jugera le plus capable, à la charge par lui de la faire agréer par notre ministre des affaires étrangères.

Art. 21. Les chanceliers prêteront entre les mains de leur chef le serment de remplir avec fidélité les obligations de leur emploi.

Art. 22. Les chanceliers ne seront pas admis à concourir aux emplois de la carrière des consulats.

TITRE IV. — *Des secrétaires interprètes du roi pour les langues orientales, et les drogmans.*

Art. 23. Les secrétaires interprètes et les drogmans seront nommés par nous, sur la présentation de notre ministre secrétaire d'État des affaires étrangères.

Art. 24. Les places de secrétaires interprètes du roi pour les langues orientales sont fixées à trois, et l'un de ces officiers portera le titre de premier secrétaire interprète du roi.

Ils seront choisis parmi les drogmans du Levant et de Barbarie.

Art. 25. Nous nous réservons d'accorder le titre de secrétaire interprète du roi, avec l'augmentation de traitement qui s'y trouve attachée, à chacun des deux drogmans qui se seront le plus distingués dans leur emploi, et après dix années au moins de service effectifs dans les Échelles.

Ce titre de secrétaire interprète du roi, et cette augmentation de traitement, ne pourront être accordés ni conservés qu'aux drogmans en activité.

Art. 26. Le nombre et la résidence des drogmans seront fixés par des ordonnances spéciales, suivant les besoins du service.

Art. 27. Les drogmans seront choisis parmi les élèves-drogmans employés en Levant.

Art. 28. Les élèves-drogmans seront nommés, par arrêté de notre ministre secrétaire d'État des affaires étrangères, parmi les élèves de l'école des langues orientales à Paris, dites des *jeunes de langues*.

Art. 29. Les jeunes de langues seront nommés par arrêté de notre ministre secrétaire d'État des affaires étrangères, et choisis principalement parmi les fils et petits-fils, ou, à défaut de ceux-ci, parmi les neveux des secrétaires interprètes du roi et des drogmans. Ils ne pourront être admis que depuis l'âge de huit ans jusqu'à l'âge de douze ans.

Art. 30. Les élèves-drogmans et les jeunes de langues pourront être révoqués ou rendus à leur famille, par arrêté spécial de notre ministre secrétaire d'État au département des affaires étrangères, pour cause d'inconduite ou d'inaptitude.

Art. 31. Le nombre total des élèves-drogmans employés en Levant et des jeunes de langues entretenus à Paris n'excédera pas celui de douze.

Art. 32. Il est interdit aux drogmans de visiter les autorités du pays sans les ordres ou la permission de l'ambassadeur ou des consuls.

Art. 33. Il leur est également interdit de prêter leur ministère dans les affaires des particuliers sans en avoir été requis par eux, et sans y être autorisés par l'ambassadeur ou les consuls.

TITRE V. — *Dispositions générales.*

Art. 34. Défenses sont faites aux consuls généraux, consuls, élèves-consuls et drogmans, ainsi qu'aux chanceliers nommés par nous, de faire aucun commerce, soit directement, soit indirectement, sous peine de révocation.

Art. 35. Tout agent ci-dessus dénommé qui aura quitté son poste sans autorisation ou sans motif légitime sera considéré comme démissionnaire.

Art. 36. Celui qui se sera marié sans notre agrément encourra la révocation.

Art. 37. La même peine sera applicable aux élèves-consuls, drogmans ou chanceliers nommés par nous, et qui se seraient rendus coupables d'insubordination à l'égard de leurs chefs.

Art. 38. Les congés seront accordés :

Aux consuls généraux, consuls et élèves-consuls, par notre ministre secrétaire d'État des affaires étrangères.

Aux drogmans employés en Levant, par notre ambassadeur à Constantinople, sur la proposition de leur chef ;

Aux autres drogmans et aux chanceliers, par le consul dont ils dépendent, sous sa responsabilité, et à la charge par lui d'en faire connaître les motifs à notre ministre des affaires étrangères.

Titre VI. — *Des agents consulaires et vice-consuls.*

Art. 39. Nos consuls sont autorisés à nommer des délégués dans les lieux de leur arrondissement où ils le jugeront utile au bien du service.

Toutefois, ils ne pourront établir aucune agence, ni délivrer des brevets d'agent ou de vice-consul, sans en avoir reçu l'autorisation spéciale de notre ministre des affaires étrangères.

Art. 40. — Ils choisiront, autant que possible, ces délégués parmi les Français notables établis dans le pays de leur résidence, et, à leur défaut, parmi les négociants ou habitants les plus recommandables du lieu.

Art. 41. Ces délégués porteront le titre d'*agents consulaires*.

Le titre de *vice-consul* pourra leur être conféré lorsque l'importance du lieu, leur position sociale, ou quelque autre motif pris dans l'intérêt du service paraîtra l'exiger.

Art. 42. Les brevets d'agents et ceux de vice-consul sont délivrés par les consuls, d'après le modèle qui sera déterminé par notre ministre des affaires étrangères.

Art. 43. Les agents et vice-consuls agissent sous la responsabilité du consul qui les nomme.

Art. 44. Les fonctions des agents et vice-consuls ne donnent lieu à aucun traitement, et ne confèrent aucun droit à concourir aux emplois de la carrière des consulats.

Art. 45. Les agents consulaires et vice-consuls ne pourront accepter le titre d'agent d'aucune autre puissance, à moins que le consul dont ils relèvent n'en ait obtenu pour eux l'autorisation de notre ministre des affaires étrangères.

Art. 46. Il est défendu aux agents consulaires et vice-consuls de nommer des sous-agents et de déléguer leurs pouvoirs, sous quelque titre que ce soit.

Art. 47. Nos consuls sont autorisés à suspendre leurs agents ou vice-consuls; mais ceux-ci ne peuvent être révoqués qu'avec l'autorisation de notre ministre des affaires étrangères.

Titre VII. — *Du costume.*

Art. 48. Le costume des consuls et autres officiers consulaires sera déterminé par notre ministre des affaires étrangères, dans un réglement soumis à notre approbation.

23 août—11 septembre 1833. — *Ordonnances concernant les recettes et les dépenses des chancelleries consulaires.* (Bull. off. 1re section, ccxlix, n° 4,960).

24 août—11 septembre 1833. — *Ordonnance qui détermine le mode d'emploi des perceptions des chancelleries consulaires.* (Bull. off., 1re section, ccxlix, n° 4,961).

23 octobre—11 novembre 1833. — *Ordonnance sur l'intervention des consuls relativement aux actes de l'état civil des Français en pays étranger.*

Art. 1er. Nos consuls se conformeront, pour la réception et la rédaction des actes de l'état civil des Français, qu'ils sont autorisés à recevoir par l'article 48 du Code civil, aux règles prescrites par ce Code et par les lois sur cette matière.

Art. 2. Ces actes seront tous, sans distinction, inscrits de suite et sans aucun blanc, par ordre de date, sur un ou plusieurs registres tenus doubles qui seront cotés par première et dernière, et paraphés sur toutes les pages par le consul. Une expédition en sera en même temps dressée et immédiatement transmise à notre ministre des affaires étrangères.

Art. 3. Les expéditions des actes de l'état civil, faites par les chanceliers et visées par les consuls, feront la même foi que celles qui sont délivrés en France par les dépositaires de l'état civil.

Art. 4. Les consuls se feront remettre, par les capitaines des bâtiments qui aborderont dans le port de leur résidence, deux expéditions des actes de naissance ou de décès qui auraient été rédigés pendant le cours de leur navigation, et ils se conformeront, dans ce cas, aux articles 60 et 87 du Code civil.

Art. 5. Lorsque dans le cas prévu par le précédent article,

les consuls recevront le dépôt d'un acte de naissance ou de décès survenu pendant une **traversée**, ils auront soin, dans leur procès-verbal, de constater, à telles fins que de droit, les différentes irrégularités qu'ils y auront remarquées.

Art. 6. Si les consuls découvrent, soit par le rapport, soit par l'interrogatoire des gens de l'équipage, ou par tout autre moyen, qu'un capitaine a négligé de dresser des actes de naissance ou de décès arrivés pendant la traversée, ils en rédigeront procès-verbal, dont l'expédition sera envoyée au ministre de la marine, pour être pris, à l'égard du contrevenant, telles mesures qu'il appartiendra.

Ils recueilleront aussi les renseignements qui pourraient servir à constater ces naissances ou décès, feront signer le procès-verbal par les témoins qui leur auront révélé les faits, et l'adresseront au ministre des affaires étrangères, pour que les avis nécessaires soient donnés, par ses soins, aux personnes intéressées.

Art. 7. Aucun acte de l'état civil reçu dans les consulats ne pourra, sous prétexte d'omissions d'erreurs ou de lacune, être rectifié que d'après un jugement émané des tribunaux compétents. Et même, lorsque, par une cause quelconque, des actes n'auront pas été portés sur les registres, le consul ne pourra y suppléer, sauf également à être statué ce que de droit par les tribunaux compétents. Toutefois, les consuls recueilleront avec soin et transmettront au ministre des affaires étrangères, soit au moyen d'acte de notoriété, soit de toute autre manière, les renseignements qui pourraient être utiles pour rectifier les actes dressés dans leurs consulats, ou pour y suppléer.

Art. 8. Les jugements de rectification des actes de l'état civil seront inscrits sur les registres courants, par les consuls, aussitôt qu'ils leur seront parvenus, et mention en sera faite en marge de l'acte rectifié.

Notre ministre secrétaire d'État des affaires étrangères tiendra la main à ce que la mention de la rectification soit faite d'une manière uniforme sur les deux registres tenus en double, et, s'il y a lieu, sur les registres de l'état civil de la commune française où une expédition de l'acte aura été transcrite.

Art. 9. Le 1er janvier de chaque année, les consuls arrête-
ront, par procès-verbal, les doubles registres des actes de
l'état civil de l'année précédente. L'un de ces doubles restera
déposé à la chancellerie, et l'autre sera expédié, dans le mois,
si faire se peut, à notre ministre des affaires étrangères.

Si les consuls n'ont rédigé aucun acte, ils en dresseront
certificat qu'ils transmettront de même à ce ministre.

Art. 10. Lorsque l'envoi sera fait par voie de mer, le consul
consignera les registres entre les mains du capitaine; il fera
mention du dépôt sur le rôle d'équipage, et procès-verbal en
sera dressé en chancellerie.

Art. 11. Lorsque les envois devront avoir lieu par la voie
de terre, les consuls prendront les précautions qui leur seront spécialement indiquées, suivant les lieux et les circonstances, par notre ministre secrétaire d'État des affaires étrangères.

Art. 12. Notre ministre des affaires étrangères chargera un
ou plusieurs commissaires de dresser des procès-verbaux
de vérification des registres de l'état civil déposés à ses archives, et, en cas de contravention, il prendra contre le consul
qui l'aura commise telle mesure qu'il appartiendra.

Art. 13. En cas d'accident qui aurait détruit les registres,
le consul en dressera procès-verbal, et il l'enverra à notre
ministre des affaires étrangères, dont il attendra les instructions sur les moyens à prendre pour réparer cette perte.

Art. 14. Les publications et affiches de mariage prescrites
par le Code civil seront faites dans le lieu le plus apparent
de la chancellerie du consulat.

Les publications seront transcrites à leur date sur un registre coté et paraphé, comme il est dit dans l'article 2 de la
présente ordonnance.

Les consuls se conformeront, à cet égard, aux règles prescrites par le Code civil.

Art. 15. Aucun consul ne pourra célébrer un mariage entre
Français s'il ne lui a été justifié des publications faites dans
le lieu de sa résidence, outre des publications faites en France,
lorsque les deux futurs ou l'un d'eux ne seront pas résidents
et immatriculés depuis six mois dans le consulat, ou si les
parents, sous la puissance desquels l'une ou l'autre des par-

ties se trouverait relativement au mariage, ont leur domicile en France.

Art. 16. Les procurations, consentements et autres pièces qui doivent demeurer annexées aux actes de l'état civil, après y avoir été énoncées, seront paraphées par la personne qui les aura produites et par le consul, pour rester déposées en la chancellerie du consulat.

Art. 17. Nous autorisons nos consuls à disposer, pour des cas graves dont nous confions l'appréciation à leur prudence, de la seconde publication, lorsqu'il n'y aura pas eu d'opposition à la première, ou qu'une mainlevée leur aura été représentée.

Art. 18. Nous autorisons également nos consuls généraux, résidant dans les pays situés au delà de l'océan Atlantique, à accorder des dispenses d'âge, en notre nom, à la charge de rendre compte immédiatement à notre ministre des affaires étrangères des motifs qui les auront portés à accorder ces dispenses.

Les mêmes pouvoirs pourront être conférés, par ordonnance spéciale, aux consuls de première et de seconde classe résidant au delà de l'océan Atlantique, lorsque nous le jugerons nécessaire.

25 octobre—12 novembre 1833. — *Ordonnance sur les attributions des consuls relativement aux passeports, légalisations et significations judiciaires.*

Art. 1er. Nos consuls sont autorisés à délivrer des passeports aux Français qui se présenteront pour en obtenir, après s'être assurés de leurs qualité et identité.

Ils les délivreront dans les formes prescrites par les lois, ordonnances et réglements en vigueur en France ; ils y énonceront le nombre des personnes auxquelles ils seront remis, leurs noms, âge, signalement, et feront signer celles qui le pourront, tant sur le registre constatant la délivrance que sur le passeport.

Art. 2. Tout Français voyageant en pays étranger devra, à son arrivée dans les lieux où résident nos consuls, présenter son passeport à leur visa, afin de s'assurer leur protection ;

le visa ne sera accordé qu'autant que le passeport aura été délivré dans les formes déterminées par les lois, ordonnances et usages du royaume.

Art. 3. Les consuls devant lesquels des militaires français isolés se présenteraient pour retourner en France, leur donneront gratuitement les feuilles de route nécessaires.

Art. 4. Nos consuls sont autorisés, dans tous les cas où les lois et usages du pays dans lequel ils sont établis. n'y font pas obstacle, à délivrer des passeports pour la France aux étrangers qui leur en demanderont; ils se conformeront, à cet égard, aux instructions qu'ils recevront de notre ministre secrétaire d'État des affaires étrangères.

Art. 5. Ils viseront, en se conformant également aux instructions de notre ministre secrétaire d'État des affaires étrangères, les passeports délivrés par la France à des sujets étrangers, par des autorités étrangères, lorsque cès passeports leur paraîtront dans les formes régulières.

Titre II. — *Des légalisations.*

Art. 6. Nos consuls ont qualité pour légaliser les actes délivrés par les autorités ou fonctionnaires publics de leur arrondissement.

Art. 7. Lorsque nos consuls légaliseront les actes des autorités ou fonctionnaires publics étrangers, ils auront soin de mentionner la qualité du fonctionnaire ou de l'autorité dont l'acte sera émané et d'attester qu'il est à leur connaissance que ce fonctionnaire a actuellement, ou avait, lorsque l'acte a été passé, la qualité qu'il y prend.

Art. 8. Nos consuls ne seront point obligés de donner de légalisation aux actes sous-signature privée, sauf aux intéressés à passer, si bon leur semble, ces actes soit en chancellerie, soit devant les fonctionnaires publics compétents. Toutefois, lorsque des légalisations ou attestations de signature auront été données sur des actes sous seing privé, soit par des fonctionnaires publics, soit par des agents diplomatiques ou consulaires du pays où nos consuls sont établis, ils ne pourront refuser de légaliser la signature de ces fonctionnaires.

Art. 9. La signature de nos consuls sera légalisée par notre ministre secrétaire d'État des affaires étrangères, ou par les fonctionnaires qu'il aura délégués à cet effet.

Art. 10. Les arrêts, jugements ou actes rendus ou passés en France, ne pourront être exécutés ou admis dans nos consulats qu'après avoir été légalisés par notre ministre des affaires étrangères, ou par les fonctionnaires qu'il aura délégués, comme il est dit en l'article précédent.

TITRE III. — *De la transmission des significations judiciaires.*

Art. 11. Nos consuls feront parvenir aux parties intéressées, directement ou, s'ils n'ont reçu des ordres contraires, par l'intervention officieuse des autorités locales, sans frais ni formalités de justice et à titre de simple renseignement, les exploits signifiés en vertu de l'article 69 du Code de procédure civile, aux parquets de nos procureurs généraux et procureurs, dont notre ministre secrétaire d'État au département des affaires étrangères leur aura fait l'envoi.

Ils renverront à notre ministre des affaires étrangères les actes dont ils n'auront pu opérer la remise, en lui faisant connaître les motifs qui s'y seront opposés.

26 octobre 1833. — *Ordonnance sur les fonctions des vice-consuls et agents consulaires.*

Art. 1er. Les vice-consuls et agents consulaires se conformeront entièrement aux directions du consul dont ils sont les délégués ; ils l'informeront de tout ce qui pourra intéresser le service de l'État ou le bien des nationaux.

Ils ne correspondront avec notre ministre secrétaire d'État des affaires étrangères que lorsqu'il les y aura spécialement autorisés.

Art. 2. Ils n'auront point de chancelier et n'exerceront aucune juridiction.

Art. 3. Ils doivent rendre aux Français tous les bons offices qui dépendront d'eux, sans qu'ils puissent exiger aucun droit ni émolument pour leur intervention.

Art. 4. Ils viseront les pièces de bord et délivreront les

manifestes d'entrée et de sortie. Ils pourront, s'il y ont été préalablement autorisés par notre ministre de la marine et des colonies, remplir en tout ou en partie les fonctions conférées aux consuls comme suppléant à l'étranger les administrateurs de la marine. Ils instruiront les capitaines de l'état du pays ; ils les appuieront pour assurer le maintien de l'ordre et de la discipline, et pourront, d'accord avec eux, consigner les équipages à bord.

Art. 5. Ils veilleront, dans les limites des pouvoirs qui leur auront été conférés par autorisation spéciale de notre ministre de la marine, à l'exécution des lois, ordonnances et règlements sur la police de la navigation.

Art. 6. En cas de décès d'un Français, les agents consulaires se borneront à requérir, s'il y a lieu, l'apposition des scellés de la part des autorités locales, à assister à toutes les opérations qui en seront la conséquence, et à veiller à la conservation de la succession, en tant que l'usage et les lois du pays l'autorisent.

Ils auront soin de rendre compte à nos consuls des mesures qu'ils auront prises en exécution de cet article, et ils attendront leurs pouvoirs spéciaux pour administrer, s'il y a lieu, la succession.

Art. 7. Sauf les exceptions qui pourront être autorisées par nous, dans l'intérêt du service, les vice-consuls et agents consulaires ne recevront aucun dépôt et ne feront aucun des actes attribués aux consuls en qualité d'officiers de l'état civil et de notaires.

Ils pourront, toutefois, délivrer des certificats de vie, des passeports et des légalisations ; mais ces actes devront être visés par le consul chef de l'arrondissement, sauf les exceptions qui auront été spécialement autorisées par le ministre des affaires étrangères.

Art. 8. Lorsque, d'après nos décisions, des vice-consuls et agents consulaires auront été autorisés à faire des actes de la compétence des notaires ou des officiers de l'état civil, une copie des arrêtés rendus à cet effet sera affichée dans leur bureau.

Ils se conformeront, dans ce cas, pour la tenue et la conservation de leurs registres, à ce qui est prescrit par les ordonnances, ainsi qu'aux instructions spéciales qui leur seront transmises par notre ministre des affaires étrangères ou en son nom.

29 octobre—21 novembre 1833. — *Ordonnance sur les fonctions des consuls dans leurs rapports avec la marine commerciale.*

TITRE 1er. — *Dispositions générales.*

ART. 1er. Nos consuls tiendront la main à ce que le pavillon français ne soit employé que conformément aux lois et règlements. Ils ne pourront accorder aucune dispense ou exception à ces règlements, sous quelque prétexte que ce soit, et dénonceront les abus qui pourraient exister ou s'introduire à cet égard.

Ils veilleront aux intérêts des navigateurs et commerçants, conformément à ce qui est déterminé dans les articles suivants.

Art. 2. Les consuls assureront, par tous les moyens qui seront en leur pouvoir, l'exécution de la proclamation du 1er juin 1791, qui défend l'importation des navires de construction étrangère en France, ainsi que la loi du 27 vendémiaire an II (18 octobre 1793), dont l'objet est d'empêcher que les navires étrangers, ou des navires français réparés en pays étranger, hors le cas d'exception prévu par l'article 8 de la même loi, ne soient admis aux privilèges des navires français. Ils donneront au ministre de la marine les renseignements propres à l'éclairer sur les tentatives faites dans le but d'éluder ou de violer ces dispositions (1).

Art. 3. Dans le cas où des congés en blanc seraient envoyés aux consuls pour servir éventuellement à des expéditions maritimes françaises, ils auront soin d'y insérer la clause que ces congés ne seront que provisoires et valables seulement jusqu'à l'arrivée des navires dans le premier port de France, où il sera statué ainsi qu'il appartiendra sur la demande de nouveaux congés.

---

(1) Disposition révoquée par la loi du 16 mai 1866.

Art. 4. Si un consul découvre qu'il se fait dans les ports de sa résidence des importations ou des exportations de nature à blesser les lois ou les ordonnances françaises rendues en matière de douanes, il aura soin d'en informer notre ministre des affaires étrangères.

Art. 5. Nos consuls concourront, en ce qui les concerne, à l'exécution des lois et ordonnances du royaume relatives aux pêches lointaines, et se conformeront, à cet égard, aux instructions spéciales qui leur seront adressées par nos ministres secrétaires d'État aux départements des affaires étrangères et de la marine.

Art. 6. Nos consuls sont expressément chargés d'assurer, par tous les moyens qui seront en leur pouvoir, l'exécution des lois et ordonnances, et notamment de la loi du 4 mars 1834, et de l'ordonnance du 18 janvier 1823, qui prohibent le commerce des esclaves et le transport pour le compte d'autrui d'individus vendus ou destinés à être vendus comme esclaves. Ils se conformeront, pour constater les contraventions à la loi et à l'ordonnance susdites, à toutes les instructions qui leur seraient transmises par nos ministres secrétaires d'État des affaires étrangères et de la marine.

Art. 7. Nos consuls tiendront registre des mouvements d'entrée et de sortie des navires français qui aborderont dans les rades et ports de leur arrondissement.

Tous les trois mois, ils adresseront à notre ministre de la marine le relevé de ce registre ; et si, indépendamment des cas particuliers mentionnés dans les articles suivants, des désordres ou des abus ont lieu à bord des navires français, ils lui en signaleront les auteurs.

Titre II. — *De l'arrivée des navires.*

Art. 8. Les consuls prendront les mesures nécessaires pour être promptement instruits de l'arrivée des navires français dans les rades et ports de leur arrondissement.

Art. 9. Si quelque maladie contagieuse ou épidémique règne dans le pays, le consul aura soin d'en faire avertir à temps le capitaine.

Art. 10. Tout capitaine arrivant au lieu de sa destination

sera tenu, en conformité des articles 242 et 243 du Code de commerce, après avoir pourvu à la sûreté de son bâtiment, et au plus tard dans les vingt-quatre heures de son arrivée, de faire devant le consul un rapport qui devra énoncer :

1° Les nom, tonnage et cargaison du navire ;

2° Les nom et domicile de l'armateur et des assureurs, s'ils lui sont connus ; le nom du port de l'armement et celui du lieu du départ ;

3° La route qu'il aura tenue ;

4° Les relâches qu'il aura faites, pour quelque cause que ce soit ;

5° Les accidents qui auraient pu arriver pendant la traversée ;

6° L'état du bâtiment, les avaries, les ventes d'agrès ou de marchandises, ou les emprunts qu'il aura pu faire pour les besoins du navire, les achats de vivres ou autres objets nécessaires auxquels il aura été contraint.

Le rapport du capitaine devra énoncer, en outre :

Les moyens de défense du bâtiment, l'état des victuailles existant à bord, la situation de la caisse des médicaments ;

Les écueils qu'il aurait découverts et dont il aurait rectifié le gisement ; les vigies, phares, balises, tonnes qu'il aurait reconnus, ou dont l'établissement ou la suppression serait parvenu à sa connaissance ;

Les navires et les barques abandonnés qu'il aurait reconnus, et les objets pouvant provenir de jets, bris ou naufrages qu'il aurait recueillis ou aperçus ;

Les flottes, escadres, stations, croisières françaises ou étrangères ; les navires de tous genres, suspects ou autres, les corsaires ou pirates qu'il aurait rencontrés ; les bâtiments avec lesquels il aurait raisonné ; les faits qui lui auraient été énoncés dans ces communications ;

Les changements apportés aux règlements de santé, de douane, d'ancrage dans les ports où il a relâché, enfin tout ce qu'il aurait appris qui pourrait intéresser notre service et la prospérité du commerce français.

Ce rapport, après avoir été affirmé par le capitaine, sera signé de lui, du chancelier et du consul.

Art. 11. Le capitaine déposera à l'appui de son rapport

1° l'acte de propriété du navire ; 2° l'acte de francisation ; 3° le congé ; 4° le rôle d'équipage ; 5° les acquits-à-caution, connaissements et chartes-parties ; 6° le journal de bord ou registre prescrit par l'article 124 du Code de commerce ; 7° les procès-verbaux dont la rédaction est prescrite par les lois et règlements comme venant à l'appui des faits énoncés dans son rapport.

Le capitaine remettra également au consul, conformément à l'article 244 du Code de commerce, un manifeste, ou état exact des marchandises composant son chargement, certifié et signé par lui.

Art. 12. En cas de *simple relâche* dans le port où il existera un consul, le capitaine lui remettra, conformément à l'article 245 du Code de commerce, une déclaration qui fera connaître les causes de sa relâche.

Si la relâche se prolonge au delà de vingt-quatre heures, le capitaine sera tenu de remettre au consul son rôle d'équipage.

Art. 13. Dans les lieux, soit de destination, soit de relâche, où les capitaines ne sont pas astreints à faire des déclarations relatives à la santé publique devant les autorités locales connues sous le nom de conservateurs de la santé, bureaux ou magistrats de santé, et autres semblables dénominations, le capitaine présentera au consul sa patente de santé, et fera connaître, indépendamment des détails contenus dans son rapport, quel était l'état de la santé publique du lieu d'où il est parti et de ceux où il a relâché, au moment où il a mis à la voile ; s'il a fait viser en quelque lieu sa patente de santé ; s'il a eu, pendant la traversée ou dans ses relâches, des malades à bord, et s'il en a encore ; comment ces malades ont été traités ; quelles mesures de purification il a prises par rapport aux couchages, hardes et effets des malades ou des morts ; s'il a communiqué avec quelques navires ; à quelle nation ils appartenaient ; à quelle époque a eu lieu la communication, en quoi elle a consisté ; s'il a eu connaissance de l'état sanitaire de ces navires ou toute autre circonstance y relative ; si, dans ses relâches ou même dans sa traversée, il a embarqué des hommes, des bestiaux, des marchandises ou des effets.

Le consul pourra aussi interroger sur les mêmes objets les hommes de l'équipage et les passagers, s'il le juge convenable.

Art. 14. Si un capitaine a engagé, en cours de voyage, des gens de mer dans un pays étranger où il n'y a pas de consul, il en rendra compte à celui qui recevra son rapport ou sa déclaration, et les formalités prescrites par les articles 40 et 41 ci-après seront observées.

Art. 15. Le capitaine remettra au consul, dans les lieux de la destination et dans ceux où la relâche se serait prolongée au delà de vingt-quatre heures, les procès-verbaux qu'il aura dressés contre les marins déserteurs, et les informations qu'il aura faites à l'occasion de crimes ou délits commis par des matelots ou des passagers pendant le cours de la navigation, conformément à l'obligation que lui impose l'ordonnance de 1681. Si la gravité du délit ou la sûreté de l'équipage a forcé le capitaine à ne pas laisser les prévenus en état de liberté, le consul prendra telles mesures qu'il appartiendra à l'effet de les faire traduire devant les tribunaux français. Il rendra compte de l'affaire, savoir : pour ce qui concerne les marins, au ministre de la marine, et, pour les passagers, au ministre des affaires étrangères.

Si le consul découvre qu'un capitaine a négligé de dresser actes des crimes ou délits commis à bord, il en rédigera procès-verbal, dans lequel il réunira, autant qu'il dépendra de lui, tous les renseignements propres à les constater, et il en adressera une expédition aux ministres des affaires étrangères et de la marine.

Art. 16. Le capitaine remettra en même temps, conformément aux articles 60, 87 et 994 du Code civil, et à ce qui est prescrit par l'article 4 de notre ordonnance du 23 de ce mois, deux expéditions des actes de naissance ou de décès qui auraient été rédigés, ainsi que les testaments des individus décédés, qui auraient été reçus pendant le cours de la navigation. Les effets et le prix de ceux qui, en exécution de l'article 7 du titre XI du livre III de l'ordonnance de 1681, auraient été vendus et payés comptant seront, ainsi que les papiers, déposés à la chancellerie du consulat. Un procès-verbal de ce dépôt sera rédigé, et une expédition en sera donnée au capitaine pour sa décharge.

Si l'individu décédé est un marin, le consul fera parvenir, par la voie la plus prompte, une expédition de l'acte mortuaire à l'administration du port où l'embarquement de ce marin a eu lieu, ou s'il avait été engagé hors de France, à l'administration du port auquel il appartenait. Le consul adressera de plus, à notre ministre de la marine, tous les avis convenables.

Art. 17. Lorsqu'un capitaine aura éprouvé une capture en temps de guerre, ou un pillage de la part d'un pirate, il devra en faire un rapport circonstancié; il en agira de même s'il a été obligé d'abandonner son navire par fortune de mer ou pour cause d'innavigabilité.

S'il a été capturé par un bâtiment ennemi, il déclarera quel en était le pavillon, et dans quels parages il a été pris.

Si son bâtiment a été relâché par l'ennemi, il exhibera le traité de rançon et toutes les pièces tendant à éclairer le consul sur les circonstances de sa navigation et la date de sa capture. Si, après avoir été capturé pas l'ennemi, le bâtiment a été l'objet d'une recousse, il en sera fait mention.

Dans le cas où le bâtiment aurait été pillé et l'équipage maltraité par un pirate, le capitaine donnera tous les détails propres à signaler ce pirate, et, s'il est possible, à le capturer par les bâtiments de guerre français, auxquels le consul s'efforcera de faire parvenir promptement, à cet effet, les communications nécessaires. Si le navire a été abandonné par fortune de mer, le capitaine fera connaître les circonstances et le lieu de l'événement.

S'il a été obligé de le vendre pour cause d'innavigabilité, il produira les procès-verbaux et les autorisations du magistrat local.

Art. 18. Si un capitaine ne s'est pas présenté au consul dans les délais déterminés par l'article 10, ce dernier constatera les faits par un procès-verbal que le chancelier signifiera au capitaine, à bord ou en personne; au bas de cette signification, le chancelier constatera la réponse qui lui aura été faite, et le consul rendra compte de cette infraction à nos ministres des affaires étrangères et de la marine.

Titre III. — *Du séjour des navires.*

Art. 19. Nos consuls exerceront la police sur les navires de commerce français dans tous les ports de leur arrondissement, et dans les rades sur lesquelles il ne se trouverait pas de bâtiments de l'État, en tout ce qui pourra se concilier avec les droits de l'autorité locale, et en se dirigeant d'après les traités, conventions et usages ou le principe de la réciprocité.

Art. 20. En cas de contestation entre les capitaines et leurs équipages, ou les passagers, les consuls essayeront de les concilier.

Ils recevront les plaintes que les passagers pourraient avoir à faire contre les capitaines ou les équipages, et les adresseront au ministre de la marine.

Art. 21. Ils lui signaleront également les capitaines qui, par inconduite, imprévoyance ou ignorance, auraient notoirement compromis la sûreté de leurs équipages et les intérêts des armateurs.

Art. 22. Lorsque des voies de fait, délits ou crimes, auront été commis à bord d'un navire français en rade ou dans le port, par un homme de l'équipage envers un homme du même équipage ou d'un autre navire français, le consul réclamera contre toute tentative que pourrait faire l'autorité locale d'en connaître, hors le cas où, par cet événement, la tranquillité du port aurait été compromise. Il invoquera la réciprocité des principes reconnus en France à cet égard par l'acte du 20 novembre 1806, et fera les démarches convenables pour obtenir que la connaissance de l'affaire lui soit remise, afin qu'elle soit ultérieurement jugée d'après les lois françaises.

Art. 23. Lorsque les hommes d'un équipage français se seront rendus coupables de quelques voies de fait, délits ou crimes, hors du navire ou même à bord, même envers des personnes étrangères à l'équipage, si l'autorité locale les arrête ou procède contre eux, le consul français fera les démarches nécessaires pour que les Français ainsi arrêtés soient traités avec humanité, défendus et jugés impartialement.

Art. 24. Nos consuls tiendront la main à la stricte exécution de l'article 270 du Code de commerce, qui interdit aux capitaines de congédier leurs matelots en pays étrangers. Ils dresseront procès-verbal de tous les faits de cette nature qui parviendront à leur connaissance, en donneront avis au ministre de la marine, et pourvoiront, conformément aux articles 35, 36 et 37, au rapatriement des matelots délaissés par leurs capitaines. Ils pourront néanmoins, sur les plaintes ou demandes du capitaine ou des matelots, et après les avoir entendus contradictoirement, ordonner ou autoriser le débarquement d'un ou de plusieurs matelots, pour des causes graves, sauf à en rendre compte au ministre de la marine.

Ils décideront, dans ce cas, si les frais de retour des matelots seront à la charge de ces derniers ou à celle du capitaine et dans tous les cas, ils prendront des mesures pour effectuer leur renvoi en France, en se conformant aux règlements.

Art. 25. Lorsqu'un homme de l'équipage désertera, le capitaine devra remettre au consul une dénonciation indiquant les nom, prénoms et signalement du déserteur. Cette dénonciation sera certifiée par trois des principaux de l'équipage.

Art. 26. Sur le vu de cette dénonciation, le consul réclamera auprès des autorités locales l'arrestation et la remise des déserteurs; et s'ils ne lui sont pas remis avant le départ du navire, il donnera au capitaine tous les certificats nécessaires, et signalera les coupables à l'administration de la marine du port de l'armement.

Dans le cas où le consul éprouverait des refus ou des difficultés de la part des autorités locales, il ferait les représentations ou protestations convenables, et il rendrait compte à nos ministres des affaires étrangères et de la marine.

Art. 27. Lorsque, par les ordres d'un gouvernement étranger, des navires français auront été retenus ou séquestrés, nos consuls emploieront les moyens convenables pour obtenir leur relaxation et des indemnités, s'il y a lieu; ils feront, en attendant l'issue de leurs démarches, tout ce que pourront nécessiter la conservation des équipages et leur police à bord, ou la sûreté des hommes qui descendront à terre. Ils informeront de ces événements notre ambassadeur ou chef de mission près du souverain territorial et ils en rendront compte aux ministres de la marine et des affaires étrangères.

Art. 28. Lorsqu'il y aura lieu de procéder à un règlement d'avaries communes, nos consuls se conformeront avec exactitude aux dispositions du Code de commerce pour la vérification, l'estimation et la répartition, et veilleront, d'une manière spéciale, à la conservation des droits des propriétaires, chargeurs et assureurs absents. Ils recueilleront tous les renseignements qui leur paraîtront utiles pour découvrir si les jets et autres pertes sont véritables et ne masquent pas quelque fraude ou acte répréhensible de la part des capitaines et équipages.

Dans le cas où un capitaine s'adresserait au consul pour déclarer des avaries et se faire autoriser à les réparer, cet agent s'assurera de la réalité de la dépense avant de donner ses autorisations, visa ou approbation.

Art. 29. Si notre consul découvre qu'un capitaine, en procédant à des réparations d'avaries ou à toute autre opération à la charge des armateurs ou des assureurs, a commis quelque fraude à leur préjudice, il recueillera les renseignements propres à constater la vérité et les fera parvenir à nos ministres secrétaires d'État des affaires étrangères et de la marine. Il est autorisé, en cas d'urgence, à donner directement les avis convenables aux parties intéressées, sous l'obligation d'en rendre compte aux deux départements.

Lorsqu'un capitaine voudra faire des avances ou payer des acomptes aux gens de son équipage, pour achat de vêtement ou pour autre besoin, le consul ne donnera son autorisation qu'après s'être assuré de la nécessité de ces payements; il les fera faire en sa présence; il veillera à ce que la monnaie du pays ne soit évaluée qu'au prix réel du change, et il inscrira le montant des payements sur le livre de bord et sur le rôle d'équipage. Ces payements ne seront admis en compte, lors du désarmement, qu'autant qu'ils auront été apostillés par le consul sur le rôle d'équipage.

Art. 31. Lorsque, dans les cas prévus par l'article 234 du Code de commerce, le consul aura donné à un capitaine l'autorisation, soit d'emprunter à la grosse sur les corps et quille ou sur les apparaux du bâtiment, soit de mettre en gage ou de vendre des marchandises pour les besoins du navire, il en donnera sur-le-champ avis au commissaire chargé des classes dans le port d'armement, qui en préviendra les parties intéressées.

Art. 32. Pour assurer l'exécution de l'article 237 du Code de commerce, qui interdit au capitaine de vendre son navire sans pouvoir spécial des propriétaires, hors le cas d'innavigabilité bien constatée, le capitaine, s'il ne fait pas cette vente dans la chancellerie du consulat, devra préalablement se munir d'un certificat du consul attestant que le pouvoir est régulier.

Le consul signalera à notre ministre des affaires étrangères toute contravention à la présente disposition.

Lorsque les ventes seront faites à la chancellerie du consulat, le pouvoir de vendre donné au capitaine sera annexé au contrat, après avoir été par lui certifié. Le chancelier se dirigera, pour les formes de la vente, d'après les dispositions de la loi du 27 vendémiaire an II (18 octobre 1793), et le consul en donnera sur-le-champ avis à l'administration de la marine du port où le navire était immatriculé.

Si l'acheteur du navire est étranger, ou n'est pas du nombre des Français établis en pays étranger à qui la loi précitée permet de posséder des navires jouissant des privilèges de la francisation, le consul n'accordera son visa, pour passer la vente hors de sa chancellerie, qu'en se faisant remettre les actes de francisation, passeport, congés et autres pièces constatant la nationalité. Il retiendra également ces pièces si le contrat est passé dans sa chancellerie : dans l'un et dans l'autre cas, il les renverra à l'administration du port où le navire était immatriculé.

Art. 33. Lorsqu'un navire français aura, par quelque cause que ce soit, été vendu, démoli ou détruit, le consul en donnera avis à notre ministre de la marine. Dans ce cas et dans celui du désarmement, il passera la revue de l'équipage, veillera à ce que le décompte soit fait et payé, s'il est possible, avec le produit du navire et des débris, ensemble le fret acquis. Les sommes revenant aux équipages pour leurs salaires seront versées à la caisse de la chancellerie et transmises aussitôt au trésorier général des Invalides, caissier des gens de mer, chargé d'en faire acquitter le montant aux marins dans les quartiers où ils sont respectivement classés.

Indépendamment de la solde due aux marins de l'équipage, le consul prélèvera sur les produits ci-dessus mentionnés la somme estimée nécessaire pour leur frais de rapatriement, tels qu'ils sont réglés par les articles 35, 36 et 38.

Il adressera, pour toutes ces opérations, au ministre de la marine, des comptes établis dans les formes prescrites par les instructions de ce département.

Art. 34. Quant aux marins étrangers provenant des navires français vendus, démolis ou détruits, le consul, après s'être assuré s'il a été possible d'acquitter leurs salaires et de pourvoir à leur frais de retour, les dirigera vers leurs consuls respectifs.

Art. 35. Dans tous les cas où un consul devra assurer le rapatriement des marins français, il pourvoira à leurs besoins les plus urgents tant en subsistance que vêtements, chaussures et autres objets indispensables, et donnera sur-le-champ avis de cette dépense au ministre de la marine, sur lequel il se remboursera, sauf le recours de droit à exercer ultérieurement par ce ministre dans l'intérêt de l'État.

Art. 36. Quelle que soit la provenance des marins, si le retour a lieu par terre, les frais de conduite seront réglés conformément à l'arrêté du 5 germinal an XII (26 mars 1804), articles 7 et 8. S'il s'effectue sur des navires de commerce français, et que les hommes ne puissent pas être embarqués comme remplaçants, il sera payé au navire, après l'arrivée dans un port de France ou dans une colonie française :

Savoir : 1 franc 50 centimes par jour pour chaque capitaine, et 1 franc pour les autres personnes de l'équipage.

En ce qui touche les marins naufragés ou délaissés, si le retour a lieu sur les bâtiments de l'État, le passage sera gratuit.

Art. 37. A défaut de navires français, le consul pourra faire embarquer ces marins sur un navire étranger qui serait prêt à faire voile pour la France ou pour une colonie française ; il réglera alors le prix du passage, fera les avances et passera tout acte nécessaire pour que le capitaine qui aura ramené ces marins soit, à son arrivée en France, payé du prix de transport par les soins de l'administration du port où il abordera.

Art. 38. Lorsqu'un marin français sera décédé, soit à terre, soit sur le navire dans le port, le capitaine sera tenu d'en donner sur-le-champ avis au consul qui dressera l'acte de décès. Dans ce cas, et dans celui où le marin étant décédé en rade le capitaine aurait dressé l'acte mortuaire, le consul fera les communications prescrites par l'article 16. Il prendra de plus, comme dans les circonstances prévues par ce même article, les mesures convenables pour qu'il soit fait dépôt en chancellerie des effets appartenant au décédé, donnera au capitaine toutes les décharges nécessaires concernant cette remise, et enverra une copie de l'inventaire au ministre de la marine, qui fera donner les avis et communications utiles à la famille des intéressés.

Art. 39. Si, un an après le dépôt, la famille des marins décédés ne réclame pas les effets en nature, ils seront vendus aux enchères publiques.

Le consul pourra, toutefois, faire vendre sur-le-champ les effets dépérissables, en rendant préalablement une décision motivée qui sera inscrite sur ses registres.

Les fonds provenant de ces ventes seront versés à la caisse de la chancellerie et transmis aussitôt au trésorier général des Invalides, caissier des gens de mer, ainsi qu'il est prescrit par l'article 33.

Art. 40. Le capitaine qui voudra engager des gens de mer pendant le cours d'un voyage sera tenu de les présenter au consul, qui interpellera les parties de lui déclarer si elles sont bien d'accord ; si aucune ne réclame, il inscrira le résultat de la convention sur le rôle d'équipage.

Art. 41. Le consul ne pourra régler ou modifier les conditions des engagements, et laissera aux parties une entière liberté de faire telles conventions qu'elles jugeront à propos. En cas de contestations, il essayera de les concilier ; et s'il n'y peut parvenir il en fera mention dans son procès-verbal, sauf aux parties à se pourvoir devant les tribunaux compétents.

Art. 42. Lorsqu'il y aura lieu, en pays étranger, au remplacement du capitaine pour cause de maladie ou autre, le consul, sur la requête à lui présentée par le consignataire ou par l'équipage, et après avoir pris tous les renseignements qu'il jugera convenables, approuvera ou rejettera la requête par une ordonnance qui sera signifiée tant au capitaine remplacé qu'au demandeur.

Dans ces cas, et lorsqu'il sera nécessaire de remplacer le capitaine décédé, les consuls n'admettront, autant que faire se pourra, pour remplaçants, que les gens de mer ayant la qualité requise par l'ordonnance du 7 août 1823 pour commander un bâtiment de commerce.

Titre IV. — *Du départ des navires.*

Art. 43. Lorsque des navires français destinés pour le long cours armeront ou réarmeront dans leur arrondissement, les consuls tiendront la main à ce que ces navires, avant de prendre charge, soient soumis à la visite prescrite par l'article 225 du Code de commerce et par la loi du 9 août 1791, titre III, articles 11 à 14.

Art. 44. Tout capitaine français prêt à quitter un port étranger remettra à la chancellerie du consulat un état exact des marchandises composant le chargement de son navire, signé et certifié par lui.

Art. 45. Il devra, conformément à l'article 241 du Code de commerce, prendre un certificat du consul constatant l'époque de son arrivée et celle de son départ, ainsi que la nature et l'état de son chargement.

Le consul s'assurera, de plus, si le capitaine a envoyé à ses propriétaires ou à leurs fondés de pouvoirs le compte prescrit par l'article 235 du même Code.

Art. 46. Le consul sera tenu, sous sa responsabilité, de délivrer, en ce qui le concerne, les expéditions aux bâtiments prêts à faire voile, dans les vingt-quatre heures qui suivront la remise des manifestes. Les capitaines qui auront remis leur manifeste les premiers seront les premiers expédiés.

Art. 47. Le consul, en délivrant ses papiers au capitaine, le préviendra qu'aux termes de l'article 345 du Code de commerce, tout homme de l'équipage et tout passager qui apportent des pays étrangers des marchandises assurées en France, sont tenus d'en laisser au consul un connaissement dans le lieu où le chargement s'effectue. Il l'interpellera en même temps de lui déclarer s'il connaît, parmi les gens de son équipage et ses passagers, des personnes qui soient dans ce cas, et lui prescrira de leur donner les avis nécessaires pour l'accomplissement de cette obligation.

Art. 48. Lorsqu'un consul apprendra qu'un navire français en relâche dans un port de son arrondissement se dispose à se rendre dans un lieu dont l'accès offrirait de graves dangers par suite de l'état de la santé publique, d'une interdiction de commerce, d'un blocus ou autres obstacles, il en préviendra le capitaine, et lui fera connaître s'il y a quelque autre port de la même nation où il puisse aborder en sûreté.

Art. 49. S'il existe dans le pays des administrations sanitaires, qui, d'après les règlements locaux, doivent délivrer aux capitaines partant des certificats ou patentes de santé, le consul veillera à ce que le capitaine remplisse les formalités convenables, et visera la patente ou le certificat. S'il n'existe point d'administration de ce genre, le consul délivrera une patente de santé, conformément à l'article 15 de l'ordonnance du 7 août 1822.

Art. 50. Le capitaine qui se croirait obligé de laisser dans un port étranger des gens de mer atteints de maladies contractées pendant le voyage en demandera l'autorisation au consul. Si cette autorisation lui est accordée, le capitaine déposera à la chancellerie la somme que le consul aura déterminée, à l'effet de couvrir les frais éventuels de maladie et de sépulture, comme aussi de mettre, selon le cas, les marins laissés à terre en état de rejoindre leur quartier. Au lieu d'effectuer ce dépôt, le capitaine pourra, avec l'agrément du consul, donner une caution solvable qui prendra l'engagement écrit de subvenir à ces différentes charges.

En cas de contravention à ces dispositions, le consul en dressera procès-verbal et le transmettra au ministre de la marine. Il pourvoira aux besoins des malades abandonnés, et il se remboursera de ses frais et avances sur le ministère de la marine, chargé d'exercer ou de faire exercer, s'il y a lieu, dans l'intérêt de l'État, tout recours de droit contre les véritables débiteurs.

Art. 51. Tout navire français prêt à faire voile pour un des ports du royaume ou pour une colonie française sera tenu, à la réquisition du consul, de recevoir les matelots naufragés ou délaissés à rapatrier, et les conditions de passage seront réglées comme il a été dit article 36 ci-dessus.

Le capitaine sera tenu également de recevoir les marins ou passagers prévenus de délits qui, dans le cas prévu par l'article 22, devraient être conduits en France.

Le consul fera avec lui les conventions qu'il jugera les plus convenables pour régler les frais de passage de ces prévenus; il lui remettra copie de ces conventions, afin que les armateurs se pourvoient pour le payement auprès du ministre de la marine, s'il s'agit de marins, et pour tous autres auprès du ministre des affaires étrangères, sauf remboursement au crédit de ce département par le ministère débiteur. Le consul fera même, si cela est nécessaire, des avances dont il se couvrira sur les fonds du ministère des affaires étrangères, chargé d'exercer la répétition contre qui de droit.

Art. 52. Pour le placement sur les navires français des hommes à renvoyer en France, dans les divers cas prévus par la présente ordonnance, les consuls se guideront d'après la prudence et l'équité.

En cas de représentation de la part des capitaines, ils dresseront un procès-verbal qu'ils transmettront au ministre de la marine.

Art. 53. Tout capitaine partant d'un port étranger est tenu de recevoir, jusqu'au moment de mettre sous voile, les dépêches ou autres envois de papiers adressés par nos consuls à nos ministres et administrations publiques du royaume avec lesquelles ils doivent être ou sont autorisés à être en correspondance.

Les capitaines qui se rendront dans un port étranger seront également obligés de recevoir, jusqu'au moment de mettre sous voile, les dépêches et envois adressés aux consuls et aux ambassadeurs et chefs de missions du roi dans les pays où ce port est situé.

La remise des dépêches sera, dans ces deux cas, mentionnée au rôle d'équipage.

A l'égard de celles dont ils seront chargés par la direction

générale des postes, ils se conformeront aux règlements particuliers sur cet objet.

Art. 54. Lorsqu'un marin qui se serait trouvé absent au
moment de l'appareillage de son navire se présentera volontairement devant le consul, dans le délai de trois jours, cet
agent lui délivrera un certificat constatant le fait, et en rendra
compte au ministre de la marine.

TITRE V. — *Des navires naufragés.*

Art. 55. Lorsqu'un capitaine arrivera dans le port où se
trouve un consul, après avoir éprouvé un naufrage ou un
échouement avec bris, il devra en faire un rapport circonstancié.

En cas de naufrage, le capitaine indiquera, avec détails, le
lieu du sinistre ; il donnera les noms des marins ou passagers
qui auraient péri ; il fournira des explications sur l'état du
navire, barques ou embarcations qui en dépendaient; sur les
effets, papiers et sommes qu'il aurait sauvés.

S'il y a eu échouement avec bris, le capitaine fera la même
déclaration et, en outre, il sera tenu d'indiquer tout ce qui
pourrait faciliter le sauvetage du navire et de la cargaison. Il
devra énoncer toutes les circonstances, telles que les cas de
fortune de mer, de voie d'eau, d'incendie, de poursuite par
l'ennemi ou par un pirate, qui l'auraient forcé ou déterminé à
jeter le navire à la côte.

Art. 56. Aussitôt qu'un consul aura été informé de cette
manière, ou par quelque autre voie que ce soit, du naufrage
ou échouement d'un navire français dans son arrondissement,
il se hâtera de prendre ou de provoquer les mesures convenables pour qu'il soit porté secours aux naufragés et procédé
au sauvetage.

Art. 57. Si les premiers avis parviennent à un vice-consul
ou agent consulaire, il sera tenu, en prenant des mesures
provisoires, de rendre compte de l'événement au consul sous la
direction duquel il est placé, et de se conformer ultérieurement aux ordres et instructions qui lui seront adressés.

Art. 58. Nos consuls se conformeront, pour l'exécution des
deux articles précédents, aux conventions faites ou usages

pratiqués entre la France et les pays où ils résident, relativement aux soins à donner et aux mesures à prendre pour le secours et les sauvetages. Ils auront à se guider, en outre, d'après les règlements et les instructions du ministère de la marine sur cette matière.

Art. 59. Dans les pays où les consuls de France et leurs agents sont autorisés à donner exclusivement des ordres en matière de bris et naufrage, ils feront auprès de l'autorité locale qui les aurait devancés, les réquisitions nécessaires pour être admis à opérer directement et en toute liberté, et pour que toute personne non agréée par eux soit immédiatement obligée de se retirer, ils se feront remettre les objets déjà sauvés.

Ils s'entendront avec l'autorité locale pour connaître les premières circonstances de l'événement et rembourser les frais qu'elle aura déjà faits.

Art. 60. Ils feront administrer tous les secours nécessaires aux personnes blessées ou noyées. Dans le cas où on ne pourrait les rappeler à la vie, ils feront ou inviteront l'autorité locale à faire tous procès-verbaux et enquêtes pour connaître l'identité de ces personnes, et donneront leurs soins pour que l'inhumation ait lieu après qu'un acte de décès aura été rédigé.

Art. 61. S'ils trouvent ou découvrent quelques papiers, tels que chartes-parties, connaissements, patentes de santé et autres renseignements écrits, ils les recueilleront pour être déposés en leurs chancelleries, après qu'ils les auront cotés et parafés. Du reste, ils recevront tous rapports ou déclarations, feront subir d'office tous interrogatoires nécessaires aux capitaines, gens d'équipage ou passagers qui auraient échappé au naufrage.

Art. 62. Dans les recherches qu'ils feront des causes du naufrage et de l'échouement, les consuls s'occuperont spécialement du soin de connaître si l'accident peut ou non être attribué à quelque crime, délit ou autre baraterie de patron, ou à quelque connivence dans la vue de tromper les assureurs, et transmettront tous les renseignements nécessaires au ministre de la marine qui les fera communiquer au procureur général près telle cour qu'il appartiendra.

Art. 63. Ils nommeront, en se conformant aux conventions ou usages, tous séquestres, gardiens ou dépositaires des objets sauvés, et feront les marchés nécessaires avec les hommes du pays, soit pour obtenir leur assistance, soit pour se procurer des magasins où les objets sauvés puissent être mis en dépôt,

Art. 64. Aussitôt que le consul pourra connaître les noms du navire, du capitaine, et les autres renseignements qu'il lui paraîtra utile de communiquer au public, il prendra les mesures convenables pour avertir les intéressés. Il en donnera avis, par les voies les plus promptes, au ministre de la marine et à l'administration du port de départ et du port de destination.

Art. 65. Si, lors de l'échouement ou après, les propriétaires ou assureurs du navire et des marchandises y chargées, ou leurs correspondants, munis de pouvoirs suffisants, se présentent pour opérer le sauvetage par eux-mêmes, en acquittant les frais déjà faits et donnant caution pour ceux qui resteraient à faire, le consul pourra leur laisser le soin de gérer le sauvetage. Il en sera de même lorsque le capitaine, le subrécargue ou quelque passager justifiera de pouvoirs spéciaux pour procéder au sauvetage en cas de sinistre.

Si le consul refuse d'obtempérer à ces demandes, sa décision sera motivée, et il sera donné acte des dires et réquisitions des parties.

Art. 66. Le consul se concertera avec l'autorité locale pour qu'elle lui prête son appui dans toutes les circonstances qui pourraient exiger l'emploi de la force publique. En cas de vol ou de tentative de vol, il signalera les coupables à la justice du lieu.

Art. 67. Si, à l'occasion du naufrage et des mesures de conservation et de sauvetage auxquelles le consul doit se livrer, il est nécessaire de prendre quelques précautions à l'égard des administrations sanitaires du pays, ou de leur donner des avis, il veillera à ce que tout ce qui est convenable ou obligatoire soit également observé.

Art. 68. Les consuls interposeront leurs soins et leurs bons offices auprès des autorités du pays pour obtenir la réduction ou la dispense des taxes sur les marchandises qui se trouveraient avariées par l'effet du naufrage, ou que les circonstances obligeraient de vendre dans le pays.

Art. 69. En cas d'échouement sans bris, le consul prendra les mesures nécessaires pour faciliter au capitaine les moyens de remettre le navire à flot. Il pourra ordonner que le navire soit démoli, si la nécessité de désobstruer l'entrée du port ou le lieu d'échouement était reconnue indispensable, ou si l'état des lieux, les règlements locaux, les déclarations ou réquisition des autorités du pays ne permettaient pas qu'on eût le temps suffisant pour relever et dégager le navire.

Dans les décisions et déclarations relatives aux cas de l'espèce, il procédera, comme dans toute circonstance où il s'agit de statuer sur l'innavigabilité d'un navire, d'après l'avis d'experts assermentés, dont le procès-verbal sera annexé à la décision.

Art. 70. Le consul pourvoira au payement des frais de sauvetage d'après une fixation amiable avec ceux qui y auront travaillé. En cas de difficulté, il en fera la taxe, si les soins ont été donnés par l'équipage du navire, et se conformera à celle qui aura été faite par l'autorité locale compétente, si les soins ont été donnés par des étrangers; il pourvoira également aux dépenses de nourriture et autres frais indispensables pour la conservation de l'équipage et son envoi en France, de la manière réglée par les articles 35, 36 et 37 ci-dessus.

Art. 71. Lorsque les propriétaires, assureurs ou leurs fondés de pouvoirs, se présenteront pour obtenir la remise d'objets à l'égard desquels ils justifieront de leurs droits, la délivrance leur en sera faite par ordre du consul, moyennant l'acquittement proportionnel des frais.

Art. 72. Afin d'acquitter, conformément à l'article 70, les frais et dépenses du sauvetage, le consul fera procéder, selon que l'urgence ou les circonstances pourront l'exiger, à la vente publique de tout ou partie des débris, agrès et apparaux sauvés.

Il pourra également, en cas d'avarie, et après avoir fait constater par des experts assermentés l'état des marchandises, faire procéder à la vente de celles qu'il y aurait de l'inconvénient à garder en magasin.

Art. 73. Il est interdit aux consuls et chanceliers de se rendre directement ou indirectement acquéreurs ou adjudicataires de quelque partie que ce soit de ces objets et de tous autres vendus d'après leurs ordres ou par leur entremise.

Art. 74. Dans le cas où, aucune partie de la cargaison n'ayant pu être sauvée, le seul produit des débris du navire ne suffirait pas pour acquitter les dépenses du sauvetage ainsi que les secours indispensables aux naufragés, et, s'il y a lieu, les frais de conduite, le consul avancera le complément nécessaire, et s'en remboursera aussitôt par des traites sur le Trésor public, à viser pour acceptation par notre ministre secrétaire d'État au département de la marine et des colonies.

S'il y a eu des marchandises sauvées, le consul pourra en faire vendre aux enchères jusqu'à concurrence de la part incombant à ces marchandises dans les frais généraux de sauvetage, d'après les comptes de liquidation.

Art. 75. Si, contrairement soit aux traités ou conventions, soit au principe de la réciprocité, les autorités locales, dans les pays où elles sont en possession de donner exclusivement leurs soins au sauvetage des navires, exigeaient des droits autres que ceux fixés par les tarifs ou par l'usage, ou que, de toute autre manière, il fût porté atteinte aux droits de propriété des Français, nos consuls feraient les représentations ou protestations convenables.

Ils agiraient de même si l'autorité locale leur contestait le droit de gérer librement le sauvetage des navires français dans les pays où ce droit leur est accordé soit par les traités ou conventions, soit en vertu du principe de la réciprocité.

Art. 76. Lorsque les consuls et chanceliers seront obligés de se déplacer pour des opérations relatives à un naufrage, il leur sera alloué des frais de voyage et de séjour, conformément aux tarifs de chancellerie : toute autre perception, sous quelque forme ou dénomination que ce puisse être, pour leurs soins et leur travail comme remplissant à l'étranger les fonctions dont les commissaires des classes sont chargés en France, leur est interdite.

Art. 77. Tous les trois mois, les consuls adresseront au ministre de la marine un compte présentant, par bâtiment, le résultat des opérations relatives au service des bris et naufrages. Ce compte sera appuyé de tous les procès-verbaux de sauvetage et de vente, ensemble de toutes les pièces justificatives concernant es recettes et les dépenses propres à chaque bâtiment.

Le solde de compte sera remis sur-le-champ au ministre de la marine, soit en traites de toute solidité, soit en numéraire, s'il n'a pas été possible de se procurer des traites. Les traites ou connaissements seront à l'ordre du trésorier général de l'établissement des Invalides, qui est chargé d'en encaisser le montant et de le faire parvenir, sans retard et sans frais, au domicile des parties intéressées.

TITRE VI. — *Des armements en course et des prises.*

Art. 78. Nos consuls se conformeront, en ce qui les concerne, au règlement du 2 prairial an XI (22 mars 1803), lorsqu'il y aura lieu d'autoriser des armements en course dans leur arrondissement; et lorsque des prises y seront conduites, ils se dirigeront d'après les prescriptions des arrêtés du 6 germinal an VIII (27 mars 1800) et du 9 ventôse an XI (28 février 1801).

21 novembre 1833. — *Ordonnance sur les fonctions des consuls dans leurs rapports avec la marine militaire.*

TITRE Ier. — *Dispositions générales.*

Art. 1er. Le passage sur les bâtiments de guerre ne sera accordé aux consuls qui se rendront d'un port du royaume à leur destination que d'après une demande adressée par le ministre des affaires étrangères au ministre de la marine et des colonies.

Il en sera de même, autant que possible, lorsque les consuls auront à demander passage sur les bâtiments de guerre, soit pour satisfaire à des ordres de permutation, soit pour revenir en France.

La correspondance constatant le fait de cette demande officielle sera exhibée aux officiers commandants.

Toutefois, en cas de décès des consuls à l'étranger, aucune justification analogue ne sera exigée pour assurer, s'il y a lieu, le retour de leur famille dans un port de France ou dans une colonie française.

Art. 2. Les consuls généraux et consuls admis à prendre passage sur les bâtiments de guerre y seront traités selon leur rang d'assimilation avec les officiers de la marine royale, qui est réglé ainsi qu'il suit :

Le consul général aura rang de contre-amiral ;

Le consul de première classe, rang de capitaine de vaisseau;

Et le consul de seconde classe, rang de capitaine de frégate.

Les allocations pour le passage de ces agents continueront d'être payées aux officiers commandants sur les fonds de la marine, à charge de remboursement par le département des affaires étrangères immédiatement après vérification.

Art. 3. Les consuls qui croiraient devoir réclamer, en faveur de tierces personnes, le passage sur des bâtiments de guerre, pour revenir en France ou pour se rendre d'un point à un autre hors du royaume, devront toujours faire ces demandes *par écrit*.

Toute dépense de cette nature, qui ne serait pas justifiée par une demande *écrite* des consuls, demeurera au compte de l'officier commandant.

Les frais de passage dûment justifiés seront supportés par le département de la marine, s'ils concernent des hommes de mer, et, pour tous autres individus, ils seront remboursés par le ministère des affaires étrangères, sauf recours contre qui de droit.

Art. 4. Lorsqu'un passage annoncé n'aura pas eu lieu, il sera payé à l'officier commandant, ou, selon le cas, à l'état major du bâtiment, une indemnité égale à la moitié de l'allocation qui aurait été due d'après les tarifs si le fait de passage se fût accompli.

Cette dépense sera supportée par le département des affaires étrangères, dans le cas où l'incident serait résulté soit d'une révocation de ces ordres, soit de ce que le passager annoncé n'aurait pas été rendu à bord à l'époque indiquée pour le départ; elle demeurera à la charge du département de la marine si le bâtiment a mis à la voile avant cette époque ou si la destination a été changée.

Art. 5. Les consuls ne pourront obtenir aucune allocation directe ou indirecte, sur le budget de la marine, pour le serice dont ils sont chargés en ce qui concerne les bâtiments du roi.

Cependant notre ministre des affaires étrangères, après s'être concerté avec notre ministre de la marine, pourra nous présenter les propositions qu'il estimerait justes et convenables à l'effet d'indemniser les consuls que le séjour prolongé des escadres ou divisions aurait pu constituer en dépenses extraordinaires.

Art. 6. Les visites officielles entre les consuls et les officiers de la marine royale seront réglées ainsi qu'il suit :

Les consuls généraux et consuls feront la première visite aux commandants en chef de stations, escadres ou divisions, pourvus de commission.

Cette visite sera faite aux consuls généraux et consuls par tout officier commandant un bâtiment isolé ou détaché. Si le commandant est capitaine de vaisseau, les officiers du consulat le recevront au débarcadère.

La visite officielle n'aura lieu, de part et d'autre, qu'à la première arrivée des bâtiments du roi dans la rade ou le port de la résidence des consuls.

Elle sera rendue dans les vingt-quatre heures, toutes les fois que le temps le permettra.

Titre II. — *De l'arrivée et du séjour des bâtiments.*

Art. 7. Lorsque des bâtiments du roi se disposeront à entrer dans une rade ou dans un port étranger, le consul, s'il y règne quelque maladie épidémique ou contagieuse, en donnera promptement avis aux officiers commandants.

Il fera, d'ailleurs, toutes les démarches nécessaires pour préparer et maintenir le bon accord entre les officiers commandants et les autorités locales.

Il éclairera les commandants sur les honneurs qui seraient à rendre à la place, d'après les règlements ou les usages, et il les instruira de ce que font aussi, à cet égard, les principaux pavillons étrangers.

Art. 8. Si, malgré ces explications officieuses, le salut n'a pas été fait ou rendu à la commune satisfaction, les officiers commandants et les consuls en informeront nos ministrés de la marine et des affaires étrangères.

Art. 9. Les consuls et les officiers commandants auront soin de se communiquer réciproquement tous les renseignements qui pourraient intéresser le service de l'État et le commerce maritime.

Art. 10. Conformément à l'article 19 de notre ordonnance du 29 octobre dernier, les consuls devront remettre le *droit de police* sur les navires de commerce français *en rade* aux officiers commandants des bâtiments du roi qui apparaîtront dans leur résidence.

Toutefois, si l'officier commandant, ayant à reprendre la mer dans un délai de moins de huit jours, s'abstient de revendiquer l'exercice de cette attribution, les consuls en demeureront investis, à moins que, dans l'intérêt de la discipline et du bon ordre, ils ne croient indispensable que le commandant en soit chargé, auquel cas ils devront lui en faire la demande officielle.

Il en serait de même si les consuls croyaient devoir, pour des motifs analogues, inviter le commandant à les seconder dans l'exercice de leur *droit de police* sur les navires du commerce stationnés *dans le port.*

Art. 11. Dans le cas de relâche, ainsi que dans le cas où les bâtiments de guerre viendraient en mission ou en station, le consul, comme suppléant l'administration de la marine, fera pourvoir à leurs besoins de toute nature.

Art. 12. Le consul ne procédera à ce service que sur des états de demandes dressés, soit par le conseil d'administration du bord pour les bâtiments armés avec des équipages de ligne, soit par l'agent chargé de la comptabilité et par l'officier en second pour les bâtiments qui ne seraient pas armés de cette manière. Les demandes devront être approuvées par l'officier commandant.

Art. 13. Après avoir examiné les demandes des bâtiments, le consul se mettra en mesure d'y satisfaire dans les limites fixées par les règlements de la marine.

Il passera tous marchés nécessaires en présence de l'agent chargé de la comptabilité et des officiers désignés par le commandant pour assister à cette opération. Les marchés devront être visés par le commandant. Le consul se conformera et veillera à ce que l'on se conforme pour le nombre, la nature et la forme des pièces justificatives de la dépense, aux règlements et instructions sur la comptabilité de la marine.

Art. 14. A la fin de chaque trimestre, le consul dressera un compte qu'il transmettra, par les voies les plus promptes, au ministre de la marine, avec les pièces justificatives à l'appui.

A la même époque, et pour payer les fournisseurs ou pour se rembourser des payements directs qu'il leur aurait faits, le consul émettra, jusqu'à concurrence du montant de la dépense constatée, des traites sur le Trésor public à viser pour acceptation par le ministre de la marine ; il se conformera ponctuellement, quant à cette émission de valeurs, aux instructions qui lui seront adressées par ce même ministre.

Art. 15. Si des hommes désertent des bâtiments de guerre, le consul, sur la dénonciation qui lui en sera faite dans les formes prescrites par les lois et règlements, interviendra auprès de l'autorité locale pour qu'ils puissent être poursuivis et arrêtés.

En cas d'arrestation, la prime sera immédiatement payée aux capteurs, s'ils la réclament, par les soins du consul.

Le déserteur sera conduit à son bord, si le bâtiment auquel il appartient n'a pas repris la mer. Si ce bâtiment est parti et qu'il y ait sur rade d'autres bâtiments de guerre, le déserteur sera mis à la disposition de l'officier commandant en chef. A défaut de bâtiment de guerre, le consul renverra le déserteur en France sur un navire de commerce, avec l'ordre écrit au capitaine de le remettre en arrivant à la disposition de l'administration de la marine, et il en rendra compte au ministre.

Les frais de passage seront réglés, dans ce cas, comme il est dit aux articles 36 et 37 de notre ordonnance du 29 octobre dernier.

TITRE III. — *Du cas d'appel aux forces navales.*

Art. 16. Lorsque, d'après la situation politique du pays, le consul le croira nécessaire dans l'intérêt de l'État ou par suite de danger manifeste, soit pour la sûreté des personnes, soit pour la conservation des propriétés françaises, il pourra faire appel aux forces navales qui se trouveraient en rade ou dans des parages peu éloignés.

Art. 17. Si les bâtiments sont réunis en escadres ou divisions, cet appel, toujours appuyé d'une communication en forme de note, sera adressé à l'officier général ou supérieur commandant en chef.

Art. 18. Si l'appel est adressé à un bâtiment détaché d'une escadre ou division, l'officier commandant devra en référer à l'officier général ou supérieur commandant en chef, à moins d'obstacles causés par l'éloignement ou par l'urgence.

Art. 19. Lorsque, par l'effet de ces obstacles, le commandant d'un bâtiment détaché sera forcé de prendre sous sa responsabilité personnelle une détermination immédiate, cet officier aura soin d'en informer, par les voies les plus promptes, l'officier général ou supérieur commandant en chef l'escadre ou division et le ministre de la marine.

Art. 20. L'officier commandant un bâtiment isolé, qui se trouverait dans une situation analogue, rendra compte promptement des faits au ministre de la marine.

Art. 21. Dans les communications qui seront échangées entre les agents des deux ministères, pour les cas d'appel aux forces navales, les officiers de la marine devront avoir soin de faire connaître officiellement et par écrit aux consuls si des ordres antérieurs leur avaient ou non assigné des missions que cet appel serait de nature à retarder ou à compromettre.

Art. 22. Si les bâtiments doivent être retenus dans le pays au delà des époques qui avaient été fixées par les ordres et instructions du ministre de la marine, l'officier général ou supérieur commandant en chef, et, selon le cas, l'officier commandant un bâtiment isolé, se hâtera d'en rendre compte à ce ministre, afin qu'il se mette en mesure d'assurer par d'autres combinaisons l'ensemble du service, et qu'il avise, s'il y a lieu, de concert avec le ministre des affaires étrangères, aux moyens de subvenir à l'excédent de dépenses.

Le consul rendra compte, de son côté, au ministre des affaires étrangères, de toutes les circonstances qui l'auront obligé à provoquer cette prolongation de séjour.

TITRE IV. — *Des dispositions éventuelles à prendre après le départ des bâtiments.*

Art. 23. Lorsque des marins appartenant aux bâtiments du roi auront été laissés à terre pour cause de maladie, le consul pourvoira à l'acquittement de la dépense qu'ils auront occasionnée. A défaut d'autres bâtiments de guerre ou présents ou annoncés pour une époque rapprochée, le consul assurera le retour de ces marins en France par la voie des navires de commerce.

Il se remboursera de toutes ses avances sur le ministère de la marine.

Art. 24. Si un bâtiment de guerre a été contraint, par un appareillage subit, ou pour toute autre cause, d'abandonner des ancres, des chaînes, des embarcations, ou de laisser à terre des effets et munitions quelconques, le consul prendra sur-le-champ telles mesures que lui indiqueront les instructions qui lui auraient été adressées, soit pour le cas particulier, soit pour les faits de l'espèce en général, et, à défaut d'instructions, il se guidera d'après ce que la prudence lui suggérerait pour le bien du service. Il devra rendre compte des faits et des résultats au ministre de la marine.

Art. 25. Si d'après les instructions qui auront été données au consul, ou d'après la détermination qu'il aura cru devoir prendre lui-même en raison, soit de l'état de dépérissement, soit de la cherté ou de la difficulté du transport, les objets provenant des bâtiments du roi doivent être vendus sur les lieux en tout ou en partie, la vente ne pourra se faire que par voie d'adjudication publique.

Art. 26. En cas de vente, il sera fait un procès-verbal détaillé que le consul adressera, avec toutes les pièces justificatives, à notre ministre de la marine.

Il transmettra aussitôt le produit de la vente au même ministre qui en fera effectuer le versement au Trésor (recettes diverses), conformément aux prescriptions de l'ordonnance du 14 septembre 1822 sur la comptabilité publique.

Art. 27. Les dispositions mentionnées dans les articles 24, 25 et 26 sont applicables aux objets provenant d'un bâtiment de guerre qui aurait fait naufrage ou qui aurait été condamné pour cause d'innavigabilité.

28 novembre—11 décembre 1833. — *Ordonnance relative à l'immatriculation dans les chancelleries consulaires des Français résidant à l'étranger.*

Art. 1er. Les Français résidant à l'étranger, qui voudront s'assurer la protection du consul dans l'arrondissement duquel ils sont établis, ainsi qu'un moyen de justifier de leur esprit de retour, et la jouissance des droits et privilèges déjà attribués ou qui pourront l'être à l'avenir, par les traités, les lois ou ordonnances aux seuls Français *immatriculés*, devront se faire inscrire, après la justification de leur nationalité, sur un *registre-matricule*, tenu à cet effet dans la chancellerie de chaque consulat.

Art. 2. Il ne sera perçu aucun droit pour l'inscription sur ce registre.

Art. 3. Des certificats d'immatriculation seront délivrés aux personnes inscrites qui en feront la demande.

Art. 4. Ne pourront être admis à l'immatriculation et seront rayés du registre, s'ils y ont été inscrits, les Français qui, d'après les lois du royaume, auront encouru la perte de la nationalité.

5 juillet 1842. — *Ordonnance qui confie au consul honoraire, chancelier de l'ambassade à Constantinople, les fonctions judiciaires précédemment attribuées au consul. (Bull. off., 10107).*

6 novembre 1842 ; 1er juillet 1845. — *Ordonnance portant fixation du tarif des droits à percevoir dans les chancelleries consulaires (IX, Bull. off. MCCXIII, n° 12055).*

26 avril—19 juin 1845. — *Ordonnance relative au personnel des consulats (IX, Bull. off. MCCVIII, n° 12032).*

27 juillet—25 août 1845. — *Ordonnance qui alloue dans certains cas des traitements spéciaux aux agents* *diplomatiques et consulaires* (IX, *Bull. off.*, MCCXXXII, n° 12189).

4 août 1847. — *Ordonnance sur le personnel des consulats.*

Art. 1er. Le nombre des brevets de 1re classe attribués à nos consuls est fixé à quarante. La classe sera désormais attachée à la personne de l'agent, indépendamment de la résidence à laquelle il sera appelé.

14 décembre 1848. — *Décret relatif aux indemnités de frais d'établissement des agents politiques et consulaires du département des affaires étrangères (Bull. off., 106, n° 987).*

20 février—11 juin 1852. — *Décret sur les indemnités de frais d'établissement accordées aux ambassadeurs ministres plénipotentiaires, ministres résidents, chargés d'affaires en titre, consuls généraux et consuls (X, Bull. off., DXXXIX, n° 4109).*

25 août 1852. — *Ordonnance sur les fonctions judiciaires des consuls à Macao (Duvergier, 1852, p. 57).*

9 juin 1853. — *Loi sur les pensions civiles.*

. . . .

Art. 7, § 3. En aucun cas elle ne peut excéder ni les trois quarts du traitement moyen, ni les maximum déterminés au tableau annexé à la présente loi sous le n° 3.

. . . .

Art. 10. Les services civils rendus hors d'Europe par les fonctionnaires et employés envoyés hors de l'Europe par le gouvernement français, sont comptés pour moitié en sus de leur durée effective, sans toutefois que cette bonification, puisse réduire de plus d'un cinquième le temps de service effectif exigé pour constituer le droit à pension. — Le supplément accordé à titre de traitement colonial n'entre pas dans le calcul du traitement moyen. — Après quinze années de services rendus hors d'Europe, la pension peut être liquidée à cinquante-cinq ans d'âge.

9 novembre 1853. — *Décret sur l'exécution de la loi du 9 juin 1853 sur les pensions civiles.*

. . . .

Art. 19. Les agents politiques et consulaires supportent les retenues déterminées par l'article 3 de la loi du 9 juin 1853, sur l'intégralité des premiers 20,000 francs de leurs émoluments personnels, sur les quatre cinquièmes des seconds 20,000 francs, sur les trois cinquièmes des troisièmes 20,000 francs, sur les deux cinquièmes des quatrièmes 20,000 francs, et enfin sur le cinquième de tout ce qui excède 80,000 francs.

. . . .

Art. 27. — A l'égard des agents extérieurs du département des affaires étrangères et des fonctionnaires de l'enseignement qui sont admis à la retraite dans la position d'inactivité prévue par le 4e § de l'article 10 de la loi du 9 juin 1853, le traitement moyen s'établit sur les six années de services qu'ils ont rendus comme titulaires d'emploi, avant leur mise en inactivité.

26 avril 1854. — *Décret impérial portant fixation des allocations attribuées aux agents diplomatiques et consulaires qui auront été obligés, pour cause de guerre ou de force majeure, de rentrer en France (Bull. off., 169, n° 1422).*

31 juillet 1855. — *Décret relatif aux congés à accorder aux agents vice-consuls, aux drogmans et aux chanceliers diplomatiques ou consulaires (XI, Bull. off., n° 2942).*

18 août 1856. — *Décret sur le traitement des chefs de mission diplomatique absents par congé ou pour des affaires de service (XI, Bull. off., CDXXXIII, n° 4064).*

18 août 1856. — *Décret portant réorganisation du corps des secrétaires de missions diplomatiques.*

Art. 1er. La classification par poste diplomatique, des secrétaires d'ambassade ou de légation et des attachés payés, est supprimée. Est également supprimé le titre d'attaché payé.

Art. 2. Les secrétaires seront à l'avenir divisés en trois classes. Leur nombre est fixé à soixante-deux : savoir ; 14 secrétaires de première classe, 24 secrétaires de deuxième classe, 24 secrétaires de troisième classe.

Art. 3. Suivant les besoins du service, les secrétaires pourront être attachés à des ambassades ou des légations indistinctement, quelle que soit la classe à laquelle ils appartiendront.

Art. 4. Nul ne pourra être nommé secrétaire de troisième classe s'il n'a été au moins trois ans attaché à un poste diplomatique ou s'il ne compte trois ans de surnumérariat dans les bureaux du ministère. Nul ne pourra être nommé secrétaire de deuxième classe s'il n'a rempli au moins trois ans les fonctions de troisième classe ou s'il n'a joui, pendant trois ans, d'un traitement dans l'administration centrale du département des affaires étrangères. Nul ne pourra être nommé secrétaire de première classe s'il n'a été au moins trois ans secrétaire de deuxième classe, ou s'il a été pendant trois ans rédacteur dans les bureaux du ministère.

Art. 5. Les secrétaires de première classe jouiront d'un traitement fixe de 10,000 francs, les secrétaires de deuxième classe d'un traitement fixe de 8,000 francs, les secrétaires de troisième classe d'un traitement fixe de 3,000 francs. Il sera en outre alloué, à plusieurs d'entre eux, à raison de la cherté de la vie dans certaines résidences, des indemnités supplémentaires graduées de mille à quatre mille francs.

Art. 6. Le nombre des attachés surnuméraires est fixé à trente-six. Nul ne pourra être attaché surnuméraire plus de huit ans. Les attachés surnuméraires seront nommés par un arrêté ministériel. Ils seront licenciés en droit et devront justifier d'un revenu ou pension d'environ six mille francs.

22 septembre 1858. — *Décret sur les attributions des vice-consuls* (Duvergier, 1858, p. 501).

9 avril 1870. — *Décret sur les frais d'établissement.*

Art. 1er. Les chefs de missions diplomatiques et consulaires (à l'exception des agents vice-consuls) ont droit à recevoir une indemnité pour frais d'établissement.

Art. 2. Cette indemnité est égale au tiers du traitement accordé à l'agent, lorsque ce traitement est de 60,000 francs ou au-dessous. Lorsqu'il dépasse 60,000 francs, l'indemnité se détermine d'après une échelle décroissante, et les éléments qui la composent sont les suivants, savoir :

Le tiers des premiers 60,000 francs ;

Le tiers des quatre cinquièmes des seconds 60,000 francs;

Le tiers des trois cinquièmes des troisièmes 60,000 francs ;

Le tiers des deux cinquièmes des quatrièmes 60,000 francs;

Le tiers du cinquième de la portion excédant 240,000 francs.

En ce qui concerne les postes où il existe un hôtel d'ambassade ou une maison consulaire appartenant à la France et pourvus du mobilier nécessaire, non seulement dans les salons de réception, mais encore dans les appartements privés, l'indemnité sera diminuée d'un cinquième de son montant.

Art. 3. L'indemnité de frais d'établissement s'ordonnance à l'époque où l'agent fait ses préparatifs de départ pour se rendre à son poste.

Elle s'acquiert par trois années de jouissance de tout ou partie du traitement du poste. Dans les comptes à intervenir, chaque mois représentera un trente-sixième.

Les fractions de mois seront comptés pour un mois entier en faveur de l'agent.

Art. 4. En cas de destitution ou de démission, l'agent doit restituer au Trésor le montant des trente-sixièmes qui ne lui sont pas acquis. La restitution a lieu sur la simple demande du ministre des affaires étrangères.

Art. 5. En cas de rappel d'un agent pour des causes étrangères au mérite de ses services, si cet agent est considéré comme ne devant plus être réemployé, la restitution de la partie de l'indemnité non acquise sera également exigée. Toutefois cette restitution ne pourra jamais excéder les dix-huit trente-sixièmes de l'indemnité.

L'effet de la compensation accordée à l'agent cessera s'il est remis en activité; mais il lui sera alors tenu compte d'un trente-sixième pour chaque mois écoulé depuis son rappel.

Art. 6. L'agent mis en inactivité continue d'acquérir l'indemnité qu'il a reçue lors de sa dernière nomination. Après dix-huit mois d'inactivité, elle lui appartient définitivement.

Art. 7. Lorsqu'un agent est nommé à un nouveau poste avant d'avoir acquis entièrement l'indemnité qui lui a été accordée, il y a lieu d'imputer sur l'indemnité nouvelle qu'il reçoit une somme égale au montant des trente-sixièmes qu'il lui reste à acquérir sur la somme à laquelle s'élevait l'indemnité précédemment concédée.

Art. 8. Lorsqu'un agent, après avoir reçu l'indemnité allouée pour un poste, est remplacé avant son départ,

S'il est nommé à une résidence donnant droit à une indemnité moindre, il doit restituer immédiatement la différence.

S'il est remplacé sans être envoyé dans une destination nouvelle, il reversera au Trésor toute la somme qu'il aura reçue.

Toutefois, si son remplacement provient de causes qui ne puissent lui être imputées, et qu'il ait déjà fait, de bonne foi, des dépenses d'établissement, le ministre appréciera la somme qui pourra lui être laissée en compensation de ses pertes. Cette somme ne pourra dépasser les deux cinquièmes de l'indemnité.

Art. 9. Lorsque le traitement d'un poste est augmenté, le titulaire reçoit sur cette augmentation, une indemnité supplémentaire de frais d'établissement qui est calculée d'après les fixations de l'article 2 du présent décret. Ce supplément s'acquiert du jour à compter duquel court l'augmentation.

Art. 10. Après huit ans de résidence consécutive dans le même poste, tout agent politique ou consulaire pourra obtenir une seconde indemnité de frais d'établissement, si le ministre des affaires étrangères juge convenable de la proposer au chef de l'État.

La proportion de cette indemnité sera du sixième du traitement. Elle sera soumise aux mêmes conditions de précompte et de restitution que la première.

L'agent ne commencera à l'acquérir qu'à compter de la date du décret de concession.

Art. 11. En cas de décès d'un agent après son entrée en fonctions, l'indemnité appartient définitivement à sa succession. Si l'agent meurt avant d'avoir pris le service du poste qui lui est assigné, et s'il est avéré qu'il avait effectué des dépenses en vue de sa prochaine installation, une portion de l'indemnité de frais d'établissement qu'il avait reçue ou devait recevoir, pourra être attribuée à ses héritiers par décision du ministre : cette portion sera au moins de la moitié et au plus des deux tiers de l'indemnité.

20 Décembre 1873. — *Décret relatif aux indemnités pour frais d'établissement accordés aux chefs de mission diplomatique ou consulaire choisis en dehors de la carrière.*

Art. 1er. Les chefs de mission diplomatique ou consulaire choisis en dehors de la carrière, et que le ministre des affaires étrangères jugerait n'en devoir faire partie que transitoirement, auront droit, néanmoins, à l'indemnité de frais d'établissement ordinaire, telle qu'elle est déterminée par l'article 2 du décret du 9 avril 1870 ; mais cette indemnité sera réglée, par avances successives, de la manière suivante, savoir :

Un tiers au moment où l'agent fera ses préparatifs de départ pour se rendre à son poste ;

Un second tiers après une année de résidence dans ce même poste ;

Le dernier tiers au commencement de la troisième année de séjour.

Ces allocations partielles, une fois ordonnancées, seront considérées comme acquises aux chefs de postes dont il s'agit, quand bien même, avant l'expiration de chacune des périodes auxquelles s'appliquent lesdites avances, la mission qu'ils remplissent viendrait à prendre fin, soit en raison de leur nomination à une autre résidence, soit par suite de leur démission, de leur rappel en France, de leur révocation, de leur mise en inactivité ou de leur décès.

Art. 2. Lorsque les mêmes agents seront admis au cadre de disponibilité du ministère des affaires étrangères avant que l'indemnité de frais d'établissement leur ait été attribuée en totalité, ils continueront à l'acquérir dans cette situation.

Art. 3. Lorsque, après avoir reçu la première allocation partielle, ils seront, antérieurement à leur départ, nommés à un autre poste donnant droit à une indemnité de frais d'établissement d'une quotité différente, ils devront, si ce chiffre est inférieur au premier, reverser au Trésor le trop ordonnancé ; mais, s'il est supérieur, le département des affaires étrangères leur tiendra compte de la différence leur restant due.

Art. 4. Lorsque, avant de se mettre en route pour se rendre à destination, ils seront remplacés sans être chargés d'une autre mission, ou s'ils meurent pendant cette même période, et s'il est avéré qu'ils avaient déjà fait des dépenses d'établissement, la portion d'indemnité qu'ils auraient reçue leur sera conservée ou sera considérée comme appartenant à leurs héritiers.

Dans le cas où ils n'auraient pas encore effectué de dépenses en vue de leur installation prochaine, ce premier tiers de l'indemnité devra être reversé au Trésor.

Art. 5. Si le traitement du poste dont la direction leur a été confiée vient à être augmenté, ils auront droit à une indemnité supplémentaire de frais d'établissement, qui sera calculée d'après les fixations du décret du 9 avril 1870, proportionnellement à l'augmentation. Les fractions acquises seront immédiatement ordonnancées à leur profit.

1ᵉʳ Février 1877. — *Décret portant organisation de l'administration des affaires étrangères.*

Art. 1ᵉʳ. La direction des affaires politiques et du contentieux et la direction des consulats et affaires commerciales conservent leur organisation actuelle, sous réserve des modifications ci-après déterminées.

Art. 2. Le service du contentieux comprendra le contentieux politique et le contentieux commercial, et sera confié à un directeur adjoint travaillant avec le directeur des affaires politiques pour le contentieux politique, et avec le directeur des consulats et affaires commerciales pour le contentieux commercial.

Art. 3. Il est créé au département des affaires étrangères un comité des services extérieurs, ayant pour mission de relier plus étroitement ensemble le service diplomatique et le service consulaire, et d'assurer un complet accord de vues et d'action entre toutes les directions.

Ce comité sera formé du directeur des affaires politiques, qui en aura la présidence, du directeur des consulats et affaires commerciales, et du directeur adjoint du contentieux. Le directeur des archives et chancelleries et le directeur des fonds et de la comptabilité y seront convoqués pour l'examen des affaires communes ressortissant à leurs services.

Le président du comité recevra chaque jour le résumé analytique de toutes les correspondances du département dont il n'aurait pas déjà connaissance comme directeur des affaires politiques.

Le comité des services extérieurs se réunira deux fois par semaine, à jour fixe, et pourra être convoqué dans l'intervalle, s'il y a lieu.

Art. 4. Il sera pourvu à la reconstitution et à l'organisation, près le département des affaires étrangères, du comité consultatif du contentieux ; ses fonctions seront gratuites. Il sera composé de cinq membres, nommés par le Président de la République ; le directeur adjoint du contentieux en fera de droit partie.

Ce comité donnera son avis sur les affaires contentieuses et les questions de jurisprudence qui lui seront déférées par le ministre des affaires étrangères.

Le ministre pourra, s'il le juge utile et pour une affaire déterminée, adjoindre au comité, avec voix délibérative, un agent du département ayant rang de ministre plénipotentiaire ou de consul général.

Art. 5. Les fonctionnaires de l'administration centrale, les agents du service diplomatique et ceux du service consulaire sont classés, d'après l'équivalence des grades, dans l'ordre suivant :

1° Les sous-directeurs au département, les consuls généraux, les secrétaires de première classe ;

2° Les chefs de bureau, les rédacteurs, les consuls, les secrétaires de deuxième classe ;

3° Les attachés payés au département, les élèves consuls, les secrétaires de troisième classe.

Les fonctionnaires ou agents diplomatiques de chacune des

classes ci-dessus énumérées pourront être appelés dans le grade correspondant du service consulaire, et réciproquement.

Art. 6. Nul ne pourra être nommé attaché surnuméraire dans le service diplomatique ou dans le service consulaire, s'il ne justifie de l'un ou de l'autre des diplômes de licencié en droit, ès lettres ou ès sciences, et de la connaissance de deux langues étrangères.

Art. 7. Nul ne pourra être nommé attaché payé dans le service politique ou consulaire de l'administration centrale, secrétaire de troisième classe ou élève consul, s'il n'a préalablement obtenu un certificat d'aptitude délivré par un jury spécial.

Les attachés diplomatiques ne sont admis à l'examen qu'après deux années de surnumérariat, dont une au moins passée à l'étranger.

Ceux des attachés diplomatiques qui, à la date du présent décret, compteraient trois années de services dans les bureaux, pourront être dispensés de l'obligation ci-dessus en ce qui concerne la résidence à l'étranger.

Art. 8. Les officiers des armées de terre et de mer, les ingénieurs des ponts et chaussées et des mines pourront être admis au surnumérariat, et autorisés à subir l'épreuve diplomatique ou consulaire sans être tenus de produire le diplôme de licencié et sans être astreints aux conditions de résidence préalable à l'étranger, s'ils justifient de la connaissance de deux langues étrangères.

Art. 9. La composition du jury, le mode et les conditions d'examen seront déterminés par un arrêté ministériel.

Les programmes actuellement en vigueur seront revisés par une commission, de manière à donner au jury les moyens de constater non seulement les connaissances générales, mais aussi les aptitudes et l'instruction professionnelle des candidats.

Le rapport de la commission, ainsi que les programmes qui auront été approuvés par le ministre des affaires étrangères, seront insérés au *Journal officiel*.

Art. 10. Les jeunes gens qui se préparent à la carrière diplomatique ou à la carrière consulaire pourront, comme par le passé, être employés en qualité d'auxiliaires dans les bureaux de la direction des archives, s'ils justifient qu'ils ont commencé et continué leurs études de droit, mais sans que la durée de leurs services constitue pour eux aucun titre et leur soit comptée comme temps de surnumérariat.

27 Février 1877. — *Décret concernant les diverses positions des agents et fonctionnaires du ministère des affaires étrangères.*

25 Juin 1879. — *Décret qui fixe les conditions de jouissance des traitements politiques et consulaires.*

Art. 1er. La jouissance du traitement intégral alloué à un poste politique ou consulaire court, au profit du nouveau titulaire, à partir du jour de son installation, si le service de ce poste est vacant, à dater du lendemain de la prise de service, dans le cas contraire.

Art. 2. Lorsqu'un emploi est sans titulaire ou que le titulaire est absent de son poste, la jouissance d'une partie du traitement et des émoluments attachés à cet emploi peut être accordée à toute personne appelée à remplir l'intérim, laquelle supporte alors les charges inhérentes au titre de l'emploi ; néanmoins les retenues pour le service des pensions ne sont exercées qu'autant que l'intérimaire fait partie d'une classe d'agents soumis au régime de ces retenues.

Art. 3. Les droits d'un titulaire d'emploi ou d'un intérimaire à la jouissance du traitement s'éteignent le lendemain du jour de la cessation du service, par suite soit de la remise de ce service entre les mains de leur successeur, soit de décès, soit de mise à la retraite, mise en inactivité, démission, révocation, suspension ou abandon des fonctions.

Le fonctionnaire admis soit à l'inactivité, soit à la retraite, et l'agent démissionnaire peuvent être maintenus momentanément en activité, lorsque l'intérêt du service l'exige.

Agents en congé ou retenus à Paris par ordre.

Art. 4. Les chefs de mission diplomatique peuvent obtenir, chaque année, une autorisation d'absence de quinze jours, avec jouissance de leur traitement intégral. Cette période de quinze jours comprend la durée du voyage d'aller et retour.

Toutes les fois que les chefs de poste politique, après avoir demandé et obtenu une autorisation d'absence de quinze jours, prolongent leur absence au delà de ce terme, ils perdent tout droit au bénéfice du paragraphe qui précède, et les chargés d'affaires qui les ont remplacés reçoivent le quart du traitement des titulaires, à dater du jour qui suit le départ de ces derniers.

Art. 5. En dehors du cas prévu par l'article précédent, les agents politiques et consulaires peuvent obtenir un congé dont la durée réglementaire ne doit pas excéder quatre mois pour ceux qui résident en Europe et six mois pour ceux qui son placés hors du territoire européen. Le temps du voyage d'aller et retour n'est pas compris dans la durée du congé.

Art. 6. Les agents politiques et consulaires absents pour congé jouissent de la moitié de leur traitement, à compter du lendemain du jour où ils quittent leur résidence jusques et y compris le jour où ils reprennent leurs fonctions.

Cette règle n'est pas applicable aux élèves consuls et élèves interprètes et drogmans sans résidence fixe, qui conservent pendant leur absence l'intégralité de leur traitement.

Art. 7. Les secrétaires, élèves consuls et élèves interprètes auxquels sont allouées par le budget des indemnités supplémentaires n'ont plus droit à ces indemnités lorsqu'ils sont absents de leur poste.

Art. 8. N'ont droit à aucune portion de leurs émoluments, pendant la durée de leur absence, les agents qui ont quitté leur poste sans congé régulier ou autorisation du ministre.

Art. 9. Les agents politiques et consulaires retenus en France par ordre à la suite d'un congé dont la durée réglementaire est épuisée, continuent à recevoir la moitié de leurs émoluments, pendant quatre mois, si leur résidence est située en Europe ; pendant six mois, s'ils résident hors du territoire européen.

Art. 10. Les secrétaires d'ambassade et de légation et les agents du service consulaire appelés en France par ordre et dont le séjour se prolonge pour des raisons de service peuvent jouir du demi-traitement pendant huit mois à dater du lendemain du jour où ils ont quitté leur résidence, si cette résidence est en Europe ; pendant un an, si elle est située hors d'Europe.

Art. 11. Les ambassadeurs et ministres plénipotentiaires appelés par ordre écrit du ministre, puis retenus en France par ordre, sont placés dans les mêmes conditions que les agents mentionnés dans l'article 10, si ce n'est que, durant les quinze premiers jours, ils reçoivent le traitement intégral, et, pendant les deux mois suivants, les trois quarts de leurs émoluments.

Traitements spéciaux temporaires.

Art. 12. A l'expiration des diverses périodes indiquées dans les articles 9, 10 et 11 ci-dessus, les agents qui continuent à être retenus en France et qui ne sont pas remplacés peuvent être admis, par décision ministérielle, à jouir pendant un an au plus d'allocations spéciales graduées ainsi qu'il suit :

<table>
<tr><td></td><td>par an.</td><td></td></tr>
<tr><td>Ambassadeurs et ministres plénipotentiaires de 1re classe</td><td>20,000 f.</td><td rowspan="13">ou le demi-traitement s'il est d'un chiffre inférieur.</td></tr>
<tr><td>Ministres plénipotentiaires de 2e classe</td><td>15,000</td></tr>
<tr><td>Secrétaires de 1re classe</td><td>6,000</td></tr>
<tr><td>Secrétaires de 2e classe</td><td>5,000</td></tr>
<tr><td>Secrétaires de 3e classe</td><td>2,500</td></tr>
<tr><td>Consuls généraux</td><td>9,000</td></tr>
<tr><td>Consuls</td><td>6,000</td></tr>
<tr><td>Agents vice-consuls</td><td>3,500</td></tr>
<tr><td>Premier drogman à Constantinople, premiers interprètes en Chine, en Perse et au Japon</td><td>3,500</td></tr>
<tr><td>Tous autres premiers drogmans et interprètes, deuxièmes drogmans.</td><td>3,000</td></tr>
<tr><td>Troisièmes drogmans et drogmans-chanceliers</td><td>2,500</td></tr>
<tr><td>Chanceliers de 1re et 2e classe</td><td>3,000</td></tr>
<tr><td>Chanceliers de 3e classes</td><td>2,500</td></tr>
<tr><td>Commis de carrières</td><td>1,500</td><td>ou leurs appointements mêmes, s'ils sont d'un chiffre inférieur.</td></tr>
</table>

Art. 13. Les agents rappelés ou retenus en France pour cause de guerre, de force majeure ou pour un motif politique, reçoivent, dans cette situation, le demi-traitement pendant six mois ; au delà de ce terme, ils peuvent être admis à jouir du traitement spécial fixé par l'article 12.

Art. 14. Les agents privés de leurs fonctions par suite de la suppression des postes ou emplois dont ils étaient titulaires peuvent être admis, par décisions ministérielles, à jouir de l'allocation spéciale fixée par l'article 12, pendant cinq ans à compter du jour où leur traitement cesse de figurer au budget.

Agents en congé ou retenus en France pour cause de maladie.

Art. 15. L'agent politique ou consulaire venu en France en vertu d'un congé pour cause de maladie dûment constatée peut être autorisé, si ses fonctions ne sont pas remplies par un intérimaire, à conserver l'intégralité de son traitement pendant un temps qui ne peut excéder trois mois ; pendant les trois mois suivants, il peut, sur la production d'un nouveau certificat médical, obtenir une prolongation de congé avec jouissance du demi-traitement.

Lorsque l'agent a remis le service à un intérimaire, il n'a droit qu'au demi-traitement pendant les deux périodes de trois mois mentionnées ci-dessus.

L'agent retenu par ordre après un congé pour maladie peut conserver la moitié de ses émoluments pendant une nouvelle période de six mois, si le congé a duré six mois, pendant neuf mois, si le congé n'a duré que trois mois. Au delà de ce terme, c'est-à-dire après une année d'absence, non compris la durée du voyage, il ne peut être admis qu'au traitement spécial mentionné à l'article 12.

Art. 16. Si, à l'expiration d'un congé ordinaire, un agent politique ou consulaire se trouve retenu en France pour cause de maladie, il peut, en vertu de certificats médicaux, conserver la jouissance du demi-traitement pendant deux périodes consécutives de trois mois. Au delà de ce terme, l'agent ne peut être admis, s'il est retenu par ordre, qu'au traitement spécial fixé par l'article 12.

Art. 17. L'agent qui, à l'expiration des diverses périodes indiquées dans les articles 9, 10 et 11, se trouve retenu en France pour cause de maladie, n'a droit qu'au traitement spécial fixé par l'article 12.

Du droit des intérimaires.

Art. 18. La portion du traitement du titulaire attribuée aux intérimaires est du quart pour les chargés d'affaires, et de la moitié pour les gérants de poste consulaire et pour tous les autres agents remplissant par intérim des fonctions rétribuées. Cependant, dans certains cas exceptionnels, il peut être accordé aux chargés d'affaires, par décrets spéciaux, la moitié du traitement intégral au lieu du quart.

Art. 19. L'agent titulaire d'une résidence consulaire appelé momentanément à faire l'intérim d'un autre poste reçoit la moitié de chacun des traitements affectés à ces deux postes.

Art. 20. Les secrétaires, élèves consuls, interprètes et tous autres agents secondaires appelés à faire un intérim peuvent, s'ils ne sont pas eux-mêmes remplacés dans leur emploi, conserver l'intégralité de leur traitement personnel, tout en recevant la moitié des émoluments attribués aux agents qu'ils remplacent.

Toutefois, les élèves interprètes en Chine, auxquels sont allouées des indemnités supplémentaires, perdent tout droit à ces indemnités lorsqu'ils sont chargés de la gérance d'un consulat.

Art. 21. Les obligations des chefs de poste politique en congé, envers les chargés d'affaires, sont déterminées par les articles 4, 5, 6 et 7 du décret impérial de 18 août 1856.

Sont affranchis de ces obligations les chefs de mission diplomatique admis au traitement spécial mentionné dans l'article 12 du présent décret.

Dispositions générales.

Art. 22. Les agents du service extérieur appelés à une autre résidence et qui, avant de se rendre à leur nouveau

poste, sont retenus à Paris par ordre, ont droit au demi-traitement de ce poste et peuvent même, si ce demi-traitement
n'est pas disponible, recevoir la moitié du traitement affecté
à leur ancienne résidence ; mais dans le cas où ni l'un ni
l'autre de ces traitements ne sont vacants, les agents dont il
s'agit ne peuvent prétendre à aucune espèce d'indemnité
équivalente. ·

Les mêmes avantages et les mêmes restrictions s'appliquent, pendant la durée de leur voyage, aux titulaires de
postes situés hors d'Europe, ou à ceux qui, nommés à des
postes d'Europe résidaient précédemment en dehors du territoire européen, et réciproquement.

Art. 23. Le chef d'une mission diplomatique autorisé à
quitter le lieu de sa résidence officielle pour accompagner le
souverain auprès duquel il est accrédité, soit à l'intérieur du
pays même, soit en dehors des limites de son territoire,
conserve son traitement intégral pendant toute la durée du
voyage.

Art. 24. Les secrétaires d'ambassade ou de légation mis à
la disposition du département reçoivent la totalité de leur
traitement. Sont seuls considérés comme étant à la disposition du département les secrétaires qui sont chargés, dans les
bureaux mêmes de l'administration centrale de travaux spéciaux et journaliers ; tous autres secrétaires autorisés à rester en France sans remplir cette condition n'ont droit qu'au
traitement de congé.

Art. 25. Les secrétaires d'ambassade ou de légation qui
sont expédiés à Paris en courriers et qui ne doivent pas retourner immédiatement à leur poste peuvent recevoir, à Paris,
la totalité de leur traitement pendant trois mois, si le ministre n'a pas disposé de la moitié de ce traitement en faveur
d'un autre secrétaire ou d'un attaché chargé de suppléer le
secrétaire absent.

Art. 26. Lorsque, en vertu d'une autorisation ministérielle,
un secrétaire expédié en courrier prolonge son séjour en
France plus de trois mois, il ne peut recevoir alors que le
traitement de congé, à moins qu'il ne soit mis à la disposition
du ministre, et chargé d'un travail journalier dans les bureaux du département.

Règles applicables aux remises de cinq pour cent accordées aux agents percepteurs sur leurs recettes.

Art. 27. Les remises de cinq pour cent accordées aux agents vice-consuls et aux chanceliers sur leurs recettes de chancellerie sont soumises aux mêmes règles que les traitements fixes. Néanmoins, lorsque, dans le courant d'une année, plusieurs agents percepteurs se sont succédé dans un même poste, la part de bonification afférente à chacun d'eux est calculée sur les recettes qu'il a effectuées, et non sur une partie des recettes de l'année proportionnelle au temps de sa gestion. De même, dans le cas où le titulaire d'une chancellerie est absent de son poste, la bonification à partager par moitié entre le titulaire et le gérant est calculée sur les recettes effectuées pendant l'intérim.

Art. 28. Toutes dispositions contraires au présent décret sont et demeurent abrogées.

21 février 1880. — *Décret qui divise la seconde classe des secrétaires d'ambassade en deux sections. (Bull. off. 1880. n° 628.)*

21 février 1880. — *Décret qui remplace la dénomination d'élève consul par celle de consul suppléant. (Bull. off. 1880, n° 628).*

21 février 1880. — *Décret sur l'assimilation et l'équivalence des grades de l'administration centrale et de la carrière extérieure.*

Art. 1er. Les fonctionnaires de l'administration centrale, les agents du service diplomatique et ceux du service consulaire sont classés d'après l'équivalence des grades, dans l'ordre suivant :

1° Les sous-directeurs au département, les consuls généraux, les secrétaires de première classe;

2° Les chefs de bureau et rédacteurs au département, les consuls de première classe, les secrétaires de deuxième classe (première section);

3° Les sous-chefs de bureau et commis principaux au département, les consuls de deuxième classe, les secrétaires d'ambassade de deuxième classe (deuxième section);

4° Les attachés payés au département ayant subi l'examen diplomatique ou consulaire, les consuls suppléants, les secrétaires d'ambassade de troisième classe.

Art. 2. 1° Le cadre des secrétaires d'ambassade de première classe comprend les sous-directeurs de la direction des affaires politiques et le sous-directeur du droit public à la direction du contentieux politique et commercial.

2° La première section du cadre des secrétaires de deuxième classe comprend les rédacteurs à la direction des affaires politiques et à la sous-direction du droit public de la direction du contentieux politique et commercial.

3° La seconde section du cadre des secrétaires de deuxième classe comprend les commis principaux de la direction des affaires politiques et de la sous-direction du droit public à la direction du contentieux politique et commercial.

4° Le cadre des secrétaires de troisième classe comprend les attachés payés à la direction des affaires politiques et à la sous-direction du droit public de la direction du contentieux politique et commercial qui ont subi l'examen prescrit par le décret du 1er février 1877.

5° Le cadre des consuls généraux comprend les sous-directeurs à la direction des affaires commerciales et le sous-directeur du droit privé à la direction du contentieux politique et commercial.

6° Le cadre des consuls de première classe comprend les rédacteurs à la direction des affaires commerciales et à la sous-direction du droit privé de la direction du contentieux politique et commercial.

7° Le cadre des consuls de deuxième classe comprend les commis principaux à la direction des affaires commerciales et à la sous-direction du droit privé de la direction du contentieux politique et commercial.

8° Le cadre des consuls suppléants comprend les attachés payés à la direction des affaires commerciales et les attachés payés à la sous-direction du droit privé qui ont subi l'examen consulaire prescrit par le décret du 1er février 1877 ou qui avaient déjà un traitement à cette date.

Art. 3. Les fonctionnaires de l'administration centrale du ministère des affaires étrangères non compris dans les catégories précédentes, qui auront subi l'examen diplomatique ou consulaire seront inscrits hors cadre sur le tableau des agents de leur grade d'après les équivalences déterminées ci-dessus.

24 avril 1880. — *Décret qui fixe les positions diverses des agents et fonctionnaires du ministère des affaires étrangères.*

Art. 1er. Les positions diverses des agents et fonctionnaires du département des affaires étrangères seront, dorénavant, les suivantes :

L'activité,

La disponibilité,

Le retrait d'emploi.

Art. 2. L'activité comprendra : 1° les agents et fonctionnaires qui occupent un poste ou un emploi déterminé; 2° les agents et fonctionnaires chargés d'une mission ou de travaux particuliers.

Les uns et les autres pourront être soit à leur poste soit en mission, soit en congé, soit en permission, soit appelés par ordre, soit retenus par ordre ou pour cause de maladie dûment constatée.

Art. 3. § 1er. Les agents et fonctionnaires du ministère des affaires étrangères pourront être mis en disponibilité, par décret ou par arrêté, selon le mode de leur nomination, pour un laps de temps égal à la durée de leurs services effectifs, jusqu'à concurrence de dix années.

§ 2. Ceux qui comptent plus de dix années d'activité de services avec appointements soumis à retenue dans le département des affaires étrangères pourront obtenir, en vertu d'un arrêté ministériel, un traitement de disponibilité, *mais seulement pour cause soit de maladie entraînant une longue incapacité de travail, soit de suppression permanente ou momentanée de leur emploi* (Voy. D. 6 février 1882).

§ 3. Le traitement de disponibilité pourra être suspendu ou

supprimé par arrêté ministériel. Sa durée sera au maximum de trois ans pour les agents ayant plus de dix et moins de quinze années de services rétribués; elle sera au maximum de cinq ans pour ceux ayant quinze ans de services rétribués et au delà.

Dans la supputation des services d'un agent, ceux qui ont été rendus hors d'Europe compteront pour moitié en sus de leur durée effective.

§ 4. Le temps de la disponibilité avec traitement comptera pour la retraite.

§ 5. Le traitement de disponibilité ne pourra être cumulé ni avec un traitement quelconque payé par le trésor, ni avec une pension imputée sur les fonds de l'État, si ce n'est avec une pension de retraite militaire.

§ 6. Il ne pourra excéder la moitié du dernier traitement d'activité des agents et fonctionnaires à qui il sera accordé, ni les maximum ci-après indiqués :

Pour les ambassadeurs, les ministres plénipotentiaires de première classe et les directeurs du ministère des affaires étrangères, huit mille francs;

Pour les ministres plénipotentiaires de deuxième classe, six mille francs;

Pour les consuls généraux, secrétaires d'ambassade de première classe, les premiers secrétaires interprètes du gouvernement pour les langues orientales vivantes, le premier drogman de France à Constantinople et les sous-directeurs, quatre mille francs;

Pour les consuls de première classe, les secrétaires d'ambassade de deuxième classe (première section), les secrétaires interprètes du Gouvernement pour les langues orientales, le secrétaire interprète de l'ambassade à Constantinople, les chefs de bureau et rédacteurs, trois mille francs;

Pour les consuls de deuxième classe, les secrétaires d'ambassade de deuxième classe (deuxième section), les premiers interprètes des légations de France en Chine et au Japon, les seconds drogmans de l'ambassade de France à Constantinople et les premiers drogmans, les sous-chefs de bureau et commis principaux, deux mille quatre cents francs;

Pour les consuls suppléants, les secrétaires d'ambassade de

troisième classe, les attachés payés, les agents vice-consuls, les chanceliers de première et de deuxième classe et tous les autres agents et fonctionnaires rétribués du ministère des affaires étrangères, deux mille francs.

Art. 4. Les agents et fonctionnaires démissionnaires ne peuvent quitter leur poste ou leur emploi qu'après que leur démission a été régulièrement acceptée.

Art. 5. Sont abrogées toutes les dispositions contraires au présent décret, qui entrera en vigueur le 1er mai prochain et réglera, à partir de cette date, la position de tous les agents et fonctionnaires du ministère des affaires étrangères, sans toutefois modifier le quantum des traitements d'inactivité précédemment concédés. (Voy. D. du 11 mars 1881).

14 avril 1880. — *Décret sur les indemnités pour frais d'établissement accordées aux chefs de postes diplomatique et consulaire, choisis en dehors de la carrière. (Bull. off. XII, 628, n° 10733).*

10 juillet 1880. — *Décret sur les conditions d'admission dans les carrières diplomatique et consulaire.*

TITRE Ier. — *Du concours à l'entrée du surnumérariat au ministère des affaires étrangères.*

Art. 1er. Un concours sera ouvert au mois de janvier de chaque année, pour l'admission dans les carrières diplomatique et consulaire.

Art. 2. Les jeunes gens qui auront été reçus à ce concours opteront, selon leur rang et avec l'agrément du ministre, pour la carrière diplomatique ou la carrière consulaire; mais ils ne seront, en aucun cas, tenus d'accepter un poste à l'étranger avant la fin de leur surnumérariat, qui sera de trois années.

A l'issue de ce stage, qu'ils accompliront soit à la direction des affaires politiques et au contentieux du droit public, soit à la direction des affaires commerciales et au contentieux de droit privé, suivant qu'ils se destinent à la diplomatie ou aux consulats, ils subiront un examen de classement et seront nommés, selon leur rang, soit à l'intérieur, attachés payés dans leurs directions respectives, soit à l'extérieur, secrétaires d'ambassade de troisième classe ou consuls suppléants

Art. 3. Le ministre des affaires étrangères pourra autoriser un certain nombre de jeunes gens qui se préparent au concours à participer temporairement aux travaux de l'administration centrale et des ambassades, légations et consulats, sans que cette décision modifie à leur égard les conditions de leur admission définitive dans les carrières diplomatique et consulaire.

Titre II. — Chapitre Ier. — *Annonce du concours et formation de la liste des candidats.*

Art. 4. Le ministre des affaires étrangères indiquera, au mois de novembre de chaque année, par arrêté, le nombre des places à mettre au concours et déterminera la date des épreuves.

Art. 5. L'arrêté du ministre des affaires étrangères sera inséré au *Journal officiel* avec le texte des articles 7, 8, 10 et 14 du présent décret et adressé immédiatement aux préfets des départements ainsi qu'aux recteurs des académies.

Art. 6. Le délai entre l'insertion de l'arrêté au *Journal officiel* et le jour fixé pour l'ouverture des épreuves sera de deux mois.

Art. 7. Les aspirants se présenteront à la direction du personnel du ministère des affaires étrangères dans les trente jours à partir de l'insertion de l'arrêté au *Journal officiel*; ils déposeront leur acte de naissance ainsi que les pièces justificatives énoncées dans l'article suivant.

Art. 8. Nul ne pourra se faire inscrire en vue du concours :

1° S'il n'est Français jouissant de ses droits;

2° S'il a, au 1er janvier de l'année du concours, moins de vingt et un ans et plus de vingt-cinq ans;

3° S'il ne produit soit un diplôme de licencié en droit, ès sciences ou ès lettres, soit un diplôme de l'école des chartes, soit un certificat attestant qu'il a satisfait aux examens de sortie de l'école normale supérieure, de l'école polytechnique, de l'école nationale des mines, de l'école nationale des ponts et chaussées, de l'école centrale des arts et manufactures, de l'école forestière, de l'école spéciale militaire ou de l'école navale, soit un brevet d'officier dans l'armée active de terre et de mer.

Art. 9. La liste des inscriptions sera close par la direction du personnel cinq jours après l'expiration du délai fixé par l'article 7.

Art. 10. La liste des candidats qui seront admis à concourir sera dressée et arrêtée définitivement par le ministre cinq jours au moins avant l'ouverture du concours; elle sera déposée à la direction du personnel, où toute personne pourra en prendre communication.

Chapitre II. — *Organisation du jury du concours.*

Art. 11. Le jury du concours se composera du directeur du personnel, faisant fonctions de président, et de quatre membres désignés par le ministre; deux des juges devront être choisis en dehors de la carrière.

Le président du jury aura la direction et la police du concours, il aura voix prépondérante en cas de partage.

Art. 12. Le nombre des juges présents jusqu'à la fin des épreuves ne pourra être moindre de trois.

Art. 13. Il sera dressé procès-verbal de chaque séance, et le procès-verbal sera signé par chacun des juges.

Chapitre III. — *Matières des épreuves.*

Art 14. Les épreuves du concours porteront :

1° Sur l'organisation constitutionnelle, judiciaire et administrative de la France et des pays étrangers;

2° Sur les principes généraux du droit international public et privé;

3° Sur le droit commercial et le droit maritime;

4° Sur l'histoire des traités depuis le congrès de Westphalie jusqu'au congrès de Berlin, et la géographie politique et commerciale;

5° Sur les éléments de l'économie politique;

6° Sur la langue anglaise ou la langue allemande.

Chapitre IV. — *Nature et mode des épreuves.*

Art. 15. Il y aura une épreuve préparatoire et des épreuves définitives.

Art. 16. L'épreuve préparatoire consistera en une composition par écrit sur un sujet relatif à l'une des matières énoncées dans l'article précédent.

Art. 17. Le sujet de composition commun à tous les candidats sera tiré au sort entre trois sujets qui auront été choisis séance tenante, par le jury, et mis sous enveloppe cachetée.

Le tirage au sort sera fait par le président en présence des candidats.

Art. 18. Tous les candidats seront immédiatement renfermés de manière à n'avoir aucune communication avec le dehors.

La surveillance sera confiée à l'un des juges désigné par le président du jury.

Les candidats ne pourront s'entr'aider dans leur travail, ni se servir de livres ou de notes manuscrites.

Le temps accordé pour la composition sera de six heures.

Art. 19. Les compositions seront faites sur un papier délivré aux candidats et en tête duquel ils inscriront leurs nom et prénoms.

Lors du dépôt de la composition sur le bureau, le juge surveillant placera en tête un numéro d'ordre qui sera répété sur le manuscrit.

Les têtes des compositions seront détachées à l'instant et réunies sous une enveloppe cachetée, laquelle ne sera ouverte qu'après l'examen et le jugement.

Art. 20. La liste des candidats admis aux épreuves définitives sera dressé par ordre alphabétique; elle sera déposée à la direction du personnel, où les concurrents pourront en prendre communication.

Art. 21. Les épreuves définitives consisteront en une épreuve écrite et une épreuve orale.

Art. 22. Pour l'épreuve par écrit, les concurrents feront une composition sur un sujet tiré au sort par le président du jury, ainsi qu'il a été dit à l'article 17.

Ce sujet, commun à tous les candidats, pourra porter sur

les diverses matières indiquées dans les cinq premiers paragraphes de l'article 14.

Les candidats devront rédiger leur travail dans les conditions fixées par l'article 18.

Ils ne devront avoir à leur disposition ni livres ni notes.

Art. 23. Après la remise des compositions, il sera procédé, en séance publique, à l'épreuve orale.

Art. 24. L'épreuve orale portera sur toutes les matières indiquées en l'article 14 ci-dessus. L'examen sur les langues vivantes consistera en la lecture et la traduction d'un texte imprimé.

Art. 25. Dans l'épreuve orale, l'ordre à suivre entre les candidats sera indiqué par un tirage au sort.

Chapitre V. — *Jugement.*

Art. 26. Lorsque les épreuves seront terminées, le président prononcera la clôture du concours et le jury procédera immédiatement et en séance secrète à la délibération.

Art. 27. Si d'après le résultat du concours, le jury estime qu'il n'y a pas lieu à nomination ou qu'il n'y a pas lieu de pourvoir à toutes les places vacantes, il en sera fait déclaration en séance publique.

Art. 28. La liste des nominations sera dressée par ordre de mérite.

Art. 29. Le jury pourra faire procéder à une nouvelle épreuve orale entre les candidats qui seront placés sur le même rang.

Art. 30. Le jugement sera rendu sans désemparer, et le résultat du concours proclamé en séance publique.

Extrait du procès-verbal, signé du président et de tous les juges, sera transmis immédiatement au ministre des affaires étrangères.

Titre III. — Chapitre Ier. — *De l'examen de classement. — Matières de l'examen.*

Art. 31. L'examen de classement placé à l'issue du stage triennal portera : pour les attachés diplomatiques, sur les langues allemande et anglaise et l'histoire diplomatique contemporaine, et, pour les attachés consulaires, sur les langues anglaise et espagnole ou allemande, la géographie commerciale et la législation douanière de la France et des pays étrangers.

Art. 32. Il se composera d'épreuves écrites et d'épreuves orales sur les matières indiquées dans l'article précédent.

Art. 33. Les épreuves sur les langues vivantes comprendront : à l'écrit, une version et un thème sans dictionnaire ; et à l'oral : 1° la lecture à haute voix et la traduction d'un document manuscrit ; 2° l'analyse immédiate d'un document lu au candidat.

Art. 34. Il sera tenu compte, dans le classement des attachés, du zèle et des aptitudes dont ils auront fait preuve pendant leur stage, des langues vivantes supplémentaires qu'ils parleraient, ainsi que des diplômes dont ils seraient munis indépendamment de celui de licencié en droit.

Chapitre II. — *Organisation du jury d'examen.*

Art. 35. Le jury d'examen sera présidé par le directeur du personnel et composé, sur la désignation du ministre, d'un sous-directeur et d'examinateurs spéciaux pour les langues vivantes.

Chapitre III. — *Du classement.*

Art. 36. Une fois les épreuves terminées, le jury d'examen statuera, en se conformant aux règles prescrites par les articles 26, 29 et 30 du présent décret.

Art. 37. Si après avoir classé les attachés par ordre de mérite, le jury estimait qu'un ou plusieurs d'entre eux n'eût pas atteint une moyenne suffisante, il en informerait le ministre des affaires étrangères. Ces attachés seraient ajournés à l'examen de l'année suivante et prévenus qu'ils seraient frappés d'exclusion définitive s'ils ne subissaient pas avec succès cette nouvelle épreuve.

Titre IV. — *Dispositions transitoires.*

Art. 38. La limite d'âge fixée par l'article 8 ne sera pas applicable, pour les deux premiers concours, aux agents et fonctionnaires qui font partie du personnel du ministère des affaires étrangères à la date du présent décret.

Ils seront également dispensés de l'épreuve préparatoire mentionnée aux articles 15 et 16.

Art. 39. Ceux d'entre eux qui auront été reçus au concours pourront, lorsqu'ils auront trois années de services, être nommés attachés payés, secrétaires d'ambassade de troisième classe ou consuls suppléants, pourvu qu'ils aient préalablement justifié, devant un jury spécial, de la connaissance des matières comprises dans l'examen de classement.

14 août 1880. — *Décret portant règlement sur la comptabilité des chancelleries diplomatiques et consulaires, et sur l'ordonnancement des dépenses faites à l'étranger.*

Titre Ier. — *Payements par traites.*

Art. 1er. Le département des affaires étrangères paye les traitements et rembourse les dépenses de service des agents diplomatiques et consulaires au moyen d'ordonnances de payement individuelles ou collectives. Les extraits d'ordonnances peuvent être accompagnés de traites sur le caissier-payeur central.

Art. 2. La délivrance des extraits d'ordonnances qui ne sont pas accompagnés de traites a lieu d'après les règles tracées par le décret sur la comptabilité publique du 31 mai 1862. Ils sont émis en faveur des agents qui ont désigné à Paris un fondé de pouvoirs autre que l'agent comptable des chancelleries diplomatiques et consulaires.

Art. 3. La délivrance des extraits d'ordonnances accompagnés de traites est réglée par les dispositions contenues dans les articles 4 et suivants du présent décret. Ils sont émis en faveur des agents qui ont choisi pour mandataire auprès du trésor l'agent comptable des chancelleries diplomatiques et consulaires.

Art. 4. Les agents qui désirent être payés au moyen de traites doivent donner à l'agent comptable une procuration l'autorisant à toucher le montant des ordonnances délivrées en leur faveur et à en donner quittance. Cette procuration reste déposée au trésor.

Art. 5. Les sommes à payer aux agents qui ont donné leur procuration à l'agent comptable font, en fin de mois, l'objet d'ordonnances collectives établies par chapitres du budget, auxquelles sont annexés des états nominatifs des ayants droit.

Art. 6. L'agent comptable présente au trésor, en même temps que les ordonnances, des traites émises par le ministre des affaires étrangères sur le caissier-payeur central.

Art. 7. Ces traites sont à dix jours de vue et à l'ordre de chacun des agents diplomatiques et consulaires qui y ont droit.

Art. 8. Autant que possible, il n'est délivré mensuellement qu'une seule traite au nom de chaque agent pour toutes les sommes qui peuvent lui être dues par le département des affaires étrangères. A cet effet, les états nominatifs dont il a été parlé à l'article 5 sont récapitulés sur un bordereau qui fait connaître le détail et le montant des sommes ordonnancées en faveur de chaque agent, ainsi que le total de la traite émise à son ordre.

Art. 9. Les traites émises par le ministre des affaires étrangères n'engagent le trésor qu'autant qu'elles ont été acceptées par le caissier-payeur central et visées au contrôle.

Art. 10. L'acceptation des traites tirées par le ministre des affaires étrangères n'a lieu qu'après que l'ordonnance collective et l'état nominatif y annexé ont été présentés au visa du conservateur des oppositions et reconnus susceptibles d'être admis en dépense.

Après cette acceptation et ce visa, elles sont rendues à l'agent comptable, qui acquitte, en les recevant, les extraits d'ordonnances dont il a été parlé à l'article 5 et les états nominatifs qui y sont annexés.

Art. 11. Elles sont ensuite envoyées aux ayants droit par le ministre des affaires étrangères, et, autant que possible, sous pli chargé ou recommandé. Elles sont émises par première et seconde, lorsque cette précaution est nécessitée par l'éloignement ou les usages des pays où elles doivent être négociées.

Art. 12. La négociation en est faite par les agents qui en sont porteurs au mieux de leurs intérêts.

Art. 13. Toutefois, les traites représentant le traitement

des commis de chancellerie peuvent être présentées à la caisse du poste diplomatique ou consulaire, et payées par elle, après avoir été acquittées, si les ressources disponibles le permettent.

Elles sont transmises comme pièces justificatives à l'appui du compte trimestriel dont il sera parlé ci-après (art. 43).

Le payement d'une traite ne peut être fractionné.

Art. 14. Aucune autre traite ne peut être payée sur l'encaisse des chancelleries, à moins d'une autorisation spéciale du département des affaires étrangères.

Titre II. — *Ordonnancement des traitements.*

Art. 15. Les traitements des agents politiques et consulaires, ceux des chanceliers et du personnel rétribué directement sur les fonds du budget général sont liquidés d'office et par mois, à terme échu.

Art. 16. Lorsque les droits d'un agent ne sont pas suffisamment établis, la liquidation de son traitement peut être ajournée et opérée ultérieurement sur ordonnance individuelle.

Art. 17. Lorsqu'un agent a touché tout ou partie d'un douzième auquel il n'avait pas droit, la rectification s'opère soit au moyen d'un reversement en espèces au trésor, soit par une reprise sur le traitement d'un des mois suivants.

Art. 18. Pour mettre le département des affaires étrangères en mesure d'opérer les rectifications indiquées à l'article précédent, tout chef de poste, titulaire ou intérimaire, est tenu de lui adresser, dans les cinq derniers jours de chaque trimestre, par lettre spéciale et sous le timbre de la direction de la comptabilité, un état du personnel de son poste, relatant les mouvements et mutations qui ont eu lieu depuis le commencement du trimestre. Il doit, en outre, donner avis, aussitôt le fait accompli, de l'arrivée et du départ des divers agents composant le personnel de la mission.

Titre III. — *Chanceliers des postes diplomatiques et consulaires.*

Art. 19. L'agent comptable des chancelleries diplomatiques

et consulaires, placé sous l'autorité administrative du chef de la direction de la comptabilité et justiciable de la cour des comptes, centralise les opérations des chanceliers et des agents vice-consuls, et en forme le compte général à soumettre au jugement de la cour. Comme tous les comptables directs du trésor, il est responsable, sauf recours contre qui de droit, de la gestion financière des chanceliers et agents vice-consuls, et se trouve placé sous le contrôle de la direction générale de la comptabilité publique. Il est également soumis aux vérifications de l'inspection générale des finances.

Art. 20. Les chanceliers des postes diplomatiques et consulaires sont responsables, envers l'agent comptable des chancelleries, des deniers publics dont ils sont chargés d'effectuer la perception.

Ils sont placés sous le contrôle immédiat des chefs de mission et des consuls, qui, à raison de ce contrôle, sont administrativement responsables.

Les chefs de mission diplomatique peuvent déléguer, sous leur responsabilité, le contrôle de leur chancellerie à l'un des secrétaires placés sous leurs ordres, à condition de donner avis de cette délégation au ministre des affaires étrangères.

Art. 21. Les chanceliers sont assujettis à un cautionnement lorsque la moyenne des recettes du poste (recettes de toute nature), effectuées pendant les cinq dernières années, dépasse 50,000 francs.

Ce cautionnement est fixé par le ministre des finances, sur la proposition du ministre des affaires étrangères (direction de la comptabilité).

Il est du dixième de la moyenne des recettes du poste, établie comme il est dit plus haut. Toutefois, lorsque la recette moyenne dépasse le chiffre de 50,000 francs, le cautionnement est augmenté de 1,000 francs par chaque fraction de 50,000 francs et au-dessous.

Dans le calcul des cautionnements, il n'est pas tenu compte des coupures de recettes qui ne correspondent pas à une fraction de cautionnement de 100 francs.

Les cautionnements des chanceliers sont inscrits au trésor sans affectation de résidence.

Art. 22. Le cautionnement reste invariable pendant la durée

des fonctions du même comptable. Il est revisé en cas de nomination d'un nouveau chancelier.

Il est réalisé en numéraire à Paris, et les arrérages en sont annuellement payés par la caisse centrale du trésor, sur la production de l'extrait d'inscription.

Les agents qui ont constitué comme mandataire l'agent comptable des chancelleries diplomatiques et consulaires peuvent déposer entre ses mains leur extrait d'inscription. Les arrérages qui leur sont dus sont ajoutés en fin d'année au montant de la traite qui leur est adressée.

Aucun des chanceliers assujettis au versement d'un cautionnement ne peut être installé, ni entrer en exercice, qu'après avoir justifié de ce versement vis-à-vis du ministère des affaires étrangères.

En cas d'absence du chancelier titulaire, le cautionnement versé par ce comptable ne répond pas des faits de la gestion intérimaire du chancelier substitué.

Art. 23. Les émoluments des chanceliers se composent :
1° d'un traitement fixe ; 2° des remises calculées, en fin d'année à raison de 5 0/0 sur le montant des droits de chancellerie perçus par eux.

Les traitements fixes et les remises proportionnelles constituent l'ensemble des émoluments sur lesquels sont exercées les retenues affectées au service des pensions civiles, en exécution de l'article 19 du décret du 9 novembre 1853.

TITRE IV. — *Des recettes et des dépenses des postes diplomatiques et consulaires.*

Art. 24. Les recettes des postes diplomatiques et consulaires se composent :
1° Des recettes budgétaires ;
2° Des recettes de trésorerie ;
3° Des dépôts effectués en numéraire ;
4° Des recettes provenant des naufrages.

Art. 25. Les recettes budgétaires comprennent les droits perçus dans les chancelleries conformément aux tarifs en vigueur et les recettes diverses, telles que les bénéfices de change, les loyers, les prix de vente de meubles ou d'immeubles, etc.

Les recettes de trésorerie comprennent les recouvrements pour divers correspondants administratifs et les traites encaissées à titre d'avances, comme il sera dit à l'article 72 ci-après.

Les dépôts en numéraire sont effectués conformément à l'ordonnance du 24 octobre 1833.

Les recettes provenant des naufrages se composent du produit de la vente des débris, agrès et apparaux sauvés, ainsi que des marchandises qu'il y aurait inconvénient à conserver en magasin. Elles sont effectuées conformément à l'ordonnance du 29 octobre 1833.

Art. 26. Les chanceliers tiennent, pour les perceptions qu'ils effectuent :

1° Un registre de quittances à souche pour les recettes budgétaires et les recettes de trésorerie ;

2° Un livre de détail des mêmes recettes ;

3° Un registre de quittances à souche pour les dépôts en numéraire ;

4° Un registre de quittances à souche pour les recettes provenant des naufrages.

Les registres de quittances à souche et les livres de recettes sont conformes aux modèles arrêtés par le ministre des affaires étrangères (direction de la comptabilité), de concert avec le ministre des finances. Ils doivent être cotés et parafés par chaque chef de poste.

Art. 27. Chaque perception budgétaire ou de trésorerie est inscrite sur le livre de recettes, par ordre de date et de numéro, avec le paragraphe de l'article du tarif qui l'autorise, l'énoncé sommaire de l'acte qui y donne lieu et les nom et qualité du requérant.

Elle entraîne la délivrance d'une quittance détachée du registre à souche.

Il est en outre fait mention, sur les minutes et sur chaque expédition des actes, du montant du droit acquitté, du paragraphe de l'article du tarif qui l'autorise, ainsi que du numéro sous lequel la perception est inscrite sur le registre à souche et sur le livre de recettes.

Art. 28. Les chefs de poste peuvent autoriser, sous leur responsabilité personnelle et pour les cas déterminés par le tarif ou par les instructions du ministre des affaires étrangères (direction des affaires commerciales), la délivrance gratis, ou avec réduction de droits, de divers actes émanant de leur chancellerie.

Les autorisations doivent être remises par écrit aux chanceliers ; elles sont nominatives et motivées.

Art. 29. Les actes que les chanceliers ont été autorisés à délivrer gratis sont inscrits sur le livre de recettes à leur ordre de date, mais dans une partie distincte de ce livre. Une série spéciale de numéros d'ordre leur est consacrée.

Mention est faite sur le livre de recettes des motifs donnés dans l'autorisation.

Ces actes ne sont pas inscrits sur le registre à souche.

Art. 30. Les remboursements de droits indûment perçus dans les chancelleries diplomatiques et consulaires sont effectués soit par suite de jugements, soit en vertu de décisions spéciales du ministre des affaires étrangères, soit sur arrêts de la cour des comptes.

Ils sont imputés sur le crédit ouvert au budget du ministère des finances pour les remboursements sur produits indirects et divers.

Les rapports de liquidation et les pièces justificatives à l'appui sont adressés au ministre des finances (direction générale de la comptabilité publique), qui délivre sur la caisse centrale du trésor, au nom de l'agent comptable, des chancelleries diplomatiques et consulaires, une ordonnance de remboursement, à charge par ce dernier de rapporter ultérieurement la quittance de l'ayant droit. Le montant de cette ordonnance est transmis, en une traite sur le trésor, au chancelier du poste où le payement matériel doit être effectué.

Art. 31. Les reversements en recette que les chanceliers peuvent être mis en demeure d'opérer s'effectuent en vertu d'ordres émanant de la direction de la comptabilité.

Les sommes reversées par suite de ces ordres figurent, dans les écritures des comptables, à la date de leur encaissement effectif.

Art. 32. Les dépenses des postes diplomatiques et consulaires se composent :

1° Des dépenses budgétaires ;

2° Des dépenses de trésorerie ;

3° Des remboursements de dépôts en numéraire ;

4° Des dépenses concernant les naufrages.

Art. 33. Les dépenses budgétaires comprennent les frais de service et de chancellerie et les pertes sur le change.

Les dépenses de trésorerie comprennent les payements de traites pour le compte du ministère des affaires étrangères, aux termes des articles 13 et 14 du présent décret ; les envois de fonds en traites à l'ordre du caissier-payeur central (articles 51, 63 et suivants) et les avances pour divers correspondants administratifs (articles 49 et suivants).

Les remboursements de dépôts sont effectués conformément à l'ordonnance du 24 octobre 1833 et aux dispositions du présent décret.

Les dépenses concernant les naufrages comprennent les frais énoncés dans l'ordonnance du 29 octobre 1836.

Art. 34. Les frais de service et de chancellerie sont liquidés par l'administration centrale (direction de la comptabilité), sur états spéciaux transmis par les postes diplomatiques et consulaires. Ces états sont appuyés des pièces justificatives prescrites par le règlement de comptabilité du ministère des affaires étrangères.

Les payements de traites pour le compte du ministère des affaires étrangères sont appuyés des traites acquittées par les parties prenantes.

Les avances pour le compte des ministères et des correspondants administratifs sont justifiées par les quittances des parties prenantes, et les pièces de dépenses dressées dans la forme prescrite par les règlements de comptabilité des divers ministères.

Art. 35. Les chanceliers tiennent pour les dépenses qu'ils effectuent :

1° Un livre de détail des dépenses budgétaires et de trésorerie ;

2° Un registre de remboursement des dépôts en numéraire ;

3° Un registre des payements concernant les naufrages.

Art. 36. Les dépenses de toute nature sont inscrites à leur date sur les livres mentionnés à l'article précédent. Les modèles de ces livres sont arrêtés par le ministre des affaires étrangères, de concert avec le ministre des finances; ils doivent être cotés et parafés par chaque chef de poste.

Art. 37. Les fonds provenant des recettes budgétaires et de trésorerie effectuées dans les postes diplomatiques ou consulaires sont affectés au payement des frais de service et de chancellerie.

Les fonds provenant des dépôts sont réservés pour l'acquittement des remboursements.

Les fonds provenant des naufrages sont employés comme il est dit à l'article 58.

Art. 38. Tout chef de poste est tenu, le premier jour de chaque trimestre, d'indiquer, d'après le cours moyen du trimestre précédent, un change fixe auquel s'effectueront les recettes et les dépenses de sa chancellerie pendant toute la durée du trimestre. Le cours moyen dont il vient d'être parlé est celui du papier à vue ou du papier court sur Paris. Il est justifié par un certificat signé de deux banquiers, courtiers ou négociants, et joint aux pièces fournies à l'appui du compte trimestriel.

Art. 39. Le change fixé pour les opérations de la chancellerie est inscrit sur un tableau affiché dans le bureau, de manière à pouvoir être consulté par les intéressés.

Toutefois, dans le cas où le change éprouverait, dans le cours d'un trimestre, une variation importante, le chef de poste est autorisé à modifier le change fixé au commencement du trimestre, sauf à en justifier par un certificat de change, et à rendre compte lors de l'envoi de son compte trimestriel.

Art. 40. Sont dispensés de l'obligation de fournir le certificat de change prescrit par l'article 38, les postes dont les recettes et les dépenses s'effectuent à un change fixé par une décision ministérielle.

Art. 41. Les chanceliers se conforment aux dispositions de l'ordonnance du 24 octobre 1833 pour les dépôts de sommes d'argent, valeurs, marchandises et effets mobiliers effectués dans les chancelleries.

Ils en demeurent comptables sous le contrôle des chefs de mission et des consuls.

Les dépôts en numéraire sont inscrits au journal à souche spécial mentionné à l'article 26. Les remboursements figurent sur le registre prescrit à l'article 35.

Quant aux dépôts en valeurs, marchandises et effets mobiliers, l'entrée et la sortie en sont constatées sur un carnet d'ordre, avec indication de la valeur estimative des objets déposés.

Art. 42. Les chefs de mission et les consuls vérifient la caisse de la chancellerie, ainsi que les livres et les écritures, toutes les fois qu'ils le jugent utile. Ils s'assurent également de l'existence des objets déposés, d'après le carnet susmentionné.

Cette vérification est obligatoire au dernier jour de chaque trimestre.

Les livres et les écritures sont arrêtés à la même époque par le chef de poste, qui dresse un procès-verbal constatant la situation de la caisse et celle des écritures.

Art. 43. Dans les cinq premiers jours de chaque trimestre, les chanceliers établissent un compte des opérations effectuées par eux dans le trimestre précédent.

Ce compte indique :

1° Le change fixe auquel les opérations ont été faites ;

2° L'excédent de recettes existant au commencement du trimestre en francs, et sa conversion en monnaie étrangère ;

3° Les recettes et les dépenses budgétaires et de trésorerie effectuées dans le cours du trimestre, en monnaie étrangère et en francs ;

4° L'excédent des recettes sur les dépenses ou des dépenses sur les recettes au dernier jour du trimestre.

Les comptes trimestriels comprennent, en outre, dans des cadres distincts :

1° Un résumé des entrées et des sorties des dépôts en numéraire, ainsi que l'indication de la valeur estimative des dépôts en valeurs, marchandises et effets mobiliers non retirés à la fin du trimestre ;

2. Un résumé des recettes et des dépenses concernant les naufrages.

Les recettes et les dépenses budgétaires et de trésorerie y sont détaillées par articles, suivant les divisions ci-après, savoir :

RECETTES.

Recettes budgétaires. — Produit des actes de chancellerie; recettes diverses, y compris les bénéfices sur le change.

Recettes de trésorerie. — Recouvrements pour divers correspondants administratifs; traites encaissées à titre d'avances.

DÉPENSES.

Dépenses budgétaires. — Frais de service et de chancellerie; pertes sur le change.

Dépenses de trésorerie. — Envois de fonds en traites à l'ordre du caissier-payeur central du trésor; payements de traites pour le compte du ministère des affaires étrangères; avances pour divers correspondants administratifs.

Art. 44. Les bénéfices de change sont considérés comme reversements de fonds sur les dépenses du ministère des affaires étrangères, et, comme tels, ils peuvent être repris à son crédit, en exécution de l'article 45 du décret du 31 mai 1862.

Art. 45. Les comptes trimestriels sont dressés en triple expédition.

Ils sont certifiés véritables par les chanceliers, visés et vérifiés par les chefs de mission ou les consuls.

L'une des expéditions demeure déposée dans les archives de la mission diplomatique ou du consulat.

Les deux autres expéditions sont adressées au ministère des affaires étrangères (direction de la comptabilité) avec le procès-verbal de vérification de la caisse et des écritures dressé par le chef de poste au dernier jour du trimestre et les pièces justificatives des opérations de recette et de dépense.

La forme des comptes trimestriels, ainsi que la nature des justifications à produire, sont déterminées par les instructions données par le ministre des affaires étrangères (direction de la comptabilité), de concert avec le ministre des finances.

Les autorisations en vertu desquelles les chanceliers auraient délivré certains actes gratis, ou avec réduction de droits, sont comprises dans les justifications envoyées à la direction de la comptabilité.

Art. 46. A chaque mutation de chancelier titulaire ou substitué, le chef de poste vérifie la caisse du comptable sortant, clôt et arrête les registres.

Il dresse procès-verbal de cette double opération.

Ce procès-verbal est immédiatement transmis au ministère des affaires étrangères (direction de la comptabilité).

Art. 47. Chaque chancelier, n'étant comptable que des actes de sa gestion personnelle doit, en cas de mutation, rendre compte séparément des faits qui le concernent; en conséquence, il est établi autant de comptes qu'il s'est succédé de chanceliers titulaires ou substitués dans le cours d'un même trimestre.

Art. 48. Pour obtenir la restitution de leur cautionnement, les chanceliers ou leurs ayants droit doivent produire un certificat de quitus délivré par l'agent comptable des chancelleries diplomatiques et consulaires et visé tant par le directeur de la comptabilité au ministère des affaires étrangères que par le directeur général de la comptabilité publique au ministère des finances.

Titre V. — *Recettes et dépenses pour comptes de divers correspondants administratifs.*

Art. 49. Les recettes et les dépenses faites pour le compte d'autres ministères et de divers correspondants administratifs sont traitées comme recettes et dépenses de service et inscrites sur le compte trimestriel.

Art 50. Les recettes effectuées à l'étranger pour le compte d'autres départements ministériels et de divers correspondants administratifs sont mises à leur disposition par le ministère des affaires étrangères au moyen d'un payement de trésorerie.

Art. 51. Dans le cas où une recette excéderait sensiblement les besoins du poste où elle est effectuée, le montant devrait en être transmis intégralement au département des affaires étrangères, au moyen d'une traite à l'ordre du caissier-payeur central du trésor public et dans la forme indiquée au titre suivant (articles 63 et suivants).

Art. 52. Lorsque les dépenses concernant les différents départements ministériels ou administrations sont faites par des agents qui ont à Paris un fondé de pouvoirs autre que l'agent comptable des chancelleries diplomatiques et consulaires, les pièces justificatives de ces dépenses sont transmises par le département des affaires étrangères aux ministères et administrations intéressés. Ceux-ci en remboursent le montant, augmenté de la bonification de deux pour cent prévue par l'article 62 du présent décret, entre les mains soit du fondé de pouvoirs de l'agent, si l'avance a été faite de ses deniers personnels, soit de l'agent comptable des chancelleries diplomatiques ou consulaires, si la dépense a été payée sur l'encaisse de la chancellerie.

Art. 53. Lorsque ces dépenses sont faites par des agents qui sont payés en traites et reçoivent des avances, conformément aux dispositions contenues dans le titre VI du présent décret, les pièces justificatives sont transmises de la même manière, et le montant en est remboursé au moyen d'ordonnances au nom de l'agent comptable des chancelleries diplomatiques et consulaires.

Art. 54. Si une dépense concernant la marine excède les ressources dont le consulat peut disposer, l'agent doit, lorsque les circonstances le permettent, demander directement au ministre de la marine l'autorisation de faire traite sur le trésor.

Art. 55. Dans le cas où les dépenses ont une urgence telle qu'elles doivent être effectuées sans qu'il soit possible d'attendre une réponse du ministre de la marine, les agents peuvent s'en couvrir au moyen de traites tirées d'office, conformément à l'article 95 du décret sur la comptabilité publique du 31 mai 1862.

Art. 56. Dans le cas prévu par l'article 55, la lettre d'avis d'émission de la traite, ainsi que les pièces justificatives de la dépense, comprenant un certificat de change, doivent être adressées au ministère de la marine sans aucun retard.

Art. 57. L'agent qui a tiré une traite pour le service de la marine n'a droit, sur les dépenses effectuées, à aucune bonification, mais le montant de la traite doit comprendre les frais de négociation.

Art. 58. Les dépenses concernant les naufrages sont réglées au moyen de traites tirées sur le trésor, lorsque les recettes provenant des mêmes opérations sont insuffisantes pour les couvrir. Ces traites sont soumises à l'acceptation du ministre de la marine.

Les recettes provenant de naufrages sont transmises directement au ministère de la marine au moyen de traites à l'ordre du trésorier général des invalides, lorsqu'elles ne sont pas employées à acquitter les dépenses.

Les recettes et dépenses concernant les naufrages font l'objet d'une *liquidation provisoire* dont les résultats sont transmis directement, avec les pièces à l'appui, au ministère de la marine.

Art. 59. Les dépenses faites pour le compte du ministère de la marine au moyen de l'émission de traites sont inscrites dans un tableau spécial du compte trimestriel, ainsi que les recettes provenant des naufrages.

TITRE VI. — *Avances aux agents diplomatiques et consulaires.*

Art. 60. Lorsque la caisse de la chancellerie n'a pas les ressources nécessaires pour acquitter les frais de service, les frais de chancellerie et les dépenses pour le compte des différents départements ministériels, le chef du poste est tenu de suppléer de ses deniers personnels à l'insuffisance des fonds.

Art. 61. L'excédent des dépenses sur les recettes représente l'avance dont il a le droit de réclamer le remboursement.

Art. 62. Les chefs de poste reçoivent, en compensation des frais qui résultent pour eux de ces avances, une bonification de deux pour cent sur la somme qui leur est remboursée par le ministère des affaires étrangères et par les autres départements ministériels.

Art. 63. Dans le cas où les recettes excéderaient les dépenses, la différence serait, au commencement de chaque trimestre, transformée en une traite en monnaie française à l'ordre du caissier-payeur central du trésor public.

Art. 64. Les traites de cette nature sont adressées au ministère des affaires étrangères (direction de la comptabilité), avec une déclaration délivrée par le chef de poste pour constater la perte ou le bénéfice résultant de la conversion des valeurs, ladite déclaration appuyée d'un certificat de change.

Art. 65. En cas de bénéfice, le montant en est immédiatement constaté par un article spécial sur le registre à souche et sur le livre de recettes.

Art. 66. En cas de perte, le montant en est également constaté sur le livre de détail des dépenses et il est repris sur le relevé des dépenses budgétaires.

Les chefs de poste inscrivent sur un carnet spécial l'émission successive des traites, avec indication du bénéfice ou de de la perte qui en a été la conséquence.

Art. 67. Les agents qui auront demandé et obtenu d'être payés par traites peuvent recevoir du ministère des affaires étrangères, dans la même forme, des avances destinées à acquitter les différentes dépenses énumérées dans l'article 33 du présent décret, autres que les remboursements de dépôts, et les dépenses concernant les naufrages. Ces avances sont faites dans la forme de celles accordées pour l'exploitation des services régis par économie, conformément à l'article 94 du décret du 31 mai 1862, et sauf les dérogations spécifiées ci-après.

Art. 68. A cet effet, le ministre des affaires étrangères est autorisé à ordonnancer, au nom de l'agent comptable des chancelleries diplomatiques et consulaires, une avance égale au quart du crédit ouvert au budget de son département pour les frais de service et de chancellerie.

Art. 69. L'ordonnance en vertu de laquelle cette avance est faite est accompagnée d'un état nominatif des agents qui doivent y participer, et acquittée par l'agent comptable des chancelleries diplomatiques et consulaires. L'émission, l'acceptation et l'envoi des traites se font dans les formes prescrites par les articles 5 et suivants du présent décret.

Art. 70. L'agent comptable peut obtenir des avances pendant trois trimestres consécutifs; mais l'avance relative au premier trimestre doit être justifiée dans le cours du troisième trimestre, celle du second dans le cours du quatrième, et ainsi de suite.

Art. 71. Dès que l'agent comptable a réuni des pièces justificatives suffisantes pour couvrir le montant d'une ordonnance d'avances, il les adresse au caissier du trésor avec un bordereau dans la forme prescrite par les règlements, pour être annexées à ladite ordonnance. Dans le cas où les justifications produites excéderaient le montant de l'avance, l'excédent serait, comme d'usage, admis à valoir sur la justification de l'avance subséquente.

Art. 72. Le chef de poste qui reçoit une avance en une traite à son ordre, doit en verser immédiatement l'équivalent en monnaie étrangère dans la caisse de sa chancellerie. Cet équivalent est calculé au cours du change fixé pour le trimestre.

Le chancelier lui délivre une quittance à souche, et porte le montant intégral de ladite avance en monnaie étrangère et en francs dans ses écritures.

Art. 73. Le chef de poste qui reçoit des avances n'a pas droit à la bonification de deux pour cent prévue par l'article 62 du présent décret.

Art. 74. Les agents vice-consuls n'ont pas la faculté de demander et de recevoir des avances.

Titre VII. — *Agents vice-consuls et agents consulaires.*

Art. 75. Les agents vice-consuls rétribués directement sur le budget du ministère des affaires étrangères sont comptables au même titre que les chanceliers des missions diplomatiques et consulaires, et demeurent soumis aux mêmes obligations en ce qui concerne les cautionnements, la perception des droits de chancellerie et des recettes de trésorerie, la comptabilité des dépôts et des naufrages, la tenue des livres et écritures, la formation des comptes trimestriels et la production des pièces comptables.

Ils sont placés sous le contrôle des chefs de mission diplomatique ou des consuls dont ils relèvent.

Ils peuvent, sous leur responsabilité personnelle, et pour les cas déterminés par le tarif ou les instructions du ministre des affaires étrangères (direction des affaires commerciales), délivrer des actes gratis ou avec réduction de droits, à charge d'en faire mention dans leurs écritures suivant la forme indiquée par les instructions ministérielles.

Art. 76. Ils adressent aux chefs de poste, en triple expédition, les comptes trimestriels destinés à la direction de la comptabilité.

Les comptes trimestriels sont appuyés d'une copie dûment certifiée au livre de recettes et d'un état constatant la situation de la caisse au dernier jour du trimestre, sans préjudice des autres pièces nécessaires pour établir la régularité des opérations.

Ils sont contrôlés par le chef de poste et revêtus de son *vu et vérifié*. Deux expéditions en sont transmises par lui, avec les pièces à l'appui, au ministère des affaires étrangères (direction de la comptabilité); la troisième expédition reste déposée dans les archives de la mission diplomatique ou du consulat.

Art. 77. Les vice-consuls recevant un traitement fixe sur les crédits du ministère des affaires étrangères ont droit, comme les chanceliers, aux remises proportionnelles de cinq pour cent sur le montant des droits de chancellerie perçus par eux dont il est question à l'article 23.

Les retenues pour le service des pensions civiles sont exercées conformément aux dispositions du même article.

Art. 78. Dans le cas où les recettes d'un vice-consulat dont le titulaire reçoit un traitement fixe excéderaient ses dépenses, le solde en caisse serait converti, tous les trois mois, en une traite à l'ordre du caissier-payeur central du trésor public, qui est envoyé directement au ministère des affaires étrangères (direction de la comptabilité), avec les certificats constatant le bénéfice ou la perte sur le change.

Les agents tiennent un carnet spécial pour l'émission de ces traites.

Ils donnent immédiatement avis de chaque émission au chef de poste dans la circonscription duquel ils sont placés.

Art. 79. En cas d'absence, de mutation, de démission ou de décès d'un vice-consul rétribué, le chef de la mission diplomatique ou le consul avise aux mesures nécessaires pour sauvegarder les intérêts du trésor, s'il n'y a été pourvu par le ministre des affaires étrangères.

Art. 80. Les dépenses que les vice-consuls rétribués ont été exceptionnellement autorisés à faire sont liquidées, ordonnancées et payées comme celles des chancelleries diplomatiques et consulaires.

Art. 81. Les vice-consuls non rémunérés sur les crédits du budget du ministère des affaires étrangères et les agents consulaires conservent, à titre d'honoraires ou d'indemnité de frais de bureau, les taxes qu'ils sont autorisés à percevoir. Ils sont placés sous le contrôle des chefs de poste dont ils relèvent. Ils sont soumis, en outre, aux mêmes obligations que les vice-consuls rétribués, en ce qui concerne la perception des droits de chancellerie, l'inscription de leurs recettes sur un registre spécial et la mention du payement des droits sur les actes délivrés.

Aux époques et dans les conditions déterminées par les instructions ministérielles, ils produisent le relevé des recettes qu'ils ont effectuées en y joignant une quittance des sommes retenues par eux. Toutefois, ces opérations ne donnent lieu qu'à une vérification administrative et ne sont inscrites dans aucun des comptes et bordereaux transmis au trésor par l'agent comptable des chancelleries diplomatiques et consulaires.

TITRE VIII. — *Agent comptable des chancelleries diplomatiques et consulaires*

Art. 82. L'agent comptable des chancelleries diplomatiques et consulaires est nommé par décret du Président de la République, sur la proposition du ministre des affaires étrangères et avec l'agrément du ministre des finances.

Il est assujetti à un cautionnement de vingt mille francs, qui est réalisé en numéraire.

Il prête serment devant la cour des comptes.

Art. 83. L'agent comptable centralise et vérifie toutes les opérations de comptabilité effectuées par les chanceliers des missions diplomatiques et consulaires et par les vice-consuls rétribués.

Il décrit ces opérations dans ses écritures d'après les comptes trimestriels et suivant les formes qui seront réglées de concert entre le ministre des affaires étrangères et le ministre des finances.

Art. 84. Les traites envoyées par les chefs de mission, les consuls et les vice-consuls rétribués, comme représentant l'excédent des recettes sur les dépenses, sont transmises par l'agent comptable au caissier-payeur central.

L'agent comptable se charge en recette de tous les recouvrements budgétaires et de trésorerie dont le montant lui est transmis en traites ou en pièces de dépenses. Il en délivre aux agents percepteurs des récépissés à talon qui sont visés conformément à l'article 1er de la loi du 24 avril 1833. Le directeur de la comptabilité est chargé de ce visa ; il peut déléguer sa signature à l'un des employés placés sous ses ordres.

Les récépissés délivrés par l'agent comptable opèrent la libération des agents percepteurs.

Les versements en traites que l'agent comptable fait au caissier central du trésor donnent lieu à la délivrance, par ce dernier, de récépissés à talon au profit de l'agent comptable, et celui-ci les produit comme pièces de dépenses à la cour des comptes.

Art. 85. Tous les trois mois, l'agent comptable établit un bordereau général des opérations effectuées dans les différents postes et centralisées dans ses écritures.

Ce bordereau général est transmis au ministère des finances (direction générale de la comptabilité publique), accompagné des comptes trimestriels des chanceliers et vice-consuls rétribués, ainsi que des pièces justificatives à l'appui.

Art. 86. L'agent comptable est en outre chargé d'encaisser Paris le produit des légalisations opérées au ministère des affaires étrangères. Il en délivre aux parties intéressées une quittance extraite d'un livre à souche et en verse le montant à la caisse centrale du trésor public.

Art. 87. Il procède de la même manière en ce qui concerne les provisions versées par des particuliers pour des actes à obtenir ou des instances à suivre à l'étranger.

Après règlement, la somme formant excédent de versement est remboursée aux intéressés.

Art. 88. Chaque année, l'agent comptable dresse le compte de sa gestion à soumettre au jugement de la cour des comptes.

Ce compte, qui récapitule les comptes trimestriels, est affirmé, sous les peines de droit, par l'agent comptable et visé tant par le directeur de la comptabilité que par le directeur général de la comptabilité publique.

Il présente la situation des agents percepteurs au premier jour de la gestion, les recettes et les dépenses de toute nature effectuées pendant l'année, enfin la situation des agents percepteurs au 31 décembre, avec l'indication des valeurs en caisse.

Art. 89. Le compte de gestion de l'agent comptable, accompagné des comptes trimestriels des agents percepteurs, est adressé au ministère des finances (direction générale de la comptabilité publique), qui est chargé de le transmettre à la cour des comptes avec les pièces à l'appui.

Art. 90. L'agent comptable, étant seul justiciable de la cour des comptes, provoque les mesures nécessaires pour obtenir les justifications et compléments de justifications réclamés par les arrêts de la cour.

Dans les cas de forcement en recette ou de rejet de dépenses, il doit fournir soit la preuve du versement au trésor de la somme dont il a été forcé en recette ou qui a été rejetée de la dépense, soit un arrêt d'exonération rendu, à son profit ou à celui de l'agent percepteur, par le ministre des affaires étrangères, après imputation sur son budget de la somme faisant l'objet de l'exonération, soit enfin un arrêté de débet pris par le même ministre contre l'agent percepteur en cause ; ce dernier arrêté est appuyé de la preuve de sa notification à l'agent judiciaire du trésor et à la direction générale de la comptabilité publique.

Art. 91 En cas de mutation de l'agent comptable dans le courant de l'année, le compte annuel est divisé suivant la gestion des différents titulaires,et chacun d'eux rend séparément le compte des opérations retracées dans ses écritures.

Art. 92. L'agent comptable sorti de fonctions ou ses ayants cause, pour obtenir le remboursement du cautionnement réalisé en exécution de l'article 82, doivent produire :

1º Une expédition de l'arrêt de quitus de la cour des comptes, délivrée par le greffier en chef;

2º Le certificat de libération définitive délivré par le directeur général de la comptabilité publique, en exécution de l'ordonnance du 22 mai 1825.

Titre IX. — *Dispositions diverses.*

Art. 93. La direction des affaires commerciales conserve dans ses attributions la correspondance administrative ressortissant au service des chancelleries, la préparation, la publication et la revision des tarifs, la rédaction et l'envoi des instructions relatives à leur mise en vigueur, à leur interprétation et à leur application.

Art. 94. La direction de la comptabilité au ministère des affaires étrangères contrôle l'application des tarifs et les opérations de comptabilité effectuées dans les postes diplomatiques et consulaires. Elle a dans ses attributions les questions relatives au change de perception. Elle poursuit auprès des agents le redressement des erreurs de comptabilité et la rectification des perceptions reconnues irrégulières.

Art. 95. Seront abrogées toutes dispositions contraires à celles contenues dans le présent décret, à partir de sa mise en vigueur, dont la date sera ultérieurement fixée.

18 septembre 1880. — *Décret concernant le mode de nomination des agents rétribués des services extérieurs du ministère des affaires étrangères.*

Art. 1ᵉʳ. Sont nommés par décrets du Président de la République, sur la proposition du ministre des affaires étrangères, les ambassadeurs, les directeurs au ministère des affaires étrangères, les ministres plénipotentiaires, les chargés d'affaires, les secrétaires d'ambassade, les consuls généraux, consuls, consuls suppléants et vice-consuls, les, drogmans, les interprètes, les drogmans adjoints, les interprètes adjoints, les chanceliers, ainsi que l'agent comptable du ministère des affaires étrangères.

Art. 2. Sont nommés par arrêtés ministériels tous les autres agents et fonctionnaires du département des affaires étrangères, sauf ceux dont la désignation appartient, en vertu des règlements en vigueur, aux chefs de postes diplomatiques et consulaires.

Art. 3. Les avancements de classe ont lieu par décrets pour les ministres plénipotentiaires et les secrétaires d'ambassade, et par arrêtés ministériels pour tous les autres agents. Le passage de la deuxième à la première section de la seconde classe des secrétaires d'ambassade sera également l'objet d'arrêtés ministériels.

Art. 4. Les changements de poste ne seront dorénavant effectués par décrets qu'en ce qui concerne les ambassadeurs, ministres plénipotentiaires, chargés d'affaires, consuls généraux, consuls et vice-consuls.

11 mars 1881. — *Décret qui modifie celui du 24 avril 1880, relatif aux positions diverses des agents et fonctionnaires du ministère des affaires étrangères.*

Art. 1er. Les articles 4, 5 et 7 du décret du 24 avril 1880 sont abrogés et seront remplacés ainsi qu'il suit :

Art. 4. Le retrait d'emploi est prononcé par-décret ou par arrêté, selon le cas, comme mesure disciplinaire. Les agents qui en feront l'objet ne touchent ni traitement ni indemnité quelconque. *La durée du retrait d'emploi est fixée par les mêmes règles que celles de la disponibilité.*

Art. 5. La sortie des cadres a lieu :

Par l'expiration du délai de la disponibilité stipulé au paragraphe 1er de l'article 3, *ou de la durée assignée au retrait d'emploi d'après l'article 4,* sans que l'agent ait été rappelé à l'activité ;

Par la démission ;

Par l'admission à la retraite ;

Par la révocation.

Art. 7. La révocation des agents en activité, en disponibilité ou en retrait d'emploi est prononcée par décret ou par arrêté, selon le cas. Elle doit être précédée d'un avis motivé du comité des services extérieurs et administratifs réorganisé par décret en date du 20 avril 1880, qui entendra les explications des intéressés, s'il le juge opportun.

La sortie des cadres, à l'expiration du délai de disponibilité *ou de la durée du retrait d'emploi*, est de droit, sans avertissement préalable à l'agent.

18 septembre 1880. — *Décret concernant les drogmans et les interprètes*. Voy. ÉCHELLES DU LEVANT.

19 janvier 1881. — *Décret concernant les attributions des vice-consuls.*

Art. 1er. Les vice-consuls rétribués sur le budget du ministère des affaires étrangères sont autorisés à faire les actes attribués aux consuls en qualité d'officiers de l'état civil, aux chanceliers en qualité de notaires, et à exercer les pouvoirs déterminés par le décret du 22 septembre 1854.

Art. 2. Ils sont autorisés à recevoir les dépôts.

Art. 3. Ils sont dispensés de soumettre les actes qu'ils délivrent au visa du chef de l'arrondissement consulaire.

28 février 1881. — *Décret concernant les indemnités pour frais d'installation accordées aux vice-consuls*. (*Bull. offi.*, 81, n° 628.)

31 janvier 1882. — *Décret concernant l'organisation de l'administration centrale.*

Art. 1er L'administration centrale du ministère des affaires étrangères comprend, indépendamment du ministère et secrétariat du ministre et du service du protocle :

La direction du personnel et des fonds,

La direction des affaires politiques,

La direction des affaires commerciales et consulaires,

La direction du contentieux politique et commercial,

La division des archives,

La division de la comptabilité.

Art. 2. Les cadres et les attributions des différents services, ainsi que les rapports des services entre eux, seront revisés, s'il y a lieu, par arrêtés ministériels.

6 février 1882. — *Décret concernant les traitements de disponibilité.*

Art. 1er. Les agents et fonctionnaires du ministère des affaires étrangères qui seront mis en disponibilité d'office, pour une cause étrangère au mérite de leurs services, pourront être admis au bénéfice du traitement de disponibilité dans les conditions générales de l'article 3 du décret du 24 avril 1880 (§ 2 et suivants).

8 février 1882. — *Décret relatif à la mise en disponibilité d'office et à la mise en retrait d'emploi.*

Art. 1er. La suspension de traitement, dans les cas prévus par l'article 17 du décret du 9 novembre 1853, la mise en disponibilité d'office et sans traitement, la mise en retrait d'emploi et la révocation d'un agent ou d'un fonctionnaire du département des affaires étrangères ne pourront être prononcées qu'après avis motivé du comité des services extérieurs et administratifs, qui entendra les intéressés, s'ils en font la demande.

Art. 2. En cas d'urgence, une suspension provisoire de la fonction et du traitement pourra toujours être prononcée directement par le ministre, et maintenue jusqu'après avis du comité dans la forme susénoncée.

Art. 3. Il en sera de même pour la suspension et la suppression du traitement de disponibilité.

9 février 1882. — *Décret relatif à l'organisation du comité des services extérieurs et administratifs du ministère des affaires étrangères.*

Art. 1er. Le chef de la division des archives et le chef de

la comptabilité au département siègent, avec voix délibérative, au comité des services extérieurs et administratifs.

Art. 2. Le sous-chef du cabinet du ministre remplit auprès du comité les fonctions de secrétaire avec voix consultative.

Art. 3. Le président du comité est désigné, chaque année, parmi les directeurs.

31 mars 1882. — *Décret portant réorganisation des corps diplomatique et consulaire.*

Art. 1er. Les cadres de l'activité du personnel diplomatique et consulaire comprennent :

9 ambassadeurs ;

12 ministres plénipotentiaires de 1re classe ;

15 ministres plénipotentiaires de 2e classe ;

8 conseillers d'ambassade et 32 consuls généraux ;

12 secrétaires d'ambassade et 45 consuls de 1re classe ;

18 secrétaires d'ambassade et 55 consuls de 2e classe ;

36 secrétaires d'ambassade de 3e classe et 12 consuls suppléants.

Art. 2. Seront inscrits *hors cadres*, sur le tableau des agents diplomatiques de leur grade, les directeurs du ministère des affaires étrangères qui seront nommés ministres plénipotentiaires de 1re ou de 2e classe.

Art. 3. Seront également inscrits *hors cadres* selon leur grade respectif, sur les listes des conseillers d'ambassade ou des consuls généraux, des secrétaires ou des consuls de 1re classe, des secrétaires ou des consuls de 2e classe, des secrétaires de 3e classe ou des consuls suppléants, les sous-directeurs, rédacteurs, commis principaux, attachés payés aux directions des affaires politiques, des affaires commerciales et consulaires et du contentieux politique et commercial. Il en sera de même pour les sous-directeurs, chefs de bureaux, rédacteurs, commis principaux et attachés payés des autres services qui auraient subi l'épreuve du concours ou appartenu à la carrière diplomatique ou consulaire, mais seulement à dater du jour où ils remplissent les conditions de stage prévues par les règlements.

Art. 4. Les autres fonctionnaires de l'administration centrale pourront être pourvus d'un emploi diplomatique ou consulaire, après dix, quinze ou vingt ans de services, selon qu'il s'agira de les nommer, d'après l'équivalence hiérarchique, secrétaires ou consuls de 2ᵉ classe, secrétaires ou consuls de 1ʳᵉ classe, conseillers d'ambassade ou consuls généraux, ou à des emplois assimilés.

Art. 5. Aucun agent ou fonctionnaire du département des affaires étrangères ne peut être l'objet d'un avancement de grade ou de classe, s'il ne compte au moins trois ans de service dans son grade ou dans sa classe.

Art. 6. Pourront néanmoins être nommés ministres plénipotentiaires de 2ᵉ classe, sans passer par le grade de conseiller d'ambassade, les secrétaires de 1ʳᵉ classe qui auront six années de grade dont trois années au moins à l'étranger.

Art. 7. A titre de mesure transitoire, les agents en possession du grade de secrétaire de 1ʳᵉ classe, à la date du présent décret, pourront également être nommés ministres plénipotentiaires de 2ᵉ classe, sans passer par le grade de conseiller d'ambassade.

Le temps passé dans la 1ʳᵉ section du cadre des secrétaires de 2ᵉ classe sera compté dans le stage en qualité de secrétaire de 1ʳᵉ classe.

Art. 8. Les conseillers d'ambassade jouiront d'un traitement fixe de. 18.000 fr.

Les secrétaires de 1ʳᵉ classe. 12.000

Les secrétaires de 2ᵉ classe. 10.000

Les secrétaires de 3ᵉ classe et les consuls suppléants 5.000

Une indemnité supplémentaire pourra être accordée exceptionnellement aux secrétaires de 3ᵉ classe et consuls suppléants en raison de la cherté de la vie dans certaines résidences, les indemnités actuelles devant être l'objet d'une révision d'ensemble.

Art. 9. Le traitement des autres agents restera, jusqu'à nouvel ordre, déterminé d'après le poste qu'ils occupent.

Art. 10. Le président du conseil, ministre des affaires étrangères, est chargé de l'exécution du présent décret, dont les dispositions entreront en vigueur au fur et à mesure des disponibilités budgétaires.

1er Avril 1882. — *Décret fixant la répartition du personnel des ambassades et des légations.*

Art 1er. La répartition du personnel diplomatique entre les ambassades et légations de la Républiqne française est fixé ainsi qu'il suit :

Berlin (ambassade).

Un conseiller d'ambassade.
Un secrétaire d'ambassade de 1re classe.
Un secrétaire d'ambassade de 2e classe.
Trois secrétaires d'ambassade de 3e classe.

Berne (ambassade).

Un secrétaire d'ambassade de 1re classe.
Un secrétaire d'ambassade de 2e classe.
Deux secrétaires d'ambassade de 3e classe.

Constantinople (ambassade).

Un conseiller d'ambassade.
Un secrétaire d'ambassade de 1re ou de 2e classe.
Deux secrétaires d'ambassade de 3e classe.

Londres (ambassade).

Un conseiller d'ambassade.
Un secrétaire d'ambassade de 1re ou de 2e classe.
Deux secrétaires d'ambassade de 3e classe.

Madrid (ambassade).

Un conseiller d'ambassade.
Un secrétaire d'ambassade de 1re ou de 2e classe.
Deux secrétaires d'ambassade de 3e classe.

Rome-Vatican (ambassade).

Un conseiller d'ambassade.
Un secrétaire d'ambassade de 1re ou de 2e classe.
Deux secrétaires d'ambassade de 3e classe.

Rome-Quirinal (ambassade).

Un conseiller d'ambassade.
Un secrétaire d'ambassade de 1re ou de 2e classe.
Deux secrétaires d'ambassade de 3e classe.

Saint-Pétersbourg (ambassade).

Un conseiller d'ambassade.
Un secrétaire d'ambassade de 1re ou de 2e classe.
Deux secrétaires d'ambassade de 3e classe.

Vienne (ambassade).

Un conseiller d'ambassade.
Un secrétaire d'ambassade de 1re ou de 2e classe.
Deux secrétaires d'ambassade de 3e classe.

Athènes (légation).

Un secrétaire d'ambassade de 1re ou de 2e classe.
Un secrétaire d'ambassade de 3e classe.

Belgrade (légation).

Un secrétaire d'ambassade de 2e classe.

Bruxelles (légation).

Un secrétaire d'ambassade de 1re classe.
Deux secrétaires d'ambassade de 3e classe.

Bucharest (légation).

Un secrétaire d'ambassade de 1re ou de 2e classe.
Un secrétaire d'ambassade de 3e classe.

Buenos-Ayres (légation).

Un secrétaire d'ambassade de 1re classe.
Un secrétaire d'ambassade de 3e classe.

Copenhague (légation).

Un secrétaire d'ambassade de 1re ou de 2e classe.
Un secrétaire d'ambassade de 3e classe.

La Haye (légation).

Un secrétaire d'ambassade de 1re ou de 2e classe.
Un secrétaire d'ambassade de 3e classe.

Lima (légation).

Un secrétaire d'ambassade de 1re ou de 2e classe,

Lisbonne (légation).

Un secrétaire d'ambassade de 1re ou de 3e classe.
Un secrétaire d'ambassade de 3e classe.

Mexico (légation).

Un secrétaire d'ambassade de 1re ou de 2e classe.

Montenegro (légation).

Un secrétaire d'ambassade de 3e classe.

Munich (légation).

Un secrétaire d'ambassade de 1re ou de 2e classe,
Un secrétaire d'ambassade de 3e classe,

Pékin (légation).

Un secrétaire d'ambassade de 1re ou de 2e classe.

Port-au-Prince (légation).

. . . .

Rio-Janeiro (légation).

Un secrétaire d'ambassade de 1re classe.
Un secrétaire d'ambassade de 3e classe.

Santiago du Chili (légation).

Un secrétaire d'ambassade de 2e ou de 3e classe.

Stockholm (légation).

Un secrétaire d'ambassade de 1re ou de 2e classe.
Un secrétaire d'ambassade de 3e classe.

Tanger (légation).

Un secrétaire d'ambassade de 1re ou de 2° class .
Un secrétaire d'ambassade de 3° classe.

Téhéran (légation).

Un secrétaire d'ambassade de 1re ou de 2° classe.

Tokio (légation).

Un secrétaire d'ambassade de 1re ou de 2° classe.
Un secrétaire d'ambassade de 2° classe,

Tunis (résidence).

Un secrétaire d'ambassade de 1re ou de 2° classe.

Washington (légation).

Un secrétaire d'ambassade de 1re classe.
Un secrétaire d'ambassade de 3° classe.

Art. 2. Le cadre normal de chacune des ambassades et légations pourra être temporairement modifié par arrêté ministériel, selon les besoins du service.

Art. 3. Le président du conseil, ministre des affaires étrangères, est chargé de l'exécution du présent décret, au fur et à
mesure des vacances dans les postes diplomatiques.

TABLE ALPHABÉTIQUE.

INDEX BIBLIOGRAPHIQUE.

Annuaire des affaires étrangères.
BLUNTSCHLI.............. Droit international codifié, traduit par Lardy, 2ᵉ édit.
CALVO .... Le droit international, théorique et pratique.

DALLOZ .... Répertoire, v° agent diplomatique, consul.

DECLERCQ et VALLAT...... Guide pratique des consulats, 5e édit.

FIORE................ ...... Nouveau droit international public, traduit de l'italien et annoté par Pradier-Fodéré.

FUNK BRENTANO et ALBERT SOREL .... Précis du droit des gens, 1877.

GARCIA DE LA VEGA....... Guide des agents politiques du ministère des affaires étrangères.

HEFFTER .... Droit international de l'Europe, traduit par Bergson, 3e édit.

HERBETTE .... Nos diplomates et notre diplomatie.

Journal de droit international privé.

KENT'S................ International law, edited by Abdy., 2e édit., 1878.

LEROY .... Des consulats, des légations et des ambassades, 1876.

MARTENS (DE)........... Guide diplomatique, 5e édit.

MARTENS (DE)........... Précis du droit des gens moderne.

MERLIN................ Répertoire, V° Ministre public.

TÉTOT................ Recueil des traités.

VATTEL. .... Le droit des gens, annoté par Pradier-Fodéré.

VILLEFORD .... Privilèges diplomatiques. Revue critique, 1858.

WHEATON............... Éléments du droit international, 5e édit.

Paris. — Soc. d'imp. PAUL DUPONT, 41, rue J.-J.-Rousseau (Cl.). 224.1.83

www.ingramcontent.com/pod-product-compliance
Ingram Content Group UK Ltd.
Pitfield, Milton Keynes, MK11 3LW, UK
UKHW021052150726
13693UKWH00007B/304